公路工程施工与交通安全工程研究

李永果　著

吉林科学技术出版社

图书在版编目（CIP）数据

公路工程施工与交通安全工程研究 ／ 李永果著．--

长春：吉林科学技术出版社，2023.6

ISBN 978-7-5744-0631-5

Ⅰ．①公… Ⅱ．①李… Ⅲ．①公路运输－交通运输安
全－交通设施－道路施工 Ⅳ．① U415 ② U492.8

中国国家版本馆 CIP 数据核字（2023）第 136510 号

公路工程施工与交通安全工程研究

著	李永果
出 版 人	宛　霞
责任编辑	李万良
封面设计	树人教育
制　　版	树人教育
幅面尺寸	185mm×260mm
开　　本	16
字　　数	290 千字
印　　张	13.25
印　　数	1–1500 册
版　　次	2023年6月第1版
印　　次	2024年2月第1次印刷

出　　版	吉林科学技术出版社
发　　行	吉林科学技术出版社
地　　址	长春市福祉大路5788号
邮　　编	130118
发行部电话/传真	0431-81629529 81629530 81629531
	81629532 81629533 81629534
储运部电话	0431-86059116
编辑部电话	0431-81629518
印　　刷	三河市嵩川印刷有限公司

书　　号	ISBN 978-7-5744-0631-5
定　　价	80.00元

前　言

公路交通是经济社会发展的重要基础，近年来，我国的公路建设取得了举世瞩目的成就，为国民经济和社会发展以及人民群众安全、便利的出行做出了巨大贡献。但随着社会主义市场经济体制的不断完善、社会劳动生产率的提高和我国公路建设的不断发展，对公路施工与交通安全施工也提出了更高的要求。

本书主要内容包括八个方面：首先，对公路工程做了概述；其次，讨论了施工进度计划的编制；再次，对路基工程、路面工程、公路附属工程等施工技术展开了研究；最后，探讨了交通要素特点、道路通行能力以及交通安全方面的问题。本书涉及面广，实用性强，兼具理论与实际应用价值，可供相关研究人员学习和参考。

本书在编写的过程中借鉴了一些专家学者的研究成果和资料，在此特向他们表示感谢。由于编写时间仓促，编写水平有限，不足之处在所难免，恳请专家和广大读者提出宝贵意见，予以批评指正，以待改进。

目　录

第一章　绪论 ………………………………………………………… 1

　　第一节　公路建设的内容和特点 ……………………………… 1

　　第二节　公路工程基本建设 …………………………………… 3

　　第三节　公路工程施工 ………………………………………… 13

第二章　施工进度计划的编制 …………………………………… 20

　　第一节　编制施工进度横道图 ………………………………… 20

　　第二节　编制施工进度网络图 ………………………………… 33

第三章　路基工程施工技术 ……………………………………… 42

　　第一节　概述 …………………………………………………… 42

　　第二节　填方路基施工技术 …………………………………… 43

　　第三节　挖方路基施工技术 …………………………………… 53

　　第四节　路基坡面防护施工技术 ……………………………… 62

第四章　路面工程施工技术 ……………………………………… 74

　　第一节　概述 …………………………………………………… 74

　　第二节　路面基层（底基层）施工技术 ……………………… 77

　　第三节　沥青路面施工技术 …………………………………… 89

　　第四节　水泥混凝土路面施工技术 …………………………… 110

第五章　公路附属工程施工技术 ………………………………… 126

　　第一节　路缘石施工技术 ……………………………………… 126

　　第二节　人行道施工技术 ……………………………………… 129

第三节　交通安全设施施工技术 ……………………………… 135

第四节　其他附属工程施工技术 ……………………………… 144

第六章　交通要素特性 …………………………………… 150

第一节　人的交通特性 ………………………………………… 150

第二节　车辆的交通特性 ……………………………………… 164

第三节　道路的交通特性 ……………………………………… 165

第七章　道路通行能力 …………………………………… 173

第一节　概述 …………………………………………………… 173

第二节　高速公路通行能力分析 ……………………………… 177

第三节　双车道公路路段通行能力分析 ……………………… 181

第四节　平面交叉口通行能力分析 …………………………… 182

第五节　城市干道通行能力分析 ……………………………… 186

第八章　道路交通安全 …………………………………… 187

第一节　概述 …………………………………………………… 187

第二节　交通事故分析 ………………………………………… 191

第三节　交通事故预测与交通安全评价 ……………………… 194

第四节　交通事故的预防 ……………………………………… 199

参考文献 ……………………………………………………… 202

第一章　绪论

第一节　公路建设的内容和特点

现代交通运输由铁路、公路、水运、航空及管道运输等组成。交通运输业是国民经济的重要组成部分，发展国民经济，发展交通运输业，首先必须进行公路建设。公路运输业在整个交通运输业中占的比重较大，它具有机动、灵活、直达、快速、适应性强、服务面广的特点，在社会主义现代化建设中发挥着巨大作用，并且具有良好的发展前景。公路工程施工组织设计，就是在贯彻国家现行技术经济政策、法律、法规的基础上，根据公路施工的特点，有组织、有计划地安排施工过程中的各种要素（人力、材料、机械、资金、施工方法和技术），使得公路工程项目建设的工期尽可能地短，成本尽可能地低，工程项目质量越高越好。

一、公路建设的内容

公路建设的内容，按其任务和分工不同可以分为以下 3 个方面。

（一）公路工程的小修、保养

公路工程构造物在长期使用过程中，受到行车和自然因素的作用而不断损坏，只有通过定期和不定期的维修保养，才能保证固定资产的正常运转，保证运输生产不间断地进行，使原有的生产能力得到维持。所以，公路工程的小修、保养是实现固定资产简单再生产的重要手段。

（二）公路工程的大修、中修与技术改造

公路工程产品由不同的建筑材料按照不同的施工要求完成，其产品各部分的功能也不尽相同，这就决定了公路各组成部分的寿命不同。所以，尽管为了保证固定资产的正常使用进行了小修或保养，但是到一定年限某些组成部分就会丧失原有的功能，这时就应进行固定资产的更新工作。公路工程大修、中修就是固定资产的更新，通常与公路工程的技术改造相结合。所以，公路工程大修、中修与技术改造是实现固定资产的简单再生产和部分扩大再生产的重要手段。

（三）公路工程基本建设

为了提升公路运输水平，必须通过新建、扩建、改建、重建等形式实现固定资产扩大再生产。

公路建设通过固定资产的维修、固定资产的更新和技术改造、公路工程基本建设 3 种途径来实现固定资产的简单再生产和扩大再生产。不管哪一种公路建设途径都需要消耗一定的资源（人力、物力、财力等），消耗一定的时间，这就需要公路建设组织者研究如何以最小的成本在最短的时间内完成满意的建筑产品。

以上 3 个方面都属于公路建设的内容，都需要消耗一定的人力、物力、财力等，但是在资金来源、管理方式上不完全相同。

1. 资金来源

公路工程的小修、保养及部分大修、中修由养护费开支，是由交通运输部门向有车的单位或个人征收的用于养路的事业费。

公路工程新建、改建、扩建和重建等由基本建设投资开支。基本建设资金主要有国家预算拨款、银行贷款（国内银行、国外银行）、地方投资、个人投资（国内和国外）、经国家批准的自筹资金（如发行债券、股票投资）等。

结合我国交通运输发展和建设资金现状，国家实施了发展交通运输业的政策，建立了国家公路建设特别基金：

（1）允许集资、贷款；

（2）对已运营高速公路、大桥实行收费，以偿还本息；

（3）对已运营高速公路、大桥的经营权允许作为商品出售，以获取资金，再投资公路工程基本建设。

2. 管理方式

公路小修、保养由各地市交通运输部门下属的养路道班、养护公司等养路部门自行安排和管理。高速公路日常养护由各高速公路管理部门负责。

公路大修、中修及技术改造由养路部门提出计划报上级主管部门批准后，自行管理和安排。

新建、改建、扩建和重建的公路工程一般由省、市政府主管部门下达任务。新建高速公路由省级主管部门上报国家主管部门审批。

总之，一切公路工程基本建设活动必须按照国家相关规定和要求进行管理。

二、公路建设的特点

公路建设的特点包括两个方面：一是公路建筑产品的特点，二是公路工程施工的特点。只有全面了解这两个方面，才能更好地进行施工组织与管理。

（一）公路建筑产品的特点

1. 固定性。公路建筑产品一经建成，其地点不再改变，也不能变动。

2. 多样性。公路工程的技术标准、技术等级、结构形式、使用功能等的不同，决定了公路产品的组成部分、结构形式复杂多样。

3. 庞大性。公路工程是线性构造物，跨越的地区广、占地多、形体庞大。

4. 易损性。公路工程由于暴露于大自然中，在行车和自然因素的作用下容易损坏。

（二）公路工程施工的特点

1. 施工周期长。公路工程包括路基、路面、桥梁、涵洞、隧道、交通工程设施等，建筑产品形体庞大、固定，使得施工周期长，在较长的一段时间内占用大量的人力、物力、财力等，直至整个工程完工，才能使用该产品。

2. 施工流动性大。公路工程产品是线性结构，跨越的地区广，并且工程数量分布不均匀，这就要求建筑材料沿线移动运输，施工人员、机械设备沿线流动作业。公路施工的流动性，给施工企业的生产管理和生活安排带来了很大影响，也带来了施工基地的建立、施工组织形式的选择、施工运输的经济合理等问题。

3. 施工协作性高。公路工程产品复杂多样，施工环节比较多，工序复杂，要求不同专业组、不同地点、不同时间的劳动主体及材料、运输必须相互配合、共同协作。因此，施工过程中的综合平衡和调度、严密计划和科学管理就显得特别重要。

4. 施工过程中干扰因素多。公路工程施工大部分是露天作业，因此受自然条件、外界因素的影响比较大，如气候、地质、施工进度、施工成本等都有很大影响。而且，由于公路部分结构的易损性，需不断进行维修养护，才能维持正常使用性能。

只有了解公路建设的这些特点，才能找到公路施工的规律。研究和遵循这些规律，才能科学地进行施工组织与管理，提高公路建设的经济效益。

第二节 公路工程基本建设

公路工程基本建设是指国民经济建设中新增公路工程固定资产的建设、添置和安装，它是以新建、扩建、改建和重建等方式实现的。在我国经济发展过程中，公路工程基本建设是其中的重要组成部分，为国家的基本建设发挥着重要的作用。

一、公路工程基本建设的内容

（一）建筑安装工程

建筑安装工程包括两个方面：一方面是建筑工程，指兴工动料的施工活动，是投资额最高的一部分，是基本建设中最复杂的一部分，包括路基、路面、桥梁、涵洞、隧道、交通安全设施、隧道机电和绿化及环境保护工程等；另一方面是安装工程，指生产和生活需用的各种机械及设备的安装、调试等工作（如工业生产设备），公路及大型桥梁所需的各种机械、设备、仪器的安装及调试。

（二）设备、工具及器具的购置

设备、工具及器具的购置指为公路营运、管理服务、养护需要等所购置的设备、工具、器具以及为保证新建、改建公路初期正常生产、使用和管理服务所需办公和生活用具的采购或自制。

（三）其他基本建设工作

其他基本建设工作指不属于上述各项的基本建设工作，是为确保基本建设工程的顺利实施和正常运行而进行的工作，如勘察设计、科研试验、土地征用、拆迁安置、人员培训、工程施工监理等。

二、基本建设项目的划分

基本建设项目可以划分为单项工程、单位工程、分部工程和分项工程。

（一）基本建设项目

基本建设项目又称建设项目，一般指符合国家总体建设计划，能独立发挥生产能力或满足生活需要，其项目建议书经批准立项和可行性研究报告经批准的建设任务，如工业建设中的一座工厂、一座矿山，民用建设中的一个居民区、一幢住宅、一所学校为一个建设项目。

公路工程基本建设项目，一般指建成后可以发挥其使用价值和投资效益的一条公路或一座独立大、中型桥梁或一条隧道。

按国家计划及建设主管部门的规定，一个建设项目应有一个总体设计，在总体设计的范围内可以是一个单项工程或若干个单项工程，经济上实行统一核算，行政上实行统一管理，具有独立组织形式的项目法人。

基本建设项目可以分批分期进行修建。

（二）单项工程

单项工程也称工程项目，指建设项目中具有独立的设计文件，建成后可独立发挥生产能力或使用效益的工程项目。如公路建设的单项工程是指独立的桥梁工程、隧道工程，这些工程一般包括与已有公路的接线，建成后可以独立发挥交通功能。但一条路线中的桥梁或隧道，在整个线路未修通前，并不能发挥交通功能，也就不能作为一个单项工程。单项工程是一个建设项目或建设项目的一部分。

一个单项工程可以由一个或若干个单位工程组成。

（三）单位工程

单位工程是单项工程的组成部分，指在单项工程中具有单独设计文件、独立施工条件和结构功能的工程，也可以单独作为一个施工对象的工程，如公路工程中同一合同段内的线路、桥涵等是单位工程。由此可见，单位工程一般不能独立发挥生产能力和使用效益。

（四）分部工程

分部工程是单位工程的组成部分，一般是按单位工程中的工程结构、主要部位、路线长度、施工特点、材料或施工方法等不同所做的分类。

在公路建设过程中，如按工程部位可划分为路基、路面，桥梁的上、下部构造等属于分部工程；按工程结构和施工工艺可划分为土石方工程、混凝土工程和砌筑工程等。

（五）分项工程

分项工程是分部工程的组成部分，是根据分部工程划分的原则，再进一步将分部工程分解成若干个分项工程。分项工程是按照不同的施工方法、不同施工部位、不同材料、不同质量要求和工作难易程度、工序及路线的长度来划分的，它是概算（预算）定额的基本计量单位，故也称为工程定额子目或工程细目。

分项工程是指通过较为简单的施工过程就能生产出来，并且可以用适当计量单位计算的"假定"的建筑或安装产品，如 100 m3 块石基础、100 m2 水泥混凝土路面、一台某型号龙门吊的安装等。

一般来说，分项工程只是建筑或安装工程的一种基本构成要素，是为了确定建筑或安装工程费用而划分出来的一种假定产品，以便作为分部工程的组成部分。因此，分项工程的独立存在是没有意义的，它不像工程项目那样是完整的产品。

三、基本建设相关单位

公路工程基本建设涉及的相关单位、部门很多，需要相关企业、部门的相互协作。为保证工程的顺利实施，在市场经济条件下，根据我国的国情，需要明确相关企业、部门的责任与义务。

（一）公路建设项目法人

在公路建设过程中，项目法人又称业主，指既有工程建设需求，又具有该项工程建设相应的建设资金和各种准建手续，在建设市场中发包工程建设的勘察、设计、监理、施工任务，并最终得到建筑产品的政府部门、企事业单位和私营企业。

项目法人责任制，又称业主责任制，是在市场经济体制条件下，根据我国的具体情况，为了建立投资责任约束机制、规范项目法人行为提出的。项目法人负责对项目建设全过程进行管理，主要包括对勘察、设计、征地、拆迁、进度控制、质量控制、投资控制、合同管理等方面进行组织协调和宏观管理。

项目业主的产生，主要有 3 种方式：

1. 业主即原企事业单位。企业或机关、事业单位投资的新建、扩建、改建工程，则该企业或单位即为项目业主。

2. 业主是联合投资董事会。由不同投资方参股或共同投资项目，则业主是共同投资方组成的董事会或管理委员会。

3. 业主是各类开发公司。开发公司自行融资或由投资方协商组建或委托开发的工程管理公司也可成为业主。

业主在项目建设过程中的主要职能是：

1. 申请、完善公路工程基本建设手续；

2. 建设项目立项决策；

3. 建设项目的资金筹措与管理；

4. 建设项目的招标与合同管理；

5. 建设项目的施工与质量、进度、费用等的控制与管理；

6. 建设项目的竣工验收和试运行；

7. 建设项目运行管理及维护。

（二）施工单位

施工单位指拥有一定数量的建筑装备、流动资金、工程技术人员、经济管理人员，取得建设资质证书和营业执照，能够按照业主的要求提供不同形态的建筑产品，并最终得到相应工程价款的施工企业。

按照其能提供的建筑产品，施工企业可分为不同的专业公司，如路桥、隧道、港口、建筑、水电、铁路、市政工程等专业公司。无论是国内还是按国际惯例，对施工承包企业一般都要实行从业资格管理。施工企业从事建设生产，一般需具备 3 个方面的条件：

1. 有符合国家规定的注册资本；

2. 有与其从事的建筑活动相适应的具有法定资格的专业技术人员；

3. 有从事相应建筑活动所应有的技术装备。

经资格审查合格，取得资质证书和营业执照的施工企业，方可在批准的范围内承包工程。

在我国市场经济体制条件下，施工企业（承包商）需要通过市场竞争（投标）取得施工项目，需要靠自身的实力去赢得市场，得到发展空间。承包商的实力主要包括以下 4 个方面。

1. 技术方面的实力：有精通本行业的工程师、造价师、项目经理、合同管理等专业人员队伍；有工程施工专业装备，能解决各类工程施工中的技术难题；有承担不同类型项目施工的经验。

2. 经济方面的实力：具有相当的周转资金用于工程准备，具有一定的融资和垫付资金的能力；具有相当数量的固定资产和为完成工程项目而购入大型设备所需的资金；具有支付各种担保和保险的能力，能承担相应风险的能力。

3. 管理方面的实力：建筑承包市场属于买方市场，承包商为打开局面，需要低利润报价取得项目。这就要求承包商必须在成本控制上下功夫，向管理要效益，并采用先进的施工方法提高工作效率和技术水平。因此，承包商必须具有一批技术过硬的项目经理和管理专家。

4. 信誉方面的实力：承包商一定要有良好的信誉，它将直接影响企业的生存与发展。要建立良好的信誉，就必须遵守法律法规，承担国外工程能按国际惯例办事，保证工程质量、安全、工期，能认真履约。

（三）工程咨询服务机构

工程咨询服务机构指具有一定注册资金、工程技术、咨询管理人员，取得建设咨询资质和营业执照，能对工程建设提供估算测量、管理咨询、建设监理等智力型服务并获取相应费用的企业。

工程咨询服务企业包括勘察设计、工程造价、工程管理、招标代理、工程监理等多种业务。这类企业主要是向业主提供工程咨询和管理服务，弥补业主对工程建设过程不熟悉的缺点，在国际上一般称为咨询公司。目前，在我国数量最多且有明确资质标准的是工程勘察设计研究院、工程监理公司和工程造价事务所，招标代理、工程管理和其他咨询类企业近年来也有发展。

咨询单位尽管不是工程承发包的当事人，但其受业主聘用，作为项目技术、经济咨询单位，对项目的实施负有相当重要的作用和责任。咨询单位与业主之间是合同关系，业主聘用咨询工程师作为技术、经济咨询人，为项目进行咨询、勘察、设计、监理和测量等，许多情况下，咨询的任务贯穿于工程项目建设的全过程。

（四）勘察设计单位

目前，在我国，工程勘察、设计单位任务贯穿工程项目建设的全过程。根据与项目法人签订的合同，按照我国相关设计规范进行工程的勘察、设计及工程的设计评审工作，根据专家评审意见，提供科学合理的工程可行性研究报告、初步设计、施工图设计及相关的估算、概算、预算和施工组织设计等文件。在工程施工阶段，设计单位参与一些重大工程关键部位的验收工作，同时，根据工程施工的实际情况，参与一些工程变更工作。最后，协助业主单位对工程施工进行竣工验收。

（五）监理单位

我国的工程监理制度，是以国际通用的 FIDIC《土木工程施工合同条件》为基础，结合我国国情，形成项目法人、施工单位、监理单位三方相互制约，以监理单位为核心的管理模式。目前，我国的监理主要在公路施工阶段实施，因此也称为"施工监理"。实施施工监理制度，使建设各方的权利、义务和责任更为合理、明确，有利于增强合同意识，提高管理水平。

实施工程施工监理的依据主要有：

1. 国家的法律、法规和相关的施工图、施工技术规范；

2. 项目法人与监理单位签订的监理服务合同；

3. 项目法人与施工单位签订的施工承包合同；

4. 相关的会议纪要，经批准的工程变更等。

施工监理贯穿公路工程施工的全过程，其主要内容包括工程质量监理、工程进度监理、工程费用监理、工程安全监理、工程环境监理和合同管理。

（六）政府相关部门

公路工程基本建设是大型的投资建设，相关的政府部门主要负责宏观的审批管理工作。公路工程基本建设有严格的审批程序，涉及的政府部门很多，主要由主管部门管理，详细的审批程序可查阅相关的部门文件。

质量监督站（中心）代表政府对工程施工质量进行监督，鉴于工程质量的重要性，对工程采取全面质量保证体系，即"政府监督、法人管理、社会监理、企业自检"。其中，政府监督，指项目法人及项目管理人员、监理单位及监理人员、施工单位及施工人员均应接受政府交通主管部门和公路工程质量监督部门的管理和监督检查。政府监督处于主导地位，强化政府监督作用，可以使质量保证体系有序而高效地运转。法人管理，指项目法人在质量保证体系中处于主体地位，对项目建设全过程的施工质量进行控制、管理。社会监理，指具有法人资格的社会监理单位对工程施工质量进行的抽检。社会监理处于工程管理新体制的核心地位。企业自检，指施工单位项目部在公路工程施工过程中，按照相关的图纸、技术规范等进行检查，把好质量关。企业自检在质量保证体系中是主力。

四、公路工程基本建设程序

基本建设程序指基本建设项目在建设过程中各项工作进行的先后次序。这个次序指导基本建设工作有计划、有步骤地进行，也是交通主管部门对公路工程项目审批的依据和程序，它是国家对基本建设管理的核心内容。基本建设涉及面广，投资额大，需要内外各个环节的协作配合。完成一项基本建设工程，必须按照一定的程序，依次进行各个方面的工作，才能达到预期的效果，否则就会造成严重的经济损失，给工程带来无法弥补的损失。基本建设程序作为管理制度，必须严格地执行。

公路工程基本建设程序是：根据我国公路网建设规划及经济发展的需要，提出项目建议书；进行可行性研究，编制可行性研究报告；经批准后进行初步设计；再经批准后列入国家年度基本建设计划，并进行技术设计和施工图设计；工程施工招投标；设计文件经审核批准后组织施工；施工完成后，进行竣工验收，然后交付使用。这一程序依次进行，逐步实施。

所有新建及改建的大中型公路工程基本建设项目，都要严格按公路工程基本建设程序运行。对于小型项目，可以根据实际情况适当合并或免去部分程序。

现将公路工程基本建设程序各工作的具体内容描述如下：

（一）项目建议书

项目建议书编制的依据是国民经济发展的长远规划和公路网总体建设规划，它由交通主管部门按经济发展对公路建设的要求，并在广泛收集和综合各方面意见的基础上提出。项目建议书应对拟建项目的建设目的和要求、主要技术标准、原材料及资金来源等提出文字说明。项目建议书是进行各项前期准备工作和进行可行性研究的依据。

项目建议书是向交通主管部门提交、建议建设该项目的建议性文件。项目建议书经批准后，意味着项目立项完成，可以进行下一步工作。

（二）可行性研究

可行性研究是在建设前期对工程项目按规定要求和内容进行的一种考察和鉴定，即对项目建议书中提出的公路建设项目进行全面的、综合的技术经济调查和分析论证，从而做出建设（即"可行"）还是放弃（即"不可行"）这个项目的判断。因此，可行性研究是基本建设前期工作的重要组成部分，也是建设项目立项决策的主要依据。大中型工程、高等级公路及重点工程建设项目均应进行初步可行性研究和工程可行性研究，小型项目可适当简化。

公路建设项目可行性研究的任务是：在对拟建工程地区社会、经济发展和公路网状况进行充分的调查研究、评价、预测和必要的勘察工作的基础上，对项目建设的必要性、经济合理性、技术可行性、实施可能性，提出综合性研究论证报告。

按可行性研究的工作深度，可行性研究划分为预可行性研究和工程可行性研究两个阶段。预可行性研究，应重点阐明建设项目的必要性，通过勘察和调查研究，提出建设项目的规模、技术标准，进行简要的经济效益分析。工程可行性研究，应通过必要的测量（高速公路、一级公路必须做）、地质勘探（大桥、隧道及不良地质地段等），在认真调查研究，具有一定资料的基础上，对不同建设方案从技术上、经济上进行综合论证，提出推荐建设方案。工程可行性研究报告经审批后作为初步测量及编制设计文件的依据。工程可行性研究阶段的投资估算与初步设计概算之差，应控制在 10% 以内。

公路建设项目可行性研究报告的主要内容有：建设项目的依据、历史背景；建设地区综合运输网的交通运输现状和建设项目在交通运输网中的地位及作用；原有公路技术状况及适应程度；论述建设项目所在地区的经济特征；研究建设项目与经济发展的内在联系；预测交通量、运输量的发展水平；建设项目的地理位置、地形、地质、气候、水文等自然特征；筑路材料来源及运输条件；论证不同建设方案的路线起讫点和主要控制点、建设规模、标准，提出推荐意见；评价建设项目对环境的影响；测算主要工程数量、征地拆迁数量，估算投资，提出资金筹措方式；提出勘测设计、施工计划安排；确定运输成本及有关经济参数，进行经济评价、敏感性分析，收费公路、桥梁、隧道还需做财务分析；评价推荐方案，提出存在问题和有关建议。

编制可行性研究报告，应严格执行国家的各项政策、规定和交通运输部颁布的技术标准、规范等。可行性研究报告的文件，应符合《公路建设项目可行性研究报告编制办法》的规定。

（三）设计文件

1.初步设计

公路工程基本建设项目一般采用两阶段设计，即初步设计和施工图设计。对技术简单、方案明确的小型建设项目，也可以采用一阶段设计，即施工图设计。对技术复杂、基础资料缺乏和不足的建设项目，或建设项目中的特大桥、互通式立体交叉、隧道、高速公路和一级公路的交通工程及沿线设施中的机电设备工程等，必要时采用三阶段设计，即初步设计、技术设计和施工图设计。在高速公路和一级公路的各阶段，还应进行总体设计。

初步设计应根据批复的可行性研究报告、勘测设计合同及勘测资料进行编制。初步设计的目的是确定设计方案，因此，必须进行充分的方案选择，确定合理的设计方案。

选定方案时，应对路线的走向、控制点和方案进行现场核查，征求沿线地方政府和项目法人的意见，基本落实路线布置方案；一般应进行纸上定线，赴实地核对，落实并放出必要的控制线位桩。对难以取舍、投资影响大或地形特殊的复杂困难地段的路线、特大桥、隧道、立体交叉枢纽的位置等，一般应选择两个以上的方案进行同深度、同精度的测设和方案比选，优选提出推荐方案。

设计方案选定后，拟订修建原则，计算工程数量和主要材料数量，提出施工方案的意见，编制设计概算，提供文字说明及相关的图表资料。初步设计文件经审核批复后，即作为订购主要材料、机具、设备，安排有关重大科研试验项目，联系征用土地、拆迁，进行施工准备，编制施工图设计文件和控制建设项目投资等的依据。

2. 技术设计和施工图设计

按三阶段设计的项目，需进行技术设计。技术设计应根据初步设计的批复意见、勘测设计合同的要求，对重大、复杂的技术问题通过科学试验、专题研究，加深勘测调查及分析比较，解决初步设计中尚未解决的问题，实施技术方案，计算工程数量，提出修正的施工方案，编制修正设计概算，批准后作为编制施工图设计的依据。设计概算是初步设计文件和技术设计文件的重要组成部分。经批准的概算应是建设项目投资的最高限额。

两阶段（或三阶段）施工图设计应根据初步设计（或技术设计）的批复意见、勘测设计合同，进一步审定的修建原则、设计方案及技术决策加以具体化和深化，通过现场定线勘测，确定路线及结构物的具体位置和设计尺寸，最终确定各项工程数量，提出文字说明和适应施工需要的图表资料及施工组织计划，并编制施工图预算。一阶段施工图设计应根据批复的可行性研究报告、勘测合同和定测、详勘资料进行编制。

施工图设计文件一般由以下13部分及附件组成：总体设计；路线；路基、路面；桥梁、涵洞；隧道；路线交叉；交通及沿线设施；环境保护与景观设计；其他工程；筑路材料；施工组织计划；施工图预算；附件及基础资料。

（四）列入年度基本建设计划

当建设项目的初步设计和设计概算报上级审核批准后，才能列入国家基本建设年度计划，这是国家对基本建设实行统一管理的措施。年度计划是年度建设工作的指令性文件，一经确定后，如需要增加投资额或调整项目时，必须上报原审批机关批准。

项目列入国家基本建设年度计划后，项目法人根据国家发展和改革委员会颁发的年度基本建设计划控制数额，按照初步设计文件编制本单位的年度基本建设计划。项目法人年度计划报经上级批准后，再编制物资、劳动力、财务计划等，这些计划分别经主管部门审查平衡后，作为国家安排生产、分配物资、调配劳动力和财政拨款（或贷款）的依据。计划落实后，即可组建工程管理单位，并通过招投标或其他方式落实施工单位。

（五）施工准备

公路工程施工面广，为了保证施工的顺利进行，建设主管部门、项目法人、勘测设计单位、施工单位、监理单位和工程所在地的相关单位及部门都应在施工准备阶段做好充分的准备工作。

项目法人应根据建设进度需求组建专门的项目管理部门，办理登记及征地、拆迁补偿工作，做好施工沿线各有关单位和部门的协调工作，抓紧配套工程项目的落实等工作。勘测设计单位，应按照与业主协议和相关的技术规范要求，按时提供各种图纸资料，做好施工图的会审及转交工作。施工单位应组织人员、机具进场，进行施工测量，修筑便道及生产、生活用临时设施，组织材料及技术物资的采购、加工、运输、供应、储备等，做好施工图纸的接收工作，熟悉图纸并进行现场核对，编制实施性施工组织设计等工作。

（六）工程施工

施工准备工作完成后，进入工程施工阶段。在建设项目的整个施工过程中，施工单位根据与项目法人签订的施工承包合同，应严格执行有关的施工技术规程、试验规范和设计要求，确保工程质量和工程施工进度要求，安全施工，并进行计量、支付工作。坚持科学、合理的施工管理，大力推广应用新技术、新工艺，在保证工程质量和工期的前提下，降低工程施工成本。同时，做好施工记录，建立技术档案，做好项目部内部的日常管理工作。

（七）竣（交）工验收、交付使用

竣（交）工验收是公路工程基本建设的最后一个程序。工程竣（交）工验收是一项细致、严肃的工作，必须从国家和人民的利益出发，由施工单位进行竣工资料（测量资料、质检资料、计量资料、实验资料、竣（交）工决算等）的编制汇总工作。竣（交）工验收工作由项目法人主持，按照《关于基本建设项目竣工验收暂行规定》《公路工程竣（交）工验收办法》《公路工程竣（交）工验收办法实施细则》的要求对基本建设工程进行竣（交）工验收。

工程验收合格后，按有关规定办理移交手续。

（八）公路建设项目后评价

公路建设项目后评价指在公路通车运营 2 ～ 3 年后，用系统工程的方法，对建设项目决策、设计、施工直至通车运营的各阶段工作及其变化的成因，进行全面的跟踪、调查、分析和评价的工作。

公路建设项目后评价报告的主要内容包括建设项目的过程评价、建设项目的效益评价、建设项目的影响评价和建设项目的目标持续性评价。通过公路建设项目后评价达到肯定成绩、总结经验、研究问题、吸取教训、提出建议、改进工作、不断提高项目决策水平和投资效果的目的。

第三节　公路工程施工

施工组织设计是以施工项目为对象编制的，用以指导施工的技术、经济和管理的综合性文件。为编制科学、合理的施工组织设计文件，必须明确公路工程施工程序。

施工单位接受施工任务后，依次经历开工前的规划组织准备阶段和现场条件准备阶段、正式施工阶段、竣工验收阶段等，按设计要求完成施工任务。对于不同规模、不同性质的具体工程项目，各阶段的工作内容不尽相同。

一、承接施工任务

施工企业获得施工任务通常有两种方式：第一种是参与工程的施工投标，中标后获得任务。在我国的市场经济条件下，施工企业主要以参加投标的方式获得施工工程。第二种是协商承包（议标）方式。

施工企业通过工程施工招投标，获得施工任务，从法律角度讲，是以签订工程承包合同加以确认的。因此，施工企业接受的工程项目，必须与项目法人签订工程施工承包合同，明确双方的技术、经济责任，互相制约、互相促进，共同保证按质、按量、按期完成工程项目的建设任务。合同一经签订，就具有法律效应，双方都应认真履行。

工程施工承包合同的主要内容应包括：工程概况、承包方式、工程质量、开（竣）工日期、工程造价、工程变更的程序、材料供应、工程支付办法及细则与结算办法、违约责任、争议的解决办法、奖惩条款（即双方的权利和义务）等。由于工程承包合同的条款内容涉及工程经营管理的各个方面，所以要求合同条款既要遵守有关法律法规的要求，又要符合工程实际情况，既要防止合同条款表达含混不清，以免引起不必要的争执，又要用词准确、简明扼要，便于执行和检查，相关的条款内容可参阅招《公路工程标准施工招标文件》（2018年版）。

二、施工准备工作

（一）组织准备

施工企业在签订施工承包合同后，根据合同内容，可着手进行施工准备工作。施工企业的施工准备工作千头万绪，涉及面广，必须有计划、按步骤、分阶段地进行，才能在较短的时间内为工程开工创造必要的条件。准备工作的基本任务是深入了解施工的开工条件，根据工程的特点、进度要求，合理安排施工力量，从人力、物资、技术和施工组织等方面为工程施工创造一切必要的开工条件。

施工组织准备工作是前期准备工作的重要内容，其主要任务是组建施工项目经理部、组建施工队伍等。

1. 组建项目经理部。项目经理部是具体实施施工现场协调、管理的一次性临时组织机构，项目经理部的协调、指挥、技术指导等能力直接影响工程施工的各个方面。因此，项目经理部的设置，应本着精干高效、业务熟练，具有一定的施工管理经验的原则配置人员（含技术方面的人员）。

2. 组建施工队伍。根据工程进度需要，对先开工的工程要选择确定施工队伍（含专业施工队伍），并签订劳务承包合同或专业承包合同。根据施工队伍担负工程的具体情况，结合施工队伍的特点、技术装备情况、技术熟练程度、施工能力等方面，进行技术培训和相关的施工图、施工技术规范的学习等。

（二）技术准备

签订的施工承包合同、施工技术规范和设计文件是工程施工最重要的依据，因此技术人员要熟悉相关的施工技术规范，核对设计文件和了解合同条款，其目的有：

1. 掌握工程的全貌，熟悉施工图纸、技术资料和合同条款，形成对所承包工程整体、全面的掌控。

2. 找出设计图纸中存在的问题，并向业主和设计单位提出。现场核对时，如发现设计有错误或不合理之处，应提出修改意见并上报。

3. 根据设计图纸和工程现场的一些情况，初步提出施工场地规划（预制厂、库房、工区划分、临时便道、施工队驻地等），也可以设计几种方案。结合签订的施工承包合同条款、技术规范，比选一些重要工程的施工方法和措施。

4. 详细调查工程施工现场情况。调查的内容主要有：工程所在地的地形、地貌、地质、水文、气候条件；施工场地的水源、电源及地方材料、生活物资供应状况；施工期间可供利用的房屋数量；当地劳动力资源、运输条件和运输工具；当地民俗、民风、生活习惯等。

5.编制实施性施工组织设计。根据施工技术规范、施工图设计文件、合同条款及详细的工程现场情况，编制实施性施工组织设计。实施性施工组织设计是指导施工的重要技术文件。公路工程施工是野外作业，其产品为线性构造物，跨越地区广，各地自然地理状况和施工条件差异很大，不可能采用一种固定的、一成不变的施工方案和施工方法，每项工程的施工都需要通过深入细致地分析、讨论、研究等，结合施工经验，比选和确定科学、合理的施工方案及施工组织方法，因此，必须认真做好实施性施工组织设计的编制。

（三）施工现场条件准备

经过现场核对后，依据设计文件和实施性施工组织设计，认真做好施工现场的准备工作。

1.核对落实合同条款中业主提供的现场条件。内容主要包括：征用土地（含施工临时用地）、施工红线内的建筑物、地下及架空的障碍物的拆迁和青苗树木补偿工作；业主提供的出入施工现场的通道；设计单位的设计交底工作；业主提供的"三通一平"等。

2.施工现场搭建、租赁临时生产及生活设施。内容主要包括：修建红线内的施工便道、便桥，搭盖工棚；根据施工组织设计修建预制场、机修厂地、沥青拌和基地、混凝土搅拌站等大型临时设施（先期开工必需的）；临时供电、供水的安装及架设等。

3.技术准备工作。测量工作：可靠、准确的施工测量是施工的重要保障，根据设计资料、交桩记录，工程测量人员要实施的测量内容主要有导线的复测与加密、水准点的复测与增设、与相邻施工单位的联测、中线的复测等。试验工作：要筹建工地实验室，经验收合格后进行前期开工工程相关试验，为施工提供可靠的依据和质量保证。主要包括建材试验、土击实试验、砂浆及混凝土配合比试验等。确定落实先开工工区的施工方案以及相应的施工员、技术负责人，相应的施工队伍、建筑材料、机械设备、机具等。

4.先开工项目需要的人员、机具、设备、材料陆续进场。施工准备工作基本就绪后，即可组建施工机构，集结施工队伍，运送材料、机具。当施工队伍进场后，应及时做好开工前的思想政治动员、技术学习和安全教育工作。机具、物资进场后，要按计划存放和妥善保管。

5.提出开工报告。按照施工承包合同的要求，准备工作完成后，达到开工条件，就向施工监理方提出开工报告。开工报告必须按规定的格式实事求是地填写，待监理方核实后签发开工令。

三、公路工程施工

公路工程施工过程需花费大量人力、物力、财力，业主投资的主要费用花费在工程施工上。公路施工是一项复杂的系统工程，必须科学、合理地组织，建立正常、合理的施工秩序，有效地使用劳动力、材料、机具、资金等，尽量减少不必要的窝工、返工。施工中既要协调好工程质量、施工进度和费用三方面的相互关系，又要尽量减少破坏、避免环境污染，安全生产，确保优质、高效、低耗、安全地全面完成施工任务。在工程施工环节中，施工单位项目经理部要与很多单位、部门协调，为保证工程的顺利施工应处理好相互之间的关系。

在施工准备工作完成、提交开工报告之后，才能按批准的日期开始正式施工（在监理工程师的许可下，部分工程可以提前开工）。施工应严格按照施工图、相关的施工技术规范要求施工，根据实际情况，如需工程施工变更，填写好变更申请（理由要充分）按照合同要求上报审批。

四、公路工程交（竣）工验收

公路工程验收分为交工验收和竣工验收两个阶段。交（竣）工验收的依据包括：

1. 批准的工程可行性研究报告；

2. 批准的工程初步设计、施工图设计及变更设计文件；

3. 批准的招标文件及合同文件；

4. 行政主管部门的有关批复、批示文件；

5. 交通运输部颁布的公路工程技术标准、规范、规程及国家有关部门的相关规定。

（一）交工验收

交工验收是指检查施工合同的执行情况，评价工程质量是否符合技术标准及设计要求，是否可以转交进行下一阶段施工或是否满足通车要求，对各参建单位工作进行初步评价。交工验收由项目法人（建设单位）负责。

公路工程（合同段）进行交工验收应具备以下条件：

1. 合同约定的各项内容已完成；

2. 施工单位按交通运输部制定的《公路工程质量检验评定标准》及相关规定的要求对工程质量自检合格；

3. 监理工程师对工程质量的评定合格；

4. 质量监督机构按交通运输部规定的公路工程质量鉴定办法对工程质量进行检测（必要时可委托有相应资质的检测机构承担检测任务），并提出检测意见；

5. 交工文件已按交通运输部规定的内容编制完成；

6. 施工单位、监理单位已完成本合同段的工作总结。

公路工程合同段符合交工验收条件后，经监理工程师同意，由施工单位向项目法人（建设单位）提出申请，项目法人（建设单位）应及时组织对该合同段进行交工验收。

交工验收的主要工作内容是：

1. 检查合同执行情况；

2. 检查施工自检报告、施工总结报告及施工资料；

3. 检查监理单位独立检验资料、监理工作报告及质量评定资料；

4. 检查工程实体，审查有关资料，包括主要产品质量的抽（检）测报告；

5. 核查工程完工数量是否与批准的设计文件相符，是否与工程计量数量一致；

6. 对合同是否全面执行、工程质量是否合格做出结论，按交通运输主管部门规定的格式签署合同段交工验收证书；

7. 按交通运输部规定的办法对设计单位、监理单位、施工单位的工作进行初步评价。

项目法人（建设单位）负责组织公路工程各合同段的设计、监理、施工等单位参加交工验收。拟交付使用的工程，应邀请运营、养护管理单位参加。

参加交工验收单位的主要职责是：

1. 项目法人（建设单位）负责组织各合同段参建单位完成交工验收工作的各项内容，总结合同执行过程中的经验，对工程质量是否合格做出评价。

2. 设计单位负责检查已完成的工程是否与设计相符，是否满足设计要求。

3. 监理单位负责完成监理资料的汇总、整理，协助项目法人检查施工单位的合同执行情况，核对工程数量，科学公正地对工程质量进行评定。

4. 施工单位负责提交交工资料，完成交工验收准备工作。

5. 项目法人（建设单位）组织监理单位按《公路工程质量检验评定标准》的要求对各合同段的工程质量进行评定。

6. 监理单位根据独立抽检资料对工程质量进行评定，当监理单位按规定完成的独立抽检资料不能满足评定要求时，可以采用经监理单位确认的施工自检资料。

工程质量等级评定分为合格和不合格。分项工程、分部工程、单位工程质量评定应符合《公路工程质量检验评定标准》的规定。

（二）竣工验收

竣工验收是综合评价工程建设成果，对工程质量、参建单位和建设项目进行综合评价。竣工验收由交通主管部门按项目管理权限负责。交通运输部负责国家级、部级重点公路工程项目中 100 km 以上的高速公路、独立特大型桥梁和特长隧道工程的竣工验收工作；其他公路工程建设项目，由省交通主管部门负责竣工验收工作。

公路工程进行竣工验收应具备以下条件：

1. 通车试运营两年后；

2. 交工验收提出的工程质量缺陷等遗留问题已处理完毕，并经项目法人（建设单位）验收合格；

3. 工程决算已按交通运输部规定的办法编制完成，竣工决算已经审计，并经交通主管部门或其授权单位认定；

4. 竣工文件已按交通运输部规定的内容完成；

5. 对需要进行档案、环保等单项验收的项目，已经有关部门验收合格；

6. 各参建单位已按交通运输部规定的内容完成各自的工作报告；

7. 质量监督机构已按交通运输部规定的公路工程质量鉴定办法对工程质量检测鉴定合格，并形成工程质量鉴定报告。

公路工程符合竣工验收条件后，项目法人（建设单位）应按照项目管理权限及时间要求向交通主管部门申请验收。

竣工验收的主要工作内容是：

1. 成立竣工验收委员会；

2. 听取项目法人、设计单位、施工单位、监理单位的工作报告；

3. 听取质量监督机构的工作报告及工程质量鉴定报告；

4. 检查工程实体质量，审查相关资料；

5. 按交通运输部规定的办法对工程质量进行评分，并确定工程质量等级；

6. 按交通运输部规定的办法对参建单位进行综合的评价；

7. 对建设项目进行综合评价；

8. 通过并形成竣工验收鉴定书。

竣工验收委员会由交通主管部门、公路管理机构、质量监督机构、造价管理机构等单位代表组成。大中型项目及技术复杂工程，应邀请有关专家参加。

项目法人、设计单位、监理单位、施工单位、接管养护等单位应参加竣工验收工作。

竣工验收委员会负责对工程实体质量及建设情况进行全面检查。按交通运输部规定的办法对工程质量进行评分，对各参建单位进行综合评价，对建设项目进行综合评价，确定工程质量和建设项目等级，形成工程竣工验收鉴定书。

（三）技术总结

交（竣）工验收通过后，施工单位应认真做好工程施工的技术总结，有利于不断提高施工技术、管理水平。对于施工中采用的新技术和重大技术革新项目，以及施工组织、技术管理、工程质量、安全工作等方面的成绩，应进行专题总结并予以推广应用。

（四）建立技术档案

技术档案包括设计文件、施工图表、原始记录、竣工文件、验收资料、专题施工技术总结等。在工程交（竣）工验收后，由施工单位汇集整理、装订成册，按照管理等级建档保存，以备今后查用。

第二章　施工进度计划的编制

第一节　编制施工进度横道图

一、公路工程施工过程的相关知识

（一）公路工程施工过程的概念

公路工程施工过程就是生产公路建筑产品的过程，是劳动者利用劳动工具作用于劳动对象的过程，是由一系列的施工活动组成的。为了更有效地组织施工生产，必须要研究施工过程的内容。施工生产过程的内容是相互联系的劳动过程和自然过程的结合。公路工程施工过程有两方面的含义：一是劳动过程，施工过程离不开人、材料、施工机械等；二是自然过程，比如水泥混凝土的凝结硬化过程、乳化沥青分裂过程等。

根据劳动过程的性质及在基本建设中的作用不同，可将公路工程施工过程划分为以下4种：

1.施工准备过程

施工准备过程是指建筑产品在投入生产前所进行的全部生产技术准备工作（如可行性研究、勘察设计、施工准备等）。

2.基本施工过程

基本施工过程是指直接为完成建筑产品而进行的生产活动，即施工现场所发生的施工活动（如路基施工、路面施工、桥涵施工等）。

3.辅助施工过程

辅助施工过程是指为保证基本施工过程的正常进行所必需的各种辅助生产活动（如动力的生产、机械设备的维修、材料的加工等）。

4.服务施工过程

服务施工过程是指为基本施工过程和辅助施工过程提供各种服务的过程（如原材料、成品、半成品、机具、燃料等的采购与运输）。

（二）公路工程施工过程的要素

组织公路工程施工，必须要研究公路工程施工过程的最小要素，以满足施工组织、计划、控制与管理等工作的需要。

《公路工程建设项目概算预算编制办法》（JTG 3830—2018）将公路工程划分为临时工程、路基工程、路面工程、桥梁涵洞工程、隧道工程、交叉工程、交通工程及沿线设施、绿化及环境保护工程、其他工程 9 个项目。每个项目又细分为若干个分部、分项工程。如独立大桥工程又划分为桥头引道、基础、下部构造、上部构造、沿线设施、调治及其他工程、临时工程 7 个分部工程。

公路工程施工过程是将上述项目分部、分项工程按照施工工艺流程进行组织施工。为了更好地管理公路工程施工过程，使施工组织设计做得更科学、更合理，原则上将施工过程依次划分如下：

1. 动作与操作

动作是指工人或施工机械在施工生产时一次完成的最基本的施工活动，若干个相互关联的动作组成操作。完成一个动作所耗用的时间和占用的空间是制定定额的重要原始数据。

2. 工序

工序是指施工技术相同，在劳动组织上不可分割的施工过程，工序由若干个操作组成。从施工工艺流程来看，同一工序在工人数量、施工地点、施工工具及材料等方面均不发生变化。如果上述因素中某个因素发生改变，就意味着从一道工序转入另一道工序。施工组织往往以工序为最基本对象。工序是《公路工程预算定额》（JTG/T 3832—2018）的最小子目或称工程细目，也是施工组织设计时最小的施工过程要素。

3. 操作过程

操作过程是由若干个在技术上相互关联的工序所组成的，可以相对独立完成的某一分部、分项工程。

比如对整个路面工程而言，包括路槽、路肩、垫层、基层、面层等操作过程；其中垫层又包括铺筑、整平、洒水、碾压等工序；每一道工序又可分为若干个动作与操作。

（三）公路工程施工过程的组织原则

影响公路工程施工过程组织的因素很多（如施工地点、施工性质、施工生产类型、建筑产品的结构、材料、施工机械设备条件、自然条件等），而施工过程的组织灵活多样，没有完全相同的模式。但是，不管施工过程的组织怎样变化，为了降低工程成本，缩短施工工期，保证工程质量，公路工程施工过程的组织都应遵守以下基本原则：

1. 施工过程的连续性

施工过程的连续性是指建筑产品的施工过程各阶段、各工序的进行在时间上是紧密衔接的，不发生各种不合理的中断现象。表现在施工过程中，劳动生产力始终处在不停工的施工状态中，劳动对象始终处于被加工的状态中，这种加工可以是施工的状态，也可以是检验的状态，或者是自然过程（如水泥混凝土的凝结硬化）。

保持和提高施工过程的连续性，可以缩短施工工期、降低施工成本。

2. 施工过程的协调性

施工过程的协调性（也称比例性），是指建筑产品的施工过程各阶段、各工序之间，在生产能力上要保持一定的比例关系，各施工环节的工人数、生产效率、设备数量等都必须相互协调，不发生脱节和比例失调的现象（如某专业队人数多、生产能力强，造成产品过剩，而另一专业队人数少、生产能力较差、产品供应跟不上，这就属于比例失调，施工过程中应当避免）。在施工过程中，由于材料（如品种变化、货源改变等）、采用新工艺、自然因素的变化等影响，都会使实际生产能力发生变化，造成生产能力比例失调。因此，施工组织工作必须根据变化了的情况，及时采取措施，调整各种比例关系，保证施工过程的协调性。

协调性是保证施工过程能够连续进行的前提，能使施工生产过程中人力和机械设备得到充分地利用，避免产品在各个施工阶段和工序之间的停顿和等待，从而缩短施工工期。

3. 施工过程的均衡性

施工过程的均衡性（也称节奏性），是指施工过程的各个环节都要按照施工计划的要求，在一定的时间内生产出相等或递增数量的产品，使各生产班组或设备的任务量保持相对稳定（即各施工段劳动量大致相等），不发生时松时紧的现象（即使用同一种材料、机械或半成品的项目不要安排在同一时间施工）。如果施工中做到均衡性，就能充分利用机械设备和工时，避免突击赶工造成的各种损失，有利于保证生产质量，降低生产成本，调配劳动力和机械设备。

实现施工生产的均衡性，必须保持生产的比例性，加强计划管理，强化生产指挥系统，做好施工技术和物资准备。

4. 施工过程的经济性

施工过程的经济性是指施工过程除了满足技术要求外，必须讲求经济效益，要用最小的劳动消耗，尽量取得较大的生产成果。如果在施工组织中做到了连续性、协调性和均衡性，基本上就实现了施工过程的经济性。

基于以上4点可以看出，连续性、协调性、均衡性和经济性是相互制约、相互关联的。施工组织过程中，连续性、协调性和均衡性安排得好，施工过程的经济性自然就能保证。在编制施工组织设计时，必须全面衡量上述4个方面的要求，根据实际情况协调安排。

二、公路工程施工基本作业方法

（一）施工过程时间组织的类型

在施工过程中，把施工对象（工程项目）按自然形态或者人为的划分为若干个部分，这些部分称为施工段。根据施工段的划分数量和施工工序的分解数量，公路工程施工过程时间组织类型主要有以下 4 种：

1. 单施工段单工序型

单施工段单工序型是指施工任务不能划分或不需要划分为若干个施工段，只有一个施工段，并且在这单一的施工段施工时需要一道工序就完成了施工任务。这是公路工程施工过程时间组织最简单、最基本的一种类型。

2. 单施工段多工序型

单施工段多工序型是指施工任务不能划分或不需要划分为若干个施工段，只有一个施工段，在这单一的施工段施工时需要完成 n（n > 1）道工序的施工过程。例如一座独立的涵洞，无法划分施工段，但需要多道工序才能完成施工任务。

3. 多施工段多工序型

多施工段多工序型是指施工任务可以划分为多个施工段，每个施工段又需要完成 n（n > 1）道相同工序的施工过程。例如一段路线工程，每 1 ~ 2 km 划分一个施工段，每个施工段又有几道工序完成。

4. 混合型

混合型是指在一个施工任务中，含有单施工段单工序型、单施工段多工序型和多施工段多工序型中的两种或者三种类型，这是施工过程中最常见的一种类型。

例如一项施工任务中，既有路线工程，又有独立涵洞或小桥。路线工程可划分由若干个施工段，若干道工序来完成，而独立涵洞或小桥只能作为一个施工段分解为若干道工序完成施工任务。此为公路工程施工过程时间组织的混合型。

（二）施工过程时间组织的基本作业方法

公路工程是线性分布的工程，具有固定性、分散性等特点。在公路工程施工组织方面，具有集中与线性分布的双重性质，且多属于多工段多工序生产组织类型。因此，施工过程时间组织是通过作业班组在施工对象间进行作业的运动方式实现的。

在公路施工过程中，公路工程施工的时间组织有 3 种基本作业方法：顺序作业法、平行作业法和流水作业法。在编制公路工程施工组织设计时，这 3 种作业方法既可以单独运用，也可以综合运用。顺序作业法、平行作业法和流水作业法既可以用横道图表示，也可以用网络图表示。下面以横道图为例讲解 3 种基本作业方法。

（三）绘制施工进度横道图

横道图是一种最简单、运用最广泛的传统进度计划管理方法，尽管有许多新的、更科学先进的进度计划管理技术，但横道图在工程建设领域的应用仍然非常普遍。

横道图有两种形式，一种是横向工段式，其表头为工作（工序），横道表示施工段；另一种是横向工序式，其表头为施工段，横道表示工作（工序）。

通常，绘制的横道图表头为工作（工序）及其简要说明，即为横向工段式的施工进度横道图，项目进展表示在时间表格上。按照所表示工作的详细程度，时间单位可以为小时、天、周、月等。这些时间单位经常用日历来表示，此时可表示非工作时间，比如停工时间、法定假日、假期等。根据横道图使用者的要求，工作可按照时间先后、责任、项目对象、同类资源等进行排序。

横道图也可将工作简要说明直接放在横道上。横道图可将最重要的逻辑关系标注在内，但是，如果将所有逻辑关系均标注在图上，那么横道图简洁性的最大优点将丧失。

横道图适用于小型项目或大型项目子项目的进度计划编制，或用于计算资源需要量和概要预示进度，也可用于其他计划技术的表示结果。

横道图计划表中的进度线（横道）与时间坐标相对应，这种表达方式比较直观，易看懂计划编制的意图。但是，施工进度横道图也存在一些问题，如：

1. 工作（工序）之间的逻辑关系可以设法表达，但不易表达清楚。

2. 适用于手工编制施工进度计划。

3. 不易确定进度计划的关键工作、关键线路与工作时差。

4. 进度计划调整只能通过手工进行，其工作量较大。

5. 难以编制规模大的进度计划系统。

【案例 2.1】 4 座小涵洞的施工任务（假定 4 座小涵洞的劳动量相等，施工条件、技术配备、工程数量等完全相同）。

【分析】 4 座小涵洞按自然形态形成 4 个施工段，可把每一个施工段划分成 3 道工序，即基础、洞身、洞口。下面分别采用顺序、平行、流水 3 种基本作业方法完成该施工任务，并绘制施工进度横道图。

（1）绘制顺序作业施工进度横道图

顺序作业法是指不管施工对象划分为多少个施工段，每个施工段需要几道工序才能完成，都只组织一个施工队。这一个施工队从第一个施工段开始作业依次完成各道工序的施工任务，再转入下一个施工段依次完成各道工序的施工任务，直至完成所有施工段各道工序的施工任务的一种施工作业组织方法，如图 2.1 所示。

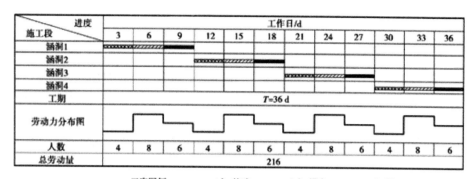

图 2.1　顺序作业施工进度横道图

由图 2.1 可以看出，顺序作业法有以下特点：

①不能充分利用工作面去争取时间，所以工期长。

②施工队不能实现专业化施工，不利于提高工程质量和劳动生产效率，机械设备不能充分利用。

③劳动力需求量波动大，不利于现场资源的供应与调配。

④单位时间内需要投入施工现场的资源数量较少，有利于资源供应的组织工作。

⑤因为只有一个施工队在施工，所以施工现场的组织管理工作比较简单。

由此可见，顺序作业法适用于工期不紧张的小型工程项目。

（2）绘制平行作业施工进度横道图

平行作业法是指施工任务划分为几个施工段就组织几个施工队，即施工队数等于施工段数。各施工队在各个施工段同时开工、平行生产、同时完工的一种施工作业组织方法，如图 2.2 所示。

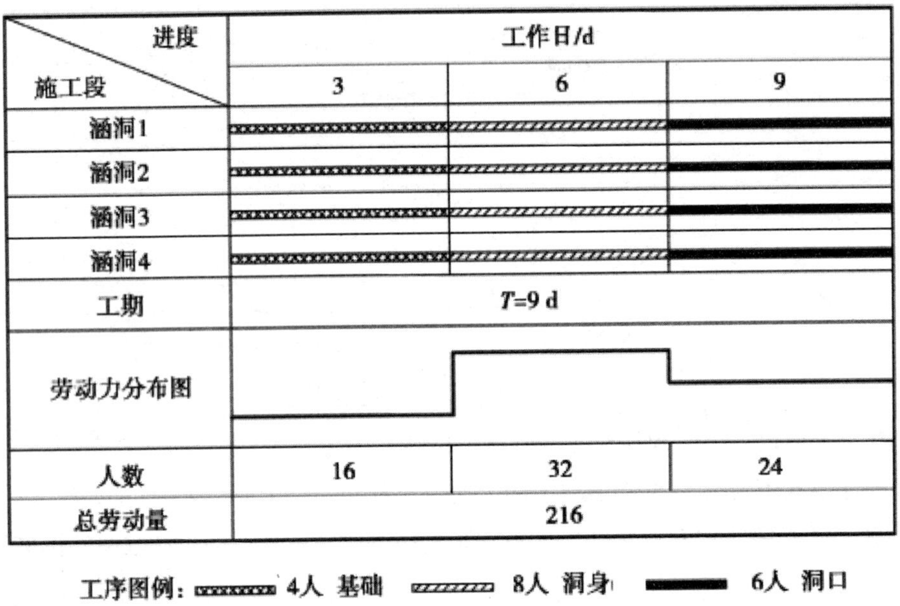

进度 施工段	工作日/d		
	3	6	9
涵洞1			
涵洞2			
涵洞3			
涵洞4			
工期	T=9 d		
劳动力分布图			
人数	16	32	24
总劳动量	216		

工序图例：▨▨▨▨ 4人 基础　　▨▨▨ 8人 洞身　　▬▬ 6人 洞口

图 2.2　平行作业施工进度横道图

由图 2.2 可以看出，平行作业法有以下特点：

①充分利用了工作面，缩短了工期。

②施工队不能实现专业化施工，不利于提高工程质量和劳动生产效率。

③协调性、均衡性差，劳动力需求量出现高峰。

④单位时间内需要投入施工现场的资源成倍增长，给材料供应以及人力、机械设备调度等带来困难。

⑤因为施工队数多、人员集中，所以施工现场的组织管理工作较复杂。

由此可见，只有在施工任务十分紧迫，工期紧张，工作面允许及资源充足，能保证供应的条件下，才能使用平行作业法。

（3）绘制流水作业施工进度横道图

流水作业法是指当施工任务划分为若干个施工段，每个施工段都由 n（n > 1）道工序完成时，就根据各工序的工艺要求组织 n 个专业施工队。同一专业施工队（同一工序）在各施工段相隔一定的时间依次投入施工生产，不同专业的施工队（不同工序）在同一施工段相继开展施工生产的一种施工作业组织方法，如图 2.3 所示。

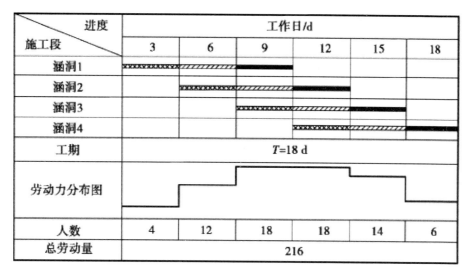

图 2.3　流水作业施工进度横道图

由图 2.3 可以看出，流水作业法的工期比顺序作业法的工期短，比平行作业法的工期长。通过比较可以看出，流水作业法消除了以上两种作业法的缺点。其特点是：

①由于流水作业法科学地利用了工作面，所以总工期比较合理。

②施工队采用了专业化施工，可使工人的操作技术水平由不熟练到熟练，由熟练到精通，不断提高，为进行技术改造、革新创造了条件，更能保证工程质量，同时也获得了更高的劳动生产效率。

③专业施工队连续作业，相邻专业施工队之间搭接紧凑，体现了施工的连续性。

④单位时间内需要投入施工现场的资源数量较为均衡，有利于资源供应的组织工作。

⑤施工有节奏，为文明施工和施工现场的科学管理创造了条件。

由此可见，采用流水作业法组织施工，施工段的数量和工作面的大小必须满足一定的要求，流水作业法才能更好地发挥它的优越性。

以上是在假定施工条件、技术水平、工程数量等完全相同的条件下，仅就 3 种时间安排基本作业方法的施工工期和劳动力需求量进行比较，而实际工程中的情况要复杂得多。

图 2.1—图 2.3 都是横向工序式的施工进度横道图，所谓横向工序式是施工进度图表中纵向表示施工段，而横向图例表示工序生产进展情况的一种图式。若施工进度图表中纵向表示工序，而横向图例表示施工段生产进展情况的图式称为横向工段式的施工进度横道图。

三、组织公路工程施工流水作业

通过 3 种基本作业方法（即顺序作业法、平行作业法、流水作业法）的相互比较，可以看出，流水作业法是一种比较科学的组织施工的方法，它建立在合理分工、紧密协作和大批量生产的基础上。在公路工程施工过程中，将建筑产品施工的各道工序分配给不同的专业施工队去完成，每个专业施工队按照确定的施工次序在不同的时间相继在各个施工段进行相同的施工生产，由此形成了专业队、施工机械和材料供应的移动路线，这条路线称为流水线。以流水的形式组织施工作业，可以使整个施工过程始终连续、均衡、协调地进行。不论是分部、分项工程，还是单位、单项工程，都可以组织流水作业，按流水作业法组织施工。

（一）组织流水作业的基本方法

1. 划分施工段

划分施工段，就是把劳动对象（工程项目）按自然形态或人为地划分成劳动量大致相等的若干段。例如，一个标段上有若干座小涵洞，可以把每一座小涵洞看成一个施工段，这就自然形成了若干个施工段；如果把一个标段的路线工程部分，每几千米划分为一个施工段，就属于人为地把劳动对象划分成了若干个施工段。

不同的施工段在施工过程安排中有一定的施工次序，同一项目施工次序不同施工工期有可能不同。施工段的施工次序是施工组织者根据实际情况人为安排的，称为组织关系，又被称为工作逻辑关系中的软逻辑。

2. 分解工序

分解工序就是把劳动对象（工程项目）的施工过程，按照施工工艺流程分解成若干道工序或操作过程，每道工序或操作过程分别按工艺原则组建专业施工队，即有几道工序原则上就应该有几个专业施工队。

在确定的施工方案下，施工工艺流程基本确定，故施工工艺流程称为工艺关系，又被称为工作逻辑关系中的硬逻辑。

3. 确定施工顺序

确定施工顺序就是各个专业施工队按照一定的施工次序，依次地、连续地由一个施工段转移到下一个施工段，不间断地完成同工序施工任务的过程。例如，某路线工程的施工过程是施工准备、施工放样、路基施工、路面施工，也可看作 4 道工序，每道工序可组织一个或多个专业施工队，每个专业施工队按照施工段间的施工次序，由一个施工段转移到下一个施工段，直至完成本工序各工段的施工任务。

4. 确定流水时间参数

施工单位根据能够达到的生产力水平和流水强度，确定流水节拍和流水步距，有时还有技术间隙时间和组织间歇时间，从而确定施工总工期。

5. 施工段之间、工序之间尽可能连续

为了缩短工期，提高经济效益，减少施工工人和施工机械不必要的闲置时间，施工段上各相邻工序之间或同一工序在相邻施工段之间开展作业的时间，尽可能地相互衔接起来。

【案例 2.2】某工程项目有 5 道涵洞，对其基础施工采用流水作业法。

【分析】

（1）5 座涵洞，自然形成 5 个施工段；

（2）将基础施工分解成 3 道工序，即施工放样、挖基坑、砌基础；

（3）分别组织 3 个专业施工队，即施工放样 3 人、挖基坑 4 人、砌基础 8 人；

（4）施工工艺：施工放样→挖基坑→砌基础；施工顺序（默认次序）：涵洞 1 →涵洞 2 →涵洞 3 →涵洞 4 →涵洞 5。

具体施工组织安排如图 2.4 所示，此图为横向工段式的施工进度横道图。

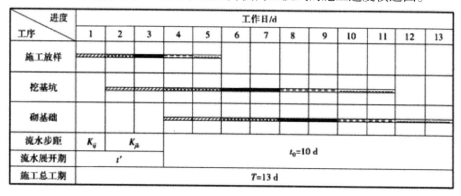

图 2.4 流水作业施工进度横道图

由图 2.4 可知，当施工放样专业施工队在涵洞 1 的施工任务完成后，施工放样专业施工队就可以由涵洞 1 施工段转移到涵洞 2 施工段开展作业；同时，涵洞 2 施工段的施工放样和涵洞 1 施工段的挖基坑作业可以在不同的工作面同时进行施工。即同一工序在不同施工段依次开展作业，不同工序在不同工段同时开展作业，依次进行下去，形成流水作业。

（二）流水作业法的主要参数

流水作业法组织施工时，施工过程的连续性、均衡性和协调性取决于流水作业法的参数及参数之间的关系。一般将流水作业法的参数分为空间参数、工艺参数和时间参数

3 类。

1. 空间参数

（1）工作面 A。执行任何一项施工任务都要占用一定范围的空间。在组织流水作业时，用工作面、施工段两个参数来表达流水作业在空间布置上所处的状态，这些参数称为空间参数。

某一专业工种的工人或某种型号的施工机械在进行施工操作时所占用的活动空间称为工作面。工作面的大小决定了最多能安置多少个工人或布置多少台施工机械进行施工操作，它反映了空间组织的合理性。工作面有两层含义：一是，某一专业工种的工人或某种型号的施工机械在进行施工操作时所占用的活动空间，即实际操作工作面；二是，某工种的一个工人或某种型号的一台机械所必须具备的工作空间，由最小工作面来确定。工作面的布置以缩短施工工期、发挥工人和机械的生产效率为目的，并遵守安全技术和施工技术规范的规定。

（2）施工段数 m。前面已提出施工段的概念，现在介绍划分施工段的目的及注意事项。

①划分施工段的目的如下：

• 多创造工作面，为下一道工序尽早开工创造条件。

• 为不同的工序（不同工种的专业施工队）能在不同的工作面上进行平行作业创造条件。只有划分施工段，才能展开流水作业。

②划分施工段的注意事项如下：

• 人为地划分施工段时，尽可能使各施工段劳动量大致相等，相差不宜超过 15%。

• 施工段的划分应考虑施工规模、资源供应等，通常以主导工序的施工组织为依据。

• 施工段的划分应考虑施工对象的结构完整性，如大型人工构造物以伸缩缝、沉降缝为界划分施工段。一般的工程结构应在受力最小而又不影响工程质量、结构外观的位置划分施工段。

• 施工段的划分要考虑各专业施工队有合适的工作面，过大，影响工期；过小，不能充分发挥人工、机械的生产效率。

2. 工艺参数

任何一项施工任务的实施，都由若干不同种类和特性的工序（施工过程）组成，每一道工序都有其特定的施工工艺。在组织流水作业时，用工序（施工过程）和流水强度这两个参数来表达流水作业施工工艺开展顺序及特征，这些参数称为工艺参数。

（1）工序数 n。根据具体情况，把一个工程项目（分部工程）分解为若干道具有独自施工工艺特点的施工过程，称为工序，工序数常用 n 来表示。例如，桥梁钻孔灌注桩的施工可以分解为埋护筒、钻孔、灌混凝土等；预制混凝土构件可以分解为绑钢筋、支模板、浇筑混凝土。每一道工序由专业施工队来承担施工。

工序数要根据构造物的复杂程度和施工方法来确定。分解工序时，应注意以下问题：

①工序分解的粗细程度，应该以流水作业进度计划的性质为依据。对于实施性施工组织设计的流水作业进度计划，工序应分解得细一些，可分解到分项工程。对于控制性施工组织设计的流水作业进度计划，工序应分解得粗一些，可以是单位工程，甚至是单项工程。

②结合所选择的施工方案分解工序。如钢筋混凝土结构的现场浇筑与预制安装；沥青混凝土路面的机械摊铺施工与人工摊铺施工，二者分解施工工序是不同的。

③分解工序应重点突出，抓住主要工序，不宜太细，使流水作业进度计划简明扼要（如路面工程可以划分为底基层、基层、面层）。

④一个流水作业进度计划内的所有工序应按照施工工艺流程（或施工的先后次序）排列，所采用的工序名称应与现行定额的项目名称一致。

（2）流水强度 V。流水强度又称流水能力或生产能力，每一道工序（专业班组）在单位时间内所完成的工程量（如瓦工组在每工作班砌筑的圬工体积数量）称为流水强度。流水强度越大，专业队应配备的机械、需用的人工及材料等也就越多，工作面也会相应增大，施工工期将会缩短。流水强度按下列公式计算：

①机械施工时的工序流水强度按式（2.1）计算：

$$V_i = \sum_{i=1}^{x} R_i C_i \qquad (2.1)$$

式中 V_i——工序 i 的机械作业流水强度；

R_i——某种类施工机械的台数；

C_i——该种类施工机械的台班产量定额（时间定额的倒数）；

x——投入同一工序的主导施工机械种类。

②人工操作时的工序流水强度按式（2.2）计算：

$$V_i = R_i C_i \qquad (2.2)$$

式中 V_i——工序 i 的人工作业流水强度；

R_i——某专业班组的人数；

C_i——该专业工人日产量，即产量定额（时间定额的倒数）。

3. 时间参数

每一道工序（施工过程）的完成都要消耗时间。在组织流水作业时，用流水节拍、流水步距、流水展开期、流水稳定期、技术间隙时间、组织间歇时间和总工期 7 个参数来表达流水作业在时间组织中所处的状态，这些参数统称为时间参数。

（1）流水节拍 ti。流水节拍是指一道工序（专业施工队）在一个施工段上开展作业的持续时间。在图 2.4 中，施工放样工序在各施工段上的流水节拍值都等于 1 d，挖基坑工序在各施工段上的流水节拍值都等于 2 d，砌基础工序在各施工段上的流水节拍值也都等于 2 d。

当施工段数确定后，流水节拍的长短会影响总工期。而影响流水节拍长短的因素有施工方案、施工段的工程数量、专业施工队的人数、机械台数、每天的作业班次等。从理论上讲，流水节拍越短越好。但在实际工程中，由于工作面的限制，流水节拍 t_i 有一个最小值 t_{min}。流水节拍有以下计算方法：

①定额法。在实际工程中，根据实际拥有的工人人数和机械台数按式（2.3）来确定流水节拍 t_i：

$$t_i = \frac{Q_i S}{Rn} \tag{2.3}$$

式中 Q_i——某施工段 i 工序的工程数量；

S——某工序 i 的时间定额；

R——每班施工人数或机械台数；

n——作业班次数。

②工期反算法。如果施工任务紧迫，必须在规定期限内完成施工任务，可采用倒排工期的方法求流水节拍。首先根据要求的总工期 T 倒排进度，确定某一道工序（施工过程）的施工作业总持续时间 T_i，再根据施工段数 m 反求流水节拍 t_i：

$$t_i = \frac{T_i}{m} \tag{2.4}$$

然后检查反求的流水节拍 t_i 是否大于或等于最小流水节拍 t_{min}，如果不满足，可以通过调整施工段数和专业队人数以及作业班次，再综合考虑其他因素重新确定。t_{min} 的计算公式为：

$$t_{min} = \frac{A_{min} Q_i S}{A} \tag{2.5}$$

式中 A_{min}——每个工人或每台机械所需的最小工作面；

A——一个施工段实际具有的工作面；

Q_i——某施工段 i 工序的工程数量；

S——某工序 i 的时间定额。

公式（2.5）是在 i 工序每天只能安排 1 个工作班次，即不能倒班的情况下，考虑安排资源最大量，即每个人或每台机械安排最小工作面，使得流水节拍最小化。

（2）流水步距 K_{ij}。流水步距是指两个相邻工序的专业施工队相继投入同一施工段开始工作的间隔时间，即开始时间之差，通常用 K_{ij} 表示。在图 2.4 中，施工放样专业施工队第 1 天开始作业，挖基坑专业施工队第 2 天开始作业，则这两个专业施工队之间的流水步距 K_{ij}=1。

流水步距 K_{ij} 的大小，对总工期有很大影响。在施工段数目和流水节拍确定的条件下，流水步距越大，总工期就越长。确定流水步距时，在考虑正确的施工顺序、合理的技术间隙、组织间歇、适当的工作面和施工的均衡性的同时，一般还遵循以下原则：

①采用最小的流水步距，即相邻两工序在开工时间上最大限度、合理地衔接，以缩短工期。

②流水步距要能满足相邻两工序在施工顺序上相互制约的关系。

③尽量保证各专业施工队都能连续作业。

④确定流水步距要保证工程质量，以满足安全施工的要求。

（3）流水展开期 t' 。从第一个专业施工队开始作业起到最后一个专业施工队开始作业止，其时间间隔称为流水展开期，常用 t' 表示。显然，流水展开期是能够让全部专业施工队都进入流水作业状态的一个时间参数。一般情况下，从此时起有一段时间每天的资源需求量保持不变，各专业施工队完成相应的工作量，开始了连续、均衡而紧凑的流水作业阶段。由图 2.4 可知，流水展开期 t' 的数值等于各流水步距之和。

（4）流水稳定期 $t0$。流水稳定期是指最后一个专业施工队从开始作业起，到完成各施工段工作任务为止所花费的时间。

（5）技术间隙时间 C。在组织流水作业时，不仅要考虑专业施工队之间的协调配合及施工质量、施工安全等，而且还要根据材料特点和工艺要求，考虑合理的工艺等待时间，然后下一个专业施工队才能施工，这个等待时间称为技术间隙时间（如混凝土的凝结硬化、油漆的干燥等）。

（6）组织间歇时间 Z。在流水作业中，由于施工安排或施工组织的原因，造成流水步距以外增加的间歇时间称为组织间歇时间（如施工过程中的检查、验收，施工人员和施工机械的转移等需用的时间都是组织间歇时间）。

（7）总工期 T。在流水作业中，施工任务从开工到完成需要的时间为总工期。由图 2.4 可知，总工期 T 为流水展开期 t' 和流水稳定期 $t0$ 之和。

第二节　编制施工进度网络图

一、施工进度网络计划相关知识

网络计划技术是 20 世纪 50 年代末国外陆续出现的一种计划管理的新方法。由于这些新方法建立在工作关系网络模型的基础上，把计划的编制、调整、优化和控制有机地结合起来，所以被称为网络计划技术。网络计划技术有以下主要优点：

1.能充分地反映出各项工作之间的相互制约、相互依赖关系。

2.可以区分关键工作和非关键工作，而且能反映出各项工作的机动时间。

3.可以经济合理地运用和调配劳动力、材料、施工机械等各种资源。

4.能进行计划的优化比较，以供选择最佳方案。

由此可见，采用网络计划技术能够加强工程项目管理，经济合理地利用资源，使工程项目建设取得成功。

目前，网络计划技术已经在公路工程项目管理中得到普遍采用（尤其是在大型工程项目、重点工程项目中）。在公路工程施工招投标中，网络图是施工组织设计文件不可缺少的一部分；在公路工程项目施工阶段，网络图又是实施性施工组织设计文件很重要的一部分，以此来控制施工进度，调配、合理地运用资源。

（一）网络计划的名称及分类

1.网络计划的名称

国际上，工程网络计划有许多名称，如CPM法（关键线路法）、PERT法（计划评审法）、CNT法（搭接网络）等。

我国是从 20 世纪 60 年代开始运用网络计划的。著名数学家华罗庚教授结合我国实际，在吸收国外网络计划技术理论的基础上，将 CPM、PERT 等方法统一定名为统筹法。现在，网络计划技术已经广泛应用于我国国民经济各个领域的计划管理中，通过编制计划，执行计划，寻求偏差及偏差产生的原因，最后解决产生的偏差。同时，随着计算机的普及，网络计划技术在组织管理中的优越性将日益显著。

2.网络计划的分类

（1）按表示方法分类：

①单代号网络计划。即以节点表示工作的网络计划 [我国《工程网络计划技术规程》（JGJ/T 121—2015）] 称为单代号网络计划。在单代号网络图中，每个节点表示一项工作，箭线仅用来表示各项工作之间相互制约、相互依赖的关系。因为单代号网络图不能用节点时间参数来表示（节点时间参数就是工作时间参数），所以不能绘制时间坐标网络计划及其资源需求动态曲线，进行资源的优化、调整，故单代号网络计划在工程实践中的应用不及双代号网络计划广泛。本章重点介绍双代号网络计划。

②双代号网络计划。即以箭线表示工作的网络计划 [我国《工程网络计划技术规程》（JGJ/T 121—2015）] 称为双代号网络计划。在双代号网络图中，每个节点代表一个事件，表示前一项工作的结束，后一项工作的开始；箭线表示工作，在箭线上标注工作名称、工作持续时间。

（2）按有无时间坐标分类：

①时标网络计划。是以时间坐标为尺度绘制的双代号网络计划，即每项工作箭线的

长短与该工作持续时间的长短成比例。时标网络计划中以实箭线表示工作，以虚箭线表示虚工作，以波形线表示工作的自由时差。

②非时标网络计划。是不按时间坐标绘制的双代号网络计划，即每项工作箭线的长短与该工作持续时间的长短无关。

（3）按层次分类：

①总体网络计划。是以整个建设项目或单项工程为对象编制的网络计划。

②局部网络计划。是以建设项目或单项工程的某一部分为对象编制的网络计划。

《工程网络计划技术规程》（JGJ/T 121—2015）推荐的常用的工程网络计划类型包括双代号网络计划、单代号网络计划、双代号时标网络计划、单代号搭接网络计划。

（二）基本概念

双代号网络图是以箭线及其两端节点的编号来表示工作的网络图。

1. 箭线（工作）

箭线（工作）泛指一项需要消耗人力、物力和时间的具体活动过程，也称工序、活动、作业。在双代号网络图中，每一条箭线表示一项工作。箭线的箭尾节点表示该工作的开始，箭线的箭头节点表示该工作的完成。工作名称可标注在箭线的上方，完成该项工作所需要的持续时间可标注在箭线的下方。由于一项工作需要用一条箭线与其箭尾和箭头处两个圆圈中的编号来表示，故称为双代号网络计划。

根据施工组织设计在不同阶段形成的不同文件，箭线所表示的工作取决于网络的层次（即详细程度），可能是单位工程，也可能是分部、分项工程，或者是一道工序，其粗细程度和工作范围的划分根据计划任务的需要来确定。

箭线分为实箭线和虚箭线。在双代号网络图中，任意一条实箭线都要消耗时间，且多数要消耗资源。例如，土石方开挖这项工作消耗了人工、施工机械和时间，而混凝土的凝结硬化只需消耗时间。

在双代号网络图中，为了正确地表达图中工作之间的逻辑关系，往往需要借助虚箭线。虚箭线是实际工作中并不存在的一项虚设工作，故它既不消耗时间，也不消耗资源，只是用来表达工作之间的逻辑关系。一般起着工作之间的连接、区分和断路3个作用。

• 连接作用：指借助虚箭线正确表达工作之间相互依存的关系。

• 区分作用：指双代号网络图中每一项工作都必须用一条箭线和两个编号表示，若两项工作的编号相同时，应使用虚箭线加以区分。

• 断路作用：借助虚箭线断掉多余联系，即在双代号网络图中把无联系的工作连接上时，应加上虚箭线将其断开。

在非时标网络计划中，箭线的长度原则上可以任意画，其占用的时间以下方标注的时间参数为准。箭线可以为直线、折线或斜线，但其行进方向都应从左向右。在时标网络计划中，箭线的长度必须根据完成该工作的持续时间的长短比例绘制。

2. 节点（又称结点，事件）

节点是双代号网络图中箭线之间的连接点，表示工作与工作之间的衔接关系，它具有相对性。在时间上节点表示指向某节点的工作全部完成后，该节点后面的工作才能开始的瞬间，即代表前一项工作的结束，后一项工作的开始，常用圆圈加以编号来表示。

双代号网络图中有 3 种类型的节点，即起始节点、中间节点和结束节点。

•起始节点：在一个网络图中，只有外向箭线的节点是起始节点，如图 2.5 中的①节点；

•结束节点：在一个网络图中，只有内向箭线的节点是结束节点，如图 2.5 中的⑥节点；

•中间节点：在一个网络图中，既有内向箭线又有外向箭线的节点是中间节点，如图 2.5 中的②、③、④、⑤节点。

双代号网络图中，节点应用圆圈来表示，并在圆圈内标注编号。一项工作只有唯一的一条箭线和相应的一对节点，并且要求箭尾节点的编号小于其箭头节点的编号，即 i < j。网络图节点的编号顺序应从小到大，可不连续，但不允许重复。

3. 逻辑关系

网络图中工作之间相互制约、相互依赖的关系称为逻辑关系，包括工艺关系和组织关系。在网络图中，工艺关系和组织关系均表现为工作之间的先后顺序，用"紧前工作"或"紧后工作"表述。

（1）工艺关系（也称硬逻辑关系）。生产性工作之间由工艺过程决定的，非生产性工作之间由工作程序决定的先后顺序称为工艺关系。

（2）组织关系（也称软逻辑关系）。工作之间由于组织安排需要或资源（人力、材料、机械设备和资金等）调配需要而确定的先后顺序关系称为组织关系。

网络图必须正确地表达整个工程或任务的工艺流程和各工作开展的先后顺序，以及它们之间相互依赖、相互制约的逻辑关系。因此，绘制网络图时必须遵循基本规则和要求。

（三）绘制双代号网络图的基本规则

1. 识图

工作的表示方法：一项工作用一条箭线和两个节点编号表示，如图 2.4 所示。

(a) 实工作表示　　　　　　　　　　　　(b) 虚工作表示

图 2.4　工作表示图

（1）箭线。

•内向箭线：对于节点，凡是箭线方向指向节点的箭线都称为内向箭线。在图 2.5 中，④节点的内向箭线是②—④和③—④。

• 外向箭线：对于节点，凡是箭线方向指出去的箭线都称为外向箭线。在图 2.5 中，③节点的外向箭线是③—④和③—⑤。

（2）工作关系。

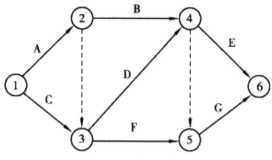

图 2.5 箭线示意图

• 紧前工作：对于工作，凡是节点上所有的内向箭线都称为紧前工作。在图 2.5 中，E 工作的紧前工作是 B、D 工作。

• 紧后工作：对于工作，凡是节点上所有的外向箭线都称为紧后工作。在图 2.5 中，C 工作的紧后工作是 D、F 工作。

• 先行工作：对于工作，凡是在节点之前完工的工作，都是先行工作。在图 2.5 中，G 工作的先行工作是 A、B、C、D、F 工作。

• 后续工作：对于工作，凡是在节点之后开工的工作，都是后续工作。在图 2.5 中，D 工作的后续工作是 E、G 工作。

• 平行工作：对于工作—而言，与其同时进行的工作，都是—工作的平行工作，那么，从同一节点开始的工作，肯定是平行工作。在图 2.5 中，A 和 C 工作、D 和 F 工作是平行工作。

• 虚工作：在图 2.5 中，②—③和④—⑤工作都是虚工作。前面已经讲了虚工作既不消耗资源又不消耗时间，只起到表达工作之间逻辑关系的作用。如图 2.5 所示，②—③工作起到连接 A 与 D 和 A 与 F 之间紧前与紧后关系的作用，也起到了断开 C 与 B 之间关系的作用，即 C 与 B 实际工作中不存在紧前紧后关系，需用虚箭线②—③断开。同样，④—⑤工作也有这样的作用。

（3）线路。网络图中从起始节点开始，沿箭头方向顺序通过一系列的箭线与节点，最后到达终点节点的通路称为线路。在一个网络图中可能有很多条线路，线路中各项工作持续时间之和就是该线路的长度，即完成该线路上各项工作所需要的时间。一般网络图有多条线路，可依次用该线路上的节点编号来表达。如图 2.5 中，线路①—②—③—④—⑤—⑥、①—②—④—⑥和①—③—⑤—⑥等。

2. 双代号网络图的模型

（1）依次开始（见图 2.6，逻辑关系见表 2.1）。

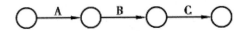

图 2.6　"依次开始"示意图

表 2.1　"依次开始"逻辑关系

工作	A	B	C	工作	A	B	C
紧前工作	—	A	B	紧后工作	B	C	—

（2）同时开始（见图 2.7，逻辑关系见表 2.2）。

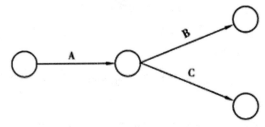

图 2.7　"同时开始"示意图

表 2.2　"同时开始"逻辑关系

工作	B	C	工作	A
紧前工作	A	A	紧后工作	B、C

（3）同时结束（见图 2.8，逻辑关系见表 2.3）。

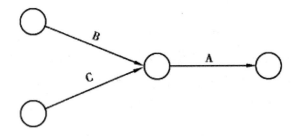

图 2.8　"同时结束"示意图

表 2.3　"同时结束"逻辑关系

工作	A	工作	B	C
紧前工作	B、C	紧后工作	A	A

（4）约束关系。

①全约束（见图 2.9，逻辑关系见表 2.4）。

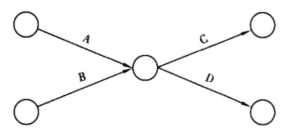

图 2.9　"全约束"示意图

表 2.4　"全约束"逻辑关系

工作	C	D	工作	A	B
紧前工作	A、B	A、B	紧后工作	C、D	C、D

②半约束（见图 2.10，逻辑关系见表 2.5）。

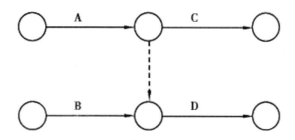

图 2.10　"半约束"示意图

表 2.5　"半约束"逻辑关系

工作	C	D	工作	A	B
紧前工作	A	A、B	紧后工作	C、D	D

③三分之一约束（见图 2.11，逻辑关系见表 2.6）。

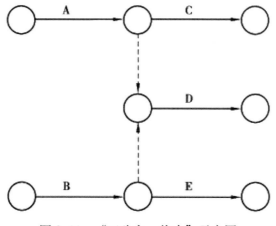

图 2.11　"三分之一约束"示意图

表 2.6　　"三分之一约束"逻辑关系

工作	C	D	E	工作	A	B
紧前工作	A	A、B	B	紧后工作	C、D	D、E

（5）两项工作同时开始且同时结束（图 2.12）。

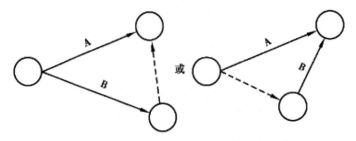

图 2.12　两项工作同时开始、结束

3. 绘制双代号网络图的基本规则

（1）一个网络计划图中不允许单代号、双代号混用。

（2）一个网络计划图中只允许有一个开始节点和一个结束节点。

（3）一对节点之间只能有一条箭线，不能出现无头箭杆，如果有多条，则表示同一项工作。

（4）网络计划图中不允许有循环线路，如图 2.13 所示是错误的。

（5）节点编号应由小到大，也可以跳跃。

（6）网络计划图中不允许有相同编号的节点或相同代码的工作。

（7）网络计划图的布局应合理，要尽量避免箭线的交叉。当箭线交叉不可避免时，可以采用"暗桥"或"断线"方法来处理，如图 2.14 和图 2.15 所示。

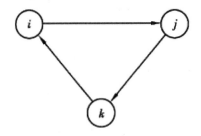

图 2.13　错误的网络计划图

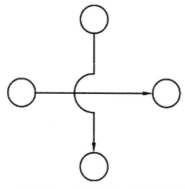

图 2.14　"暗桥"方法处理箭线交叉

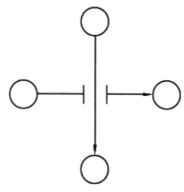

图 2.15　"断线"方法处理箭线交叉

第三章　路基工程施工技术

第一节　概述

路基工程作为整个公路工程的重要组成部分，也是路面工程的主要承载体，直接影响公路的稳定性、路面的平整度和耐久性。

公路路基施工具有复杂性和唯一性，而且容易受自然条件和地质条件的影响。近年来，公路路基施工质量事故屡见不鲜，保证路基工程施工质量，有利于提高整个公路工程的施工质量，促进路面施工的顺利进行，防止因路基出现质量问题而发生返工，从而保证按照进度计划顺利完成公路工程施工任务。

所以，必须强化施工技术和施工质量安全的管理措施，把路基施工作为高速公路建设过程中的重点对象，进行有效的控制与监督，以提高路基施工的水平，保证路基质量，进而提高整个公路工程质量。

路基施工质量的不稳定、不规范会直接导致路基施工后发生过大的差异化沉降、开裂、塌方等质量事故，给人民财产及生命安全构成重大威胁。

每一个公路路基建设人员均应牢记建设使命，不负广大人民的重托切实提高路基规范化施工意识，加强施工质量管理，完善工作责任制度，全面落实公路工程施工技术规范及验收标准，将建设优质工程作为一切工作的中心。

一、公路路基的类型及构造

通常根据公路路线设计确定的路基高程与天然地面高程是不同的，路基设计高程高于天然地面高程时，需要进行填筑；路基设计高程低于天然地面高程时，需要进行挖掘。由于填挖情况的不同，路基横断面的典型形式有路堤、路堑和填挖结合3种类型。

路基横断面在横方向由行车道、中间带、硬路肩和土路肩组成，各部分的宽度与道路等级、设计行车速度等有关。公路工程路基设计时，根据规范选用不同的数值。

路基横断面竖向由路面和狭义的路基组成，路面以下部分的路基根据材料和使用要求又可分为上路床、下路床、上路堤和下路堤。

二、公路路基施工图识读

公路路基施工图一般有路基标准横断面图、路基设计通用图、路基横断面设计图 3 种主要类型。其中，路基标准横断面图是对路基整体设计及各功能区的全景展示；路基设计通用图是在路基标准横断面图的基础上对全线不同类型的路基进行分类后在设计范围内使用的通图；路基横断面设计图是对线路上某个具体的里程断面处路基的设计高程及几何尺寸进行的详细标识。

第二节　填方路基施工技术

填方路基又称路堤，是指路基设计高程大于原地面高程的路基。根据填方路基的高度不同，又可分为低路堤、一般路堤和高路堤。根据其边坡挡土墙的设置情况，又可分为不设挡土墙路堤与设挡土墙路堤。

填方路基的施工的主要工作程序包括：拟订路基填筑方法、选择路基填筑机械、路基填筑试验及正式施工。

一、路基填筑方案

（一）填筑方法

路基填筑的常规方法有水平分层填筑、纵向分层填筑、横向填筑及联合填筑。其中，水平分层填筑是应用最广且施工质量最好的一种方法，高速公路、一级公路及铺设高级路面的其他等级公路的路基填筑均采用水平分层填筑法施工。

（二）填筑的一般要求

1. 性质不同的填料，应分为水平分层、分段填筑，分层压实。同一水平层路基的全宽应采用同一种填料，不得混合填筑。每种填料填筑层压实后的连续厚度不宜小于 500 mm。填筑路床顶最后一层时，压实后的厚度应不小于 100 mm。

2. 对潮湿或冻融敏感性小的填料应填筑在路基上层。强度较小的填料应填筑在路基下层。在有地下水的路段或临水路基范围内，应填筑透水性好的填料。

3. 在透水性不好的压实层上填筑透水性较好的填料前，应在其表面设 2% ~ 4% 双向横坡，并采取相应的防水措施。不得在由透水性较好的填料所填筑的路堤边坡上覆盖透水性不好的填料。

4. 每种填料的松铺厚度应通过试验路段获得，一般为 1.3。

5. 每一个填筑层压实后的宽度不得小于设计宽度。

6. 路堤填筑时，应该从最低处起分层填筑，逐层压实；当原地面纵坡大于 12% 或横坡陡于 1 ∶ 5 时，应按照设计要求挖台阶，或设置坡度向内大于 4%、宽度大于 2 m 的台阶。

7. 填方分几个作业段施工时，接头部位如不能交替填筑，则先填路段，应按 1 ∶ 1 坡度分层留台阶；如能交替填筑，则应分层相互交替搭接，搭接长度不小于 2 m。

二、路基填筑机械

路基填筑施工常用的机械有挖掘机、推土机、装载机、平地机、压路机、自卸汽车及洒水车等。

三、路基填筑试验段

下列情况下，应进行试验路段施工：

1. 二级及以上公路路堤。

2. 填石路堤、土石路堤。

3. 特殊地段路堤。

4. 特殊填料路堤。

5. 拟采用新技术、新工艺、新材料的路基。

试验路段应选择在地质条件、断面形式等工程特点具有代表性的地段，路段长度不宜小于 100 m，以确定路基预沉留量、路基宽度内每层填料的虚铺厚度、合适的压实方式及机械组合、确定压实遍数等。路堤试验段结束后，应该进行技术总结并形成成果报告，该成果报告应包括以下内容：

1. 填料试验、检测报告等。

2. 施工测量成果。

3. 压实工艺主要参数：机械组合、压实机械规格、松铺厚度、碾压遍数、碾压速度、最佳含水量及碾压时含水量允许偏差等。

4. 过程质量控制方法、指标。

5. 质量评价指标、标准。

6. 优化后的施工组织方案及工艺。

7. 原始记录、过程记录。

8. 对施工设计图的修改建议等。

四、土质路堤施工技术

（一）施工准备

1.路基开工前，应在全面理解设计要求和设计交底的基础上，进行现场调查和核对。

2.在详细的现场调查后，根据设计要求、合同、现场情况等，编制实施性施工组织设计，并按管理规定报批。

3.路基开工前必须建立健全质量、环保、安全管理体系和质量检测体系，并对各类施工人员进行岗位培训和技术、安全交底。

4.临时工程应该满足正常施工需要，保证路基施工影响范围内原有道路、结构物及农田水利等设施的使用功能。

（二）测量放样

1.路基施工前，应对原地面进行复测，核对或补充横断面，发现问题时应进行处理。

2.路基施工前，按设计逐桩坐标恢复路线中桩，计算坡脚位置并在两侧各加宽30 ~ 50 cm撒出路基边线，作为填土边缘控制线。同时设置标识桩，对路基用地界、路堤坡脚、取土坑、护坡道、弃土堆等具体位置进行标识。

3.对高填路段，每填3 ~ 5 m或一个边坡平台应复测中线和断面。

4.施工过程中，应保护好所有控制桩点，并及时恢复被破坏的桩点。每项测量成果必须进行复核，原始记录应该存档。

（三）原地面处理

路基范围内的原地基应在路基施工前按下列要求进行处理：

1.稳定的斜坡上，地面横坡缓于1∶5时，清除地表草皮、腐殖土后，可直接填筑路堤；地面横坡为1∶5 ~ 1∶2.5时，原地面应挖台阶，台阶宽度不应小于2 m。当基岩面上的覆盖层较薄时，宜先清除覆盖层再挖台阶；当覆盖层较厚且稳定时，可予以保留。

2.陡坡地段、土石混合地基、填挖界面、高填方地基等都应按设计要求进行处理。

3.地基表层应碾压密实。对于一般土质地段，高速公路、一级公路和二级公路路堤基底的压实度（重型）不应小于90%，三、四级公路不应小于85%。低路堤应对地基表层土进行超挖、分层回填压实，其处理深度不应小于路床深度。

4.原地面坑、洞、穴等应在清除沉积物后，用合格填料分层回填分层压实，压实度符合规定。

5.对于泉眼或露头地下水，应按设计要求，采取有效导排措施后方可填筑路堤。

6. 地基为耕地、土质松散、水稻田、湖塘、软土、高液限土等时，应按设计要求进行处理，局部软弹部分也应采取有效的处理措施。

7. 地下水位较高时，应按照设计要求进行处理。

8. 陡坡地段、土石混合地基、填挖界面、高填方地基等都应按照设计要求进行处理。

（四）填料的选择

公路路基填料首先应满足路基强度和回弹模量的要求，其次应结合土石方调配设计对移挖作填、集中取（弃）土、填料改良处理等方案进行技术经济比较，充分利用挖方材料，节约土地，选择挖取方便、压实容易、强度高、水稳定性好的土体作为路基填料。

1. 应优先选用级配较好的砾类土、砂类土等粗粒土作为填料，填料的最大粒径应符合规定。

2. 含草皮、生活垃圾、树根、腐殖质的土严禁作为填料。

3. 泥炭、淤泥、冻土、强膨胀土、有机质土及易溶盐超过允许含量的土，不得直接用于填筑路基；需要使用时，必须采取技术措施进行处理，经检验满足设计要求后方可使用。

4. 季节性冻土地区路床及浸水部分路堤不应该直接采用粉质土填筑。

5. 液限大于 50%、塑性指数大于 26、含水量不适宜直接压实的细粒土，不得直接作为路堤填料；需要使用时，必须采取技术措施进行处理，经检验满足设计要求后方可使用。

6. 粉质土不宜直接填筑于路床，不得直接填筑于冰冻地区的路床及浸水部分的路堤。

7. 浸水路堤、桥涵台背和挡土墙背宜采用渗水性良好的填料。在渗水材料缺乏的地区，采用细粒土填筑时，可采用无机结合料进行稳定处治。

8. 填料最小承载比和最大粒径，应符合表 3.1 的规定。

（五）土方运输

土方运输采用挖掘机装车，自卸车运输。为防止运输途中水分散失、扬尘及遗撒，应对运输车辆进行覆盖，并及时对便道进行洒水，减少环境污染。

（六）分层摊铺

路基分层摊铺须严格按照"划格上土，挂线施工，平地机整平"。

1. 放线和标高控制。沿线路方向每 20 m 采用全站仪放出线路中桩和填筑边线（宽度按设计宽度每侧加宽 30 ~ 50 cm），用石灰或旗杆进行标识。用水准仪测出该层填铺厚度控制桩的标高，在路基两侧边缘沿纵向每 20 m 打一长 70 cm 边桩，并用红白漆每 10 cm 交错标注，按设定的松铺厚度挂线，以控制标高。

2. 画网格，控制虚铺厚度。根据运输车每车的方量和设定的松铺厚度，通过计算确定单车的卸土面积，按照卸土面积用石灰在下承层上画网格，以便运输车辆按照顺序倾倒填料。

（七）分层碾压

1. 按碾压方法（式）分为重力压实（静压）和振动压实两种。

2. 按照试验段成果完善后的路基填筑方案确定的压实机械及其组合、压实遍数及压实速度进行碾压。碾压应坚持初压（静压 1 ~ 2 遍）、复压（振动 2 ~ 6 遍）及终压（静压 1 ~ 2 遍）的步骤，遵循"先轻后重、先慢后快、先两边后中间，弯道地段先内侧后外侧"的原则，轮迹重叠 1/3 ~ 1/2，直到达到规范规定的压实度。压实机械对土进行碾压时，一般以慢速效果最好，除了羊足碾或凸块式碾之外，压实速度以 2 ~ 4 km/h 最为适宜。羊足碾的速度可以快些，在碾压黏土时最高可达 12 ~ 15 km/h。

3. 碾压应在路基全宽范围内，纵向分行进行。纵向分段压好后，进行第二段压实时，在其纵向接头处的碾压范围宜重叠 1 ~ 2 m，以确保接头处平顺过渡。

4. 碾压一段终了时，可以采取纵向退行方式继续第二遍碾压，不宜采用掉头方式，以免因机械掉头时搓挤土，使压实的土被翻松。故压路机始终要以纵向进退的方式进行压实作业。

5. 碾压应从路基边缘向中央进行，压路机轮外缘距路基边应保持安全距离。

6. 碾压不到的部位应采用小型夯实机夯实，防止漏夯，要求夯击面积重叠 1/4 ~ 1/3。

（八）分层检验

路基填土压实质量检测随分层填筑碾压施工分层检测，每一个压实层压实度检验合格后方可填筑上一层。

1. 用灌砂法、灌水（水袋）法检测压实度时，取土样的底面位置为每一压实层底部；用环刀法试验时，环刀中部处于压实层厚的 1/2 深度；用核子仪试验时，应根据其类型，按说明书要求办理。

2. 检测频率为每 1000 m2 至少检验 2 点，不足 1000 m2 时检验 2 点，必要时可根据需要增加检验点。

（九）路床精加工

当路堤填筑接近于路床高程时，要逐步控制填土厚度，并使顶面最后一层的压实厚度不小于 10 cm。

精平时采用平地机精平，光轮振动压路机压实，反复进行，直到检测数据全部满足技术规范要求为止。

对已精平、完工的路基进行交通管理，避免在雨季车辆行驶造成路基表面破坏。

（十）路基整修

每填筑完一段路堤并稳定后，及时进行边坡清理，削去超宽填筑部分，并进行防护工程以及排水沟砌筑，避免路堤坡脚受雨水冲刷。雨天施工时，随挖、随运、随铺、随压。每层填土筑成 2% ~ 4% 的排水横坡，当天填筑的土层当天完成压实。路堤表层及边坡要加以整理，不得有积水存在。路堤表层含水量接近正常时，方可继续填筑。在整个路堤施工期间，如路基填筑周期较长，应该做好临时路基排水设施，保证排水畅通。

（十一）交工验收

路堤填筑到设计高程并整修完成后，其施工质量应符合土质路堤施工质量标准的要求。

五、填石路堤施工技术

填石路堤是指用粒径大于 40（37.5）mm、含量超过总质量 70% 石料填筑的路堤。

（一）填料的选择

1. 山区填石路堤最为常见，石料主要来源是路堑和隧道爆破后的石料。

2. 硬质岩石、中硬岩石可用作路床、路堤填料；软质岩石可用作路堤填料，不得用于路床填料；膨胀性岩石、易溶性岩石、易风化崩解性岩石和盐化岩石等不得用于路堤填筑。

风化岩石和软质岩石填筑路堤时，路床应采用硬质岩碎石或其他符合要求的材料填筑，并采取路堤边部包边封闭或加筋、底部设置排水垫层、顶部设置防渗层等措施，防止填石路堤产生湿化变形。

软弱地基上填石路堤，应与软土地基处理设计综合考虑。

3. 填石路堤填料粒径应满足表 3.5 的要求。填石路堤顶部最后一层填料铺筑层厚不得大于 0.4 m，填料粒径不得大于 150 mm，其中小于 4 mm 细料含量不应小于 30%，且铺筑层表面应无明显孔隙、空洞。填石路堤上部采用其他材料填筑时，可视需要设置土工布作为隔离层。

4. 路床范围应用符合要求的土填筑，填料粒径应小于 100 mm。

（二）填筑方法

1. 分层压实法

自下而上水平分层，逐层填筑，逐层压实，是普遍采用并能保证填石路堤质量的方法。二级及以上公路的填石路堤应分层填筑压实。高速公路、一级公路和铺设高级路面的其他等级公路的填石路堤都应采用此方法。

2. 竖向填筑法（倾填法）

以路基一端按横断面的部分或全部高度自上而下倾卸石料，逐步推进填筑。其主要用于三、四级公路且铺设低等级路面的公路，也可用于陡峻山坡施工特别困难或大量以爆破方式开挖填筑的路段，以及无法自下而上分层填筑的陡坡、断岩、泥沼地区和水中作业的填石路堤。

3. 冲击压实法

利用冲击压实机的冲击碾周期性、大振幅、低频率地对路基填料进行冲击，压密填方。它具有分层法连续性的优点，又具有强力夯实法压实厚度深的优点。其缺点是在周围有建筑物时，使用会受到限制。

4. 强力夯实法

用起重机吊起夯锤从高处自由落下，利用强大的动力冲击，迫使岩土颗粒位移，提高填筑层的密实度和地基强度。该方法机械设备简单，击实效果显著，施工中不需要铺撒细粒料，施工速度快，有效解决了大块石填筑地基厚层施工的夯实难题。对强夯施工后的表层松动层，采用振动碾压法进行压实。

（三）填石路堤施工工艺流程

在公路工程施工中，水平分层填筑是填石路堤的常用方法。

1. 施工准备

填石路堤施工前，应先修筑试验路段，确定满足孔隙率标准的松铺厚度、压实机械型号及组合、压实速度及压实遍数、沉降差等参数。

路床施工前，应先修筑试验路段，确定能达到最大压实干密度的松铺厚度、压实机械型号及组合、压实速度及压实遍数、沉降差等参数。

2. 测量放样

按照设计图纸及施工工艺要求，采用全站仪或 GPS 放样道路中线及边线，并设置边桩及中桩，以此作为控制上料厚度及宽度。

3. 分层摊铺

采用方格网法上料，按水平分层、先低后高、先两侧后中央来卸料，并采用大功率推土机摊平。个别不平处应配合人工用细石块石屑找平。

岩性相差较大的填料应分层或分段填筑。严禁将软质与硬质石料混合使用。

4. 边坡码砌

中硬、硬质石料填筑路堤时，应进行边坡码砌，码砌边坡的石料强度、尺寸及码砌厚度应符合设计要求。无设计要求时，码砌厚度宜为 1 ~ 2 m，码砌石块最小尺寸不应小于 300 mm。边坡码砌与路基填筑应基本同步进行。

5. 碾压

填石路堤碾压应采用重型压实机（建议 18 t 以上）进行碾压。碾压程序及碾压方法应参照试验段获得的相关数据来执行。

6. 质量检验

（1）上下路堤的压实质量检验。填石路堤的压实质量标准可采用孔隙率作为控制指标。施工压实质量可采用孔隙率与压实沉降差或施工参数（压实功率、碾压速度、压实遍数、铺筑层厚等）联合控制。

填石路堤施工过程中，每一压实层可用试验段确定的工艺流程和工艺参数控制压实过程，用试验路段确定的沉降差指标检测压实质量。

（2）填石路堤填筑到设计高程并整修完成后，其施工质量应符合填石路堤施工质量标准的规定。

（3）填石路堤成型后，路基边线与边坡不应出现单向累计长度超过 50 m 弯折，上边坡不得有危石。

六、土石路堤施工技术

土石路堤是指石料含量占总质量 30% ~ 70% 的土石混合材料修筑的路堤。

（一）填料要求

1. 膨胀岩石、易溶性岩石等不宜直接用于路堤填筑，崩解性岩石和盐化岩石等不得直接用于路堤填筑。

2. 天然土石混合填料中，中硬、硬质石料的最大粒径不得大于压实层厚的 2/3；石料为强风化石料或软质石料时，其 CBR 值应符合规范规定，石料最大粒径不得大于压实层厚。

（二）施工技术

土石路堤施工技术及工艺流程与填石路堤施工技术及工艺流程相类似，只是在个别细节处理有特殊要求，具体如下：

1. 基底处理

土石路堤基底处理，除了满足土质路堤基底处理的要求之外，在斜、陡坡地段，土石路堤靠山一侧应按设计要求做好排水和防渗处理。

2. 摊铺碾压

（1）施工前，应根据土石混合材料的类别分别进行试验路段施工，确定能达到最大压实干密度的松铺厚度、压实机械型号及组合、压实速度及压实遍数、沉降差等参数。

（2）土石路堤不得采用倾填，应分层填筑压实。

（3）土石混合材料来自不同料场，其岩性或土石比例相差较大时，应分层或分段填筑。

（4）压实后透水性差异大的土石混合材料，应分层或分段填筑，不宜纵向分幅填筑；如确需纵向分幅填筑，应将压实后渗水良好的土石混合材料填筑于路堤两侧。

（5）碾压前应使大粒径石料均匀分散在填料中，石料间孔隙应填充小粒径石料、土和石渣。

（6）压实机械应选用自重不小于 18 t 振动压路机。

（7）中硬、硬质石料的土石路堤应进行边坡码砌，码砌边坡的石料强度、尺寸及码砌厚度应符合设计要求。边坡码砌与路堤填筑应基本同步进行。软质石料土石路堤边坡按土质路堤边坡处理。

（8）填料由土石混合材料变化为其他填料时，土石混合材料最后一层压实厚度应小于 300 mm，该层填料最大粒径宜小于 150 mm。压实后，该层表面应无孔洞。

七、高路堤施工技术

高路堤是指填土的边坡高度大于 20 m 的路基。

（一）填料选择

高路堤填料宜优先采用强度高、水稳性好的材料，或采用轻质材料。受水淹、浸的部分，应采用水稳性和透水性均好的材料。

（二）基底处理

1. 基底承载力应满足设计要求。特殊地段或承载力不足的地基应按设计要求进行处理。

2. 覆盖层较浅的岩石地基，宜清除覆盖层。

（三）填筑施工

高填方路堤填筑应该符合下列规定：

1. 施工中应按照设计要求预留路堤高度与宽度，并进行动态监控。

2. 施工过程中宜进行沉降观测，按照设计要求控制填筑速率。

3. 高填方路堤宜优先安排施工。

八、桥涵及结构物回填

（一）回填范围

一般规定桥台及涵洞背部填土加强区段的长度为：自台背面起，顶面长度不小于台高加 2 m，底面长度不小于 2 m；拱桥台背填土长度应不小于台高的 3 ~ 4 倍。

挡土墙背部填土长度不得小于 1 m。

（二）填料选择

填料应采用设计要求的填料，填料中不应含有有机物、冰块、草皮、树根等杂物或生活垃圾，其化学及电化学性能应符合锚杆、拉杆、筋带的防腐和耐久性要求。严禁采用膨胀土、高液限黏土、腐殖土、盐渍土、淤泥和冻土块等不良填料。

（三）基坑回填

基坑回填必须在隐蔽工程验收合格后方可进行。基坑回填应分层填筑、分层压实，分层厚度宜为 100 ~ 200 mm。二级及以上公路采用小型夯实机具时，基坑回填的分层压（夯）实厚度不宜大于 150 mm，并应压（夯）实到设计要求的压实度。

（四）施工机械

由于台背后施工空间有限，大型施工机械无法进行全覆盖作业，因此，台背回填应采用人工辅以小型夯实机械辅助施工。

（五）台背及与路堤间回填

台背及与路堤间的回填施工应该符合以下规定：

1. 台背回填部分的路床宜与路堤路床同步填筑。

2. 二级及以上公路应按设计做好过渡段，过渡段路堤压实度应不小于 96%，并应按设计做好纵向和横向防排水系统。

3. 二级以下公路路堤与回填连接部，应按照设计要求预留台阶。

4. 桥台背和锥坡回填施工应同步进行，一次填足并保证压实修整后能达到设计宽度要求。

5. 涵洞洞身两侧应对称分层回填压实，填料粒径宜小于 150 mm。

6. 两侧及顶面填土时，应采取措施防止压实过程对涵洞产生不利后果。

第三节　挖方路基施工技术

挖方路基又称路堑，是指路基设计高程低于原地面高程的路基，通过对原有山体土石方的开挖而形成。

挖方路基是由天然地层构成的。天然地层在生成和演变的长期过程中，一般具有复杂的地质结构。处于地壳表层的挖方路堑边坡施工破坏了原有山体的平衡且施工过程易受到各种自然和人为因素，包括水文、地质、气候、地貌、设计与施工方案等影响，比路堤边坡更容易发生变形和破坏，施工风险性更高。

工程实践证明，路基开挖过程中施工方案选择不合理，边坡太陡，废方堆弃太近，草皮栽种、排水不良、护面铺砌及挡土墙施工不及时等都会引起路堑边坡失稳、滑塌、崩塌及落石，严重时会影响整个工程进度。因此，路基挖方施工应根据挖方量、土石质情况、土石方调配方案、运距和施工要求编制施工方案，经过经济与技术比较合理选择开挖方法。

1. 对于土质路堑、软石及强风化岩石路堑的开挖方法，根据路堑深度和纵向长度，结合土石方调配，开挖可选择机械采用横挖法、纵挖法和纵横混合开挖法。硬质岩石地段宜优先选择爆破开挖，条件限制时可采用机械破碎方式开挖。

2. 短而深的土质路堑采用分层横向开挖法，每层 2 m 左右。采用挖掘机、装载机配合自卸汽车运土，边开挖边修整边坡。

3. 长而深的土质路堑采用纵挖法，先沿路堑纵向挖掘通道，然后将通道向两侧拓宽。上层通道拓宽至路堑边坡后，再开挖下层通道，如此纵向开挖至路基标高。

4. 土质路堑开挖较浅，采用单层或双层横向全宽掘进方法，对路堑整个宽度，沿路线纵向一端或两端向前开挖。

5. 土质路堑采用纵向台阶开挖，较平缓地段上的浅路堑可不分层开挖，深路堑地段采用纵向分台阶开挖，从上到下分层依次进行。开挖时从上而下，纵向开挖。如果岩层走向接近于线路方向、倾向与边坡相同且小于边坡时，逐层开挖，不得挖断岩层，并采取减弱施工震动的措施；在设有挡土墙的上述地段，采取短开挖或跳槽开挖法施工，并设临时支护。

6. 土质路堑开挖接近基面后准确修理成型，部分路堑开挖后稳定性差，易坍塌和风化，设计上常常采取不同类型的挡护和边坡防护。对此应根据具体情况进行开挖，一般应分段竖向开挖到位，及时施工挡护防护工程，或进行临时挡护防护，禁止拉长槽施工。

7. 石方路堑施工采用钻爆法施工，对深路堑采取深孔爆破和浅孔分台阶爆破相结合的方法，浅路堑采取浅孔爆破。对能用机械直接开挖的软石、土质路堑则采取机械开挖与人工配合开挖。

8. 路堑施工与填方施工相结合，路堑开挖中性能符合要求的弃渣可移挖作为填方填料，性能好的片石可以用于浆砌圬工施工。

9. 整个路堑开挖施工中，要结合路堑不同类型并考虑施工要求，选择合适的施工技术类型，并严格遵循开挖施工工艺流程，综合应用机械开挖和人工开挖相结合的方法，为施工任务顺利完成奠定基础。

一、土质挖方路基施工技术

（一）开挖方法

1. 横向挖掘法

横向挖掘法分为单层横向全宽挖掘法和多层横向全宽挖掘法。

采用单层横向全宽挖掘法时，需要利用一台挖掘机，使其位于道路的中心位置，左、右分别挖土，按断面全宽一次性挖掘至设计高程，边挖边沿中线移动，使路堑一次成型。这种方法适用于挖掘深度小、工程量较小、工作面较窄且较短的路堑。

多层横向全宽挖掘法和单层横向挖掘法基本相同，一层挖完后再挖下一层，分层挖掘至设计高程。该方法主要适用于深、短且较窄的路堑。

2. 纵向挖掘法

对于土方比较集中的深路堑，可采用多层纵向挖掘法，如图 3.22 所示。先沿路堑挖一通道，然后将该通道向两侧拓宽扩大工作面，该通道可作为运土路线和场内排水的出路。该层拓宽至路堑边坡后，再开挖下层，直至挖至设计高程。该法适用于较长、较深且两端纵坡较小的路堑开挖。当路堑过长时，也可分段纵挖，即将路堑分成两段或数段，各段分别安排多个施工队伍，同时按上述方法组织纵向开挖。纵向挖掘法可以使用推土机、铲运机施工，也可使用装载机或挖掘机配合自卸汽车施工。

3. 混合式挖掘法

混合式挖掘法是将横向挖掘法与纵向挖掘法相结合，适用于路堑纵向长度和挖深都很大时，先将路堑纵向挖通后，然后沿横向坡面挖掘，以增加开挖坡面。

（二）施工工艺流程

施工前根据设计文件，首先恢复中线并进行现场调查，根据地形、路堑断面以及长度，确定合理的开挖方式。然后结合现场实际与设计要求，修建临时排水设施，并考虑与永久排水设施相结合。

填料路堑在雨季施工时，要集中力量快速施工，工作面随时保持大于 4% 坡度。路堑边坡不得受水浸泡、冲刷。

1. 施工准备

（1）现场核对。工程开工前，根据现场调查资料对设计文件进行核对，内容主要包括地形地貌、挖方数量、取弃土场位置、土方利用等。

（2）分析土体的稳定性。土体的稳定与否直接关系到路堑边坡的稳定。因此，施工前必须做好土体稳定性分析，如土体结构和构造、土的密实度、潮湿程度等。对土体进行分析后，根据既有施工经验复核设计边坡是否满足稳定性要求，最后确定施工方案。

（3）布置施工便道。根据现场地形确定机械进出便道路线并修筑。便道修筑应满足施工机械和运土车辆转弯半径以及会车、正常行驶要求。

（二）测量放线

根据复测资料放出开挖边线桩，放线时定位要准确，两侧各预留 0.2 ~ 0.3 m 不开挖，待开挖后进行人工刷坡。

路堑边坡开挖边线放线必须在对原地面复测后进行，否则会造成开挖后路槽宽度不满足设计要求的情况。

（三）施工排水系统

开挖前，首先按照设计位置做好堑顶排水系统（如截水沟、天沟），待排水系统完善后再进行路堑开挖。截水沟与边沟应从下游向上游开挖。截水沟通过地面坑凹处时，应将凹处填平夯实。截水沟及边沟开挖后，应及时进行防渗处理，不得渗漏、积水和冲刷边坡及路基。

（四）开挖

1. 可作为路基填料的土方，应分类开挖分类使用。

2. 根据土石方调配方案和施工顺序，选择最佳挖方作业面，优先选用横向全宽挖掘法、逐层顺坡自上而下开挖的办法施工，不得乱挖、超挖，严禁掏底开挖。

3. 以机械施工为主，运土距离较近时，采用推土机作业；运距较远时，采用推土机配合挖掘机、装载机挖土装车，自卸汽车运至路基填方路段或弃土点。

4. 当机械开挖到靠近边坡 0.2 ~ 0.3 m 时，改为人工修坡。需设坼工防护工程的边坡，在防护工程开工前留置保护层，待防护坼工施工时刷坡。对于不设坼工防护的边坡，每 10 m 边坡范围插杆挂线、人工刷坡。

5. 开挖过程中，应采取措施保证边坡稳定。开挖至边坡线前，应预留一定的宽度，预留宽度应保证刷坡过程中设计边坡线外的土层不受到扰动。

6. 路基开挖中，基于实际情况，如需修改设计边坡坡度、截水沟和边沟位置以及尺寸时，应及时按规定报批。边坡上稳定的孤石应保留。

7. 开挖至零填、路堑路床部分后，应尽快进行路床施工；如不能及时进行，应在设计路床顶标高以上预留至少 300 mm 厚保护层。

8. 应采取临时排水措施，确保施工作业面不积水。

9. 挖方路基路床顶面终止标高，应考虑因压实而产生的下沉量，其值通过试验来确定。

10. 挖方路基施工遇到地下水时应按下列规定处理：

（1）应采取排导措施，将水引入路基排水系统。不得随意堵塞泉眼。

（2）路床土含水量高或为含水层时，应采取设置渗沟、换填、改良土质、土工织物等处理措施，路床填料应具有良好的透水性能。

（五）路槽整修

接近堑底时，按设计横断面放线，开挖修整压实，并挖好侧沟、疏通排水。边坡刷好后及时进行边坡防护和排水工程施工。

当开挖接近路基施工标高时，采用人工配合推土机施工。到达设计标高后及时对基底土质情况进行检测，不合规范要求的应换填。路堑施工要做到路基表面平整、密实、曲线圆顺、边线顺直，边坡坡面平顺稳定、无亏坡，边沟整齐、沟底无积水或阻水现象。

（六）检查验收

符合土质路堑开挖施工质量检验标准。

二、石质挖方路基施工技术

石方路堑是公路工程中一种常见的情况，通常其具有开挖工程量大、施工作业条件困难及周围环境复杂等特点，常常成为公路工程项目施工的关键性及控制性工程。因此，石方路堑施工应根据实际工程地质条件及作业环境合理地选择施工方法。

石方路堑通常采用机械开挖法、静态破碎法和爆破开挖法进行施工。

1. 机械开挖法：使用带有松土器的重型推土机破碎岩石，一次破碎深度为 0.6 ~ 1.0

m。该法适用于施工场地开阔、大方量的软岩石方工程。优点是没有钻爆工序作业，不需要风、水、电辅助设施，简化了场地布置，加快了施工进度，提高了生产能力。缺点是不适于破碎坚硬的岩石。

2. 静态破碎法：将膨胀剂放入炮孔内，利用产生的膨胀力，缓慢地作用于孔壁，经过数小时至 24 小时达到 300 ~ 500 MPa 压力，使介质裂开。该法适用于在设备附近、高压线下以及开挖与浇筑过渡段等特定条件下的开挖。优点是安全可靠，没有爆破产生的公害。缺点是爆破效率低，开裂时间长。

3. 爆破开挖法是当前广泛采用的开挖施工方法，有薄层开挖、分层开挖、全断面一次开挖和特高梯段开挖等方式。

机械开挖法和静态破碎法施工方法简单，工艺成熟，施工安全风险较小，在此不做详细介绍。本节主要介绍施工危险性较大的爆破开挖法。

（1）基本要求

根据岩石条件、开挖尺寸、工程量和施工技术要求，通过方案比较，拟定合理的方式。其基本要求如下：

①保证开挖质量和施工安全。

②符合施工工期和开挖强度的要求。

③有利于维护岩体的完整和边坡稳定性。

④可以充分发挥施工机械的生产能力。

⑤辅助工程量少。

（2）爆破器材

爆破器材主要包括工业炸药和起爆器材两大类。

工业炸药又称为民用炸药，由氧化剂、可燃剂和其他添加剂等成分按照氧平衡的原理配制，并均匀混合制成的爆炸物。通常采用的工业炸药有硝化甘油炸药、铵梯炸药、铵油炸药、乳化炸药、水胶炸药及其他工业炸药。

起爆器材是能够受外界很小能量激发，即能按设定要求发火或爆炸的元件、装置或制品。它的作用是产生热冲能或爆炸冲能，同时伴有高温高速气体、灼热颗粒、金属飞片等，并能够传给火药或炸药，将其点燃或引爆，特殊场合也可作为独立能源对外做功。起爆器材分为起爆材料和传爆材料两大类。火雷管（已禁用）、电雷管、磁电雷管、导爆管雷管、继爆管及其他雷管属于起爆材料；导火索、导爆索、导爆管等属传爆材料。

电雷管是在火雷管中架设发电火装置而成。它是用电线传输电流，使装在雷管中的电阻发热而引起雷管爆炸。

（3）爆破方法及其分类

①按药包形状

按照药包形状，分为集中药包法、延长药包法、平面药包法、异性药包法。

集中药包法：从理论上讲，这种药包的形状应该是球形体，起爆点从球体中心开始，爆轰波按辐射状以球面形式向外扩张，爆炸以均匀的分布状态作用到周围的介质上。长方体的最长边不超过最短边的 2 倍。

延长药包法：炸药包做成长条形，可以是圆柱状，也可以是方柱状，通常药包长度要大于 17 ~ 18 倍药包直径。

平面药包法：直接将炸药敷在介质表面，因此爆炸作用只是在介质接触药包及附近表面上，大多数能量散失在空气中，产生的爆轰波可看作平面波。

异性药包法：将药包做成特定形状，以达到特定的爆破作用。

②按装药方式与空间形状

按装药方式与装药空间形状不同，分为药室法、药壶法、炮孔法、裸露药包法。

药室法：是指在山体内开挖坑道、药室，装入大量炸药的爆破方法，一次能爆破的土石方数量几乎是不受限制的，在每个药室里装入的炸药可多达千吨以上。

药壶法：是指在深 2.5 ~ 3.0 m 以上的炮眼底部用小量炸药经一次或多次烘堂，使眼底成葫芦形，将炸药集中装入药壶中进行爆破。

炮孔法：根据钻孔孔径和深度地不同，把孔深大于 5 m、孔径大于 75 mm 的炮孔称为深孔爆破，反之称为浅孔爆破。

裸露药包法：不需钻孔，直接将炸药包贴在被爆物体表面进行爆破的方法。它在清扫地基的破碎大孤石和对爆下的大块石做二次爆破等方面具有独特作用，仍然是常用的有效方法。

③按爆破效果

按爆破效果，分为定向爆破、预裂爆破、光面爆破、微差控制爆破。

定向爆破是一种加强抛掷爆破技术，它利用炸药爆炸能量的作用，在一定条件下，可将一定数量的土岩经破碎后，按预定的方向抛掷到预定地点，形成具有一定质量和形状的建筑物或开挖成一定断面。

定向爆破主要是使抛掷爆破最小抵抗线方向符合预定的抛掷方向，并且在最小抵抗线方向事先造成定向坑，利用空穴聚能效应集中抛掷，这是保证定向的主要手段。大多数情况下，造成定向坑的方法都是利用辅助药包，让它在主药包起爆前先爆，形成一个起走向坑作用的爆破漏斗。如果地形有天然的凹面可以利用，也可不用辅助药包。

预裂爆破是进行石方开挖时，在主爆区爆破之前沿设计轮廓线先爆出一条具有一定宽度的贯穿裂缝，以缓冲、反射开挖爆破的震动波，控制其对保留岩体的破坏影响，使之获得较平整的开挖轮廓。预裂爆破可以广泛地运用在垂直、倾斜、规则的曲面及扭曲面上。

光面爆破也是控制开挖轮廓的爆破方法之一，它与预裂爆破的不同之处在于光爆孔的爆破是在开挖主爆孔的药包爆破之后进行。它可以使爆裂面光滑平顺，超欠挖均很少，能近似形成设计轮廓要求的爆破。光面爆破一般多用于地下工程开挖，露天开挖工程中用得比较少，只是在一些有特殊要求或者条件有利的地方使用。光面爆破的要领是孔径小、孔距密、装药少、同时爆。

微差控制爆破是一种应用特制的毫秒延期雷管，以毫秒级时差顺序起爆各个（组）药包的爆破技术。其原理是把普通齐发爆破的总炸药能量分割成多数较小的能量，采取合理的装药结构、最佳的微差间隔时间和起爆顺序，为每个药包创造多面临空条件，将齐发大量药包产生的地震波变成一长串小幅值的地震波，同时各药包产生的地震波相互干涉，从而降低地震效应，把爆破振动控制在给定水平之下。爆破布孔和起爆顺序有成排顺序式、排内间隔式（又称 V 形式）、对角式、波浪式、径向式等，或由它组合变换成的其他形式，其中对角式效果最好，成排顺序式最差。

微差控制爆破能有效地控制爆破冲击波、震动、噪声和飞石；操作简单、安全、迅速；可近火爆破而不造成伤害；破碎程度好，可提高爆破效率和技术经济效益。但该网路设计较为复杂，需要特殊的毫秒延期雷管及导爆材料。微差控制爆破适用于开挖岩石地基、挖掘沟渠、拆除建筑物和基础，以及用于工程量与爆破面积较大，对截面形状、规格、减震、飞石、边坡坡面等有严格要求的控制爆破工程。

（4）爆破设计

①爆破设计原则

有利于降低成本消耗。

有利于施工作业安全和确保周围被保护对象的安全。

选择合理参数，确保工程质量，提高爆破效果。

②爆破设计程序

爆破设计工艺流程：爆破部位→基本情况→确定基本参数→计算孔网参数→绘制图表→形成设计文件。

明确爆破部位：爆区所在工程名称、爆破部位、爆破方量、炸药用量、爆破时间等。

掌握基本情况：熟悉施工图技术要求、掌握爆区地形地质条件、掌握爆区周围环境情况，以及所有安全、质量保护对象的控制标准和控制措施。

确定基本参数：确定梯段高度（H）、钻孔直径（D）、钻孔倾角（α）、爆破器材品种、炸药单耗（q）、单响起爆药量（Q1）等。

计算孔网参数：计算孔深（H）、孔距（a）、排距（b）、底盘抵抗线（W）、装药直径（d）、单孔药量（Q2）、堵塞长度（Lc）、装药结构（图示）、布孔形式（图示）、网络结构（图示）、延时顺序（图示）、段间时差（t）、起爆总持续时间（T）、起爆方式（图示）、安全距离（R）、爆破地震安全震动速度（V）等参数。

绘制相关图表：爆区位置平面图、爆破参数有关示意图、爆破参数汇总表、爆破器材用量表等。

爆破设计文件：将上述爆破设计内容汇集，加上目录、封面和报审单等，汇编成爆破设计文件。

③爆破设计审批程序

爆破设计文件→项目爆破责任工程师审签→项目总工程师审定或审批→监理人审批。

监理人审批：规定监理人审批范围的爆破设计。

项目总工程师审定或审批：对报监理人审批的爆破设计进行审定，对规定由项目部审批的爆破设计进行审批。

（5）路基爆破施工工艺

①测量放样及定开口线

根据设计资料，复核路基中桩，根据实际地面标高确定开口线位置，用白灰标记开口线。经驻地监理工程师核查、审批后方可施工。

②布设炮孔

炮孔标定必须按照设计好的爆破参数准确地在爆破体上进行标识，不能随意变动设计位置。布孔前应先清除爆破体表面的积土和破碎层，根据施工测量确定的边坡线，从边坡光面爆破孔开始标定，然后进行其他孔位布置。布孔完成后，应认真进行校核，实际的最小抵抗线应与设计的最小抵抗线基本相符。

③钻制炮孔

在钻孔过程中，应该严格控制钻孔的方向、角度和深度，特别是边坡光面爆破孔的倾斜度应严格符合设计要求。孔眼钻进时应注意地质的变化情况，并做好记录。遇到夹层或与表面石质有明显差异时，应及时同技术人员进行研究处理，调整孔位及孔网参数。钻孔完成后，及时清理孔口浮渣，清孔直接采用胶管向孔内吹气。吹净后，应该检查炮孔有无堵孔、卡孔现象，以及炮孔的间距、眼深、倾斜度是否与设计相符。若和设计相差较多，应对参数适当调整；如果可能影响爆破效果或危及安全生产，应重新钻孔。先行钻好的炮孔用编织袋将孔口塞紧，防止杂物堵塞炮孔。

④装药

装药前，要仔细检查炮孔情况，清除孔内积水、杂物。装药过程中应严格控制药量，把炸药按每孔的设计药量分好，边装药边测量，以确保线装药密度符合要求。为确保能完全起爆，起爆体应置于炮孔底部并反向装药。

⑤堵塞

堵塞物用黏土和细砂拌和，其粒度不大于 30 mm，含水量为 15% ~ 20%（一般以手握紧能使之成型，松手后不散开，并且手上不沾水迹为准）。药卷安放后立即堵塞，首先塞入纸团或塑料泡沫，以控制堵塞段长度（光爆孔口预留 1 ~ 1.5 m，主爆孔口预留 2 ~ 2.5 m），然后用木炮棍分层压紧捣实，每层以 10 cm 左右为宜，堵塞中应注意保护好导爆索。

⑥爆破覆盖

它是控制飞石的重要手段，施工中采用两层草袋覆盖，先在草袋内装入砂土，覆盖后将排间草袋用绳子连成一片。草袋覆盖时要注意保护好起爆网络。爆破石方表面是土或风化砂砾时，必须保留表土或风化砂砾 10 ~ 50 cm，以减少草袋覆盖。

⑦连接起爆网络

根据设计的起爆网络图进行起爆电雷管、火雷管起爆网络连接，连接好后，进行网络检查。检查完全无问题后进入起爆程序。

⑧起爆

整个起爆过程中由专人统一指挥，起爆前对整个警戒区内进行全面的安全检查。确保无安全隐患后，由指挥人发出三次预警，在第三次预警哨声发出时，爆破员立即进行起爆工作。由专人清点爆破雷管数量，以便检查雷管是否全部起爆。

⑨检查和解除警戒

起爆完成 15 min 后，由专业技术人员进入爆破现场进行检查，主要检查雷管和炸药是否全部爆炸。如果出现哑炮、拒爆、盲爆等情况，要采取措施进行处理。在完全无安全隐患后，报告指挥人员发出指令解除警戒。

⑩爆破石方清运

每次爆破完毕后，组织人员和机械进行爆破石方清运工作。挖掘机把石方清除后，测量标高，高出设计标高的要进行铲出，无法用挖掘机挖掉的大块石方必须再次进行布孔二次爆破，直到符合设计要求为止。低于标高的要进行回填碾压，碾压到施工规范的压实度，达到设计标高为止。边坡表面的破碎岩石要全部清除掉，按照设计要求进行刷坡。

（6）质量控制措施和标准

①质量控制措施

收集现场的各种数据，加以分析，对各种爆破方式进行比较，制定最优方案。

对爆破所需的各种器材进行严格检查，必须要有出厂合格证书，方可使用。

所有的爆破施工技术人员和现场操作人员必须进行上岗培训，并取得资格证书，方可进行爆破作业。

对起爆顺序和起爆方式进行多次分析和比较，以达到最佳效果。在现场施工时，起爆网络要严格按要求和规范进行连接，在使用电雷管和导爆索之前要进行检测，无问题后才能使用。

加强对装药过程的控制：严格按设计药量来控制，不能少装或多装，间隔段填筑物要均匀，按岩石粉自然密度填装，不能捣实，堵塞长度要按要求操作。

在爆破前要检查起爆网络，无问题后方可施爆。

做好防潮和防水措施。

②质量标准

外观鉴定：边坡上不得有松石；路基边线直顺，曲线圆滑。

第四节　路基坡面防护施工技术

坡面防护主要是保护路基边坡表面免受雨水冲刷，减缓温差及温度变化的影响，防止和延缓软弱岩土表面的风化、碎裂、剥蚀演变进程，从而保护路基边坡的整体稳定性，兼顾美化路容，协调自然环境，形成良好的景观效果。现行《公路路基设计规范》（JTG D30—2015）将路基坡面防护分为植物防护、骨架植物防护、工程防护3种类型。

一、喷播植草

喷播植草技术是一种全新概念的生态环保技术，它是以工程力学和生物理论为依据，既具有一定强度，起到边坡防护作用，替代传统的浆砌石护坡或喷射混凝土护坡，又能在边坡上营造适合植物生长的环境达到绿化边坡的目的，超越传统浆砌石护坡或喷射混凝土护坡，无法实现恢复生态环境、绿化边坡的功能。可用于坡率不陡于1：1的土质边坡防护。当边坡较高时，植草可与土工网、土工网垫结合防护。

它是以水为载体的植被建植技术，首先将配置好的种子（如紫穗槐、扁穗冰草）、植物基材（如腐殖土、泥炭土、锯末）、复合肥、保水剂、生根粉、土壤稳定剂、根瘤菌剂等与水充分混合后，再用高压喷枪均匀地喷射到土壤表面。喷播后的混合物在土壤表面形成一层膜状结构，能够有效地防止种子被冲刷，并保证在较短时间内植株迅速覆盖地面，以达到稳固边坡和绿化美化的目的。近年来，该技术已广泛应用于水利、公路、铁路等基础工程建设的边坡防护与绿化，由于在实际施工中常采用液压喷射机械，因此习惯上也称之为液压喷播植草。

（一）喷播植草的优点

喷播植草技术的功效是人工所不能比拟的。相对传统的草坪建植技术而言，它的先进性主要表现在以下几个方面：

1. 机械化程度高。液压喷播主要利用喷播机械并用机动车牵引完成操作，是比较先进的草坪建植技术。

2. 效率高。省工省时，劳动强度低。喷播将施肥、草种混合、草种覆盖、稳固表土等一系列工作，可通过机械化作业一次性完成。

3. 科技含量高。喷播将草种、肥料和包裹材料融为一体，体现了生物种植的科学性、先进性，是草坪种植技术的一次革命。液压喷播尤其对坡面植草适用效果好。

液压喷播植草因草种被纸浆纤维包裹，同时纸浆纤维蓄水蓄肥，不断供给草种发芽的水分；而黏合剂把包裹在纸浆中的草种紧紧黏附在土壤表面，形成稳定的坪床，避免降水时造成水土和种子的流失。为预防暴雨冲蚀，在喷播后需要覆盖丙纶无纺布，雨滴不直接冲打溅击地表土壤及喷播材料，而强降雨形成的地表径流也从无纺布上流走，保证了喷播材料和坡面土壤的稳定性。

（二）施工技术要点及施工工艺

1. 草种选择及处理

喷播植草种的选择与当地气候、降雨量、土壤酸碱度、有机质含量等因素有关，应选择适合当地生长、固土效果好、耐旱、抗寒、抗霜、抗土壤酸碱性强、耐贫瘠等生长快、生命力强、适合管理粗放、防护和绿化效果好的草籽，如高羊茅（抗寒、耐盐碱、须根入土深）、紫羊毛（耐旱）、白三叶（耐贫瘠、耐酸性）、扁穗冰草（耐干旱、寒冷、适合粗放管理）、无芒雀麦（耐碱能力强、抗寒、耐干旱）、中华结缕草（耐旱、耐贫瘠、耐盐碱）、狗牙根（根系发达、抗寒、耐干旱）及多年生黑麦草、紫花苜蓿、沙打旺等。以上草籽按填料的物理力学性质及土壤肥力和施工季节可分别选择三、四种冷暖季相结合的草籽，并掺入与草籽生长相适宜、后期生长快、经催芽处理的灌木种子（如紫穗槐）等，以植草为先期防护，灌木待二、三年长成后再发挥防护作用。

喷播植草应选择地温、气温、降雨、风向、风速等条件适宜草种生长的春、秋季施工，气温低于 12℃ 不宜进行喷播作业。草种应进行必要的预处理，灌木种也应进行催芽处理，以保证种子发芽快、成活率高。

2. 清理坡面

施工前，对坡面进行处理，使用机械结合人工整理绿化施工现场，清除边坡上的施工废弃物和大的石块、树根、塑料及其他妨碍植物生长的杂物。适当平整坪床，使其平整度达到有利于灌溉、排水、形成美观整齐的程度。

现场种植土中如含有有害成分，则应采用客土或改良土壤的技术措施。场地有积水的地方应整平或挖排水沟将水引走。在坡面上进行喷播，喷播前最好能喷足底水，以保证植物生长。

3. 挂网

如设计要求对坡面进行挂网处理，则应按照设计要求采用机编镀锌铁丝网从坡顶沿坡面顺势铺下，铁丝网应伸出坡顶 50 cm。若坡顶截水沟未修筑，最好置于坡顶浆砌石底下，在坡底也应有 20 cm 铁丝网埋置于平台填土中。铺设时拉紧网，铺平顺后，并根据需要采用不同厚度的混凝土垫块，以使铁丝网与坡面的距离保持 3 ~ 5 cm，网与网之间搭接宽度为 15 cm。

4. 喷植混合料

液压喷播植草主要机械设备为喷植机、高压泵体、抽水机、高压喷料枪及喷料软管、洒水车等。

准备工作就绪后，利用喷植机将混合均匀的有机基材喷于坡面，喷射应尽可能地从正面进行，凹凸部分及死角部位要喷射充分。喷射平均厚度为 8 ~ 10 cm，其中铁丝网上要保证有 3 ~ 5 cm 基材。根据边坡的岩性可调整喷射厚度，以保证有机基材提供草坪生长所需足的养分及水分。

喷播时先加水至罐的1/4处，开动水泵，使之旋转，再加水，然后依次加入种子、肥料、保水剂、纸纤维黏合剂等。搅拌 5 ~ 10 min 使浆液充分混合后，方可喷播。按照设计及规范要求选用基材（腐殖土、泥炭土、锯末），选配肥料、种子、覆盖料、土壤稳定剂、根瘤菌剂等与水充分搅拌混合均匀后喷射于坡面。

5. 覆盖无纺布

在喷播表面覆盖一层无纺布，以避免或减少因强降水量造成对种子的冲刷，同时也减少边坡表面水分的蒸发，从而进一步改善种子的发芽、生长环境。

6. 养护

草坪植物虽然适应性强，但仍然是"三分种，七分养"，因此要特别重视草坪养护。南方雨水较多，可用无纺布（16 ~ 18 g/m2）覆盖以防止雨水冲刷，北方可用草帘覆盖。覆盖的目的有：一是防止雨水冲刷，二是防止水分蒸发过快，三是保温利于种子发芽。喷播后如果未下雨则每天浇水以保持土壤湿润，2 个月覆盖率可达90%以上，成坪后可逐渐减少浇水次数。在养护期间应随时观察草坪的水肥情况，水分主要是看根系土壤的湿润程度。在草坪成坪后由于其自身形成了一层草毯，对土壤中的水分散失有一定的保护性。

7. 验收

（1）草本植物种子的质量不应低于现行《禾本科草种子质量分级》（GB 6142—2008）中所规定的二级标准，木本植物种子的质量不应低于现行《林木种子质量分级》（GB 7908—1999）中所规定的二级标准。这两本规范中均未提及的植物种子应在使用前进行发芽率试验和种子配合比试验，确定合适的种子用量后方可进行大规模施工。

（2）喷播绿化采用的植物品种及种子配比应满足设计要求。

（3）喷播绿化实测项目应符合喷播绿化验收实测项目的规定。

（4）喷播绿化外观质量上，不得有连续空秃、冲沟侵蚀。

二、铺草皮

铺草皮是提前在路基工程范围外合适的场地进行草皮种植，待草皮生长达到一定要求后，将草皮切成整齐的块状或条状，然后运输至施工工点，铺设在边坡坡面的一种边坡防护方式。铺草皮适用于坡率不陡于 1 ∶ 1 的土质边坡或全风化、强风化的岩石边坡防护，且边坡高度不宜过高，一般不超过 8 m，其能够快速形成绿化景观效果。

铺草皮施工工艺主要为草皮种植、边坡修整、草皮铺设、施工期养护、养护管理期养护、竣工验收移交。

目前在公路工程路基边坡防护方法中，仅在土路肩等个别部位少量使用，基本不采用此方法，本节不再做详细介绍。

三、种植灌木

灌木是指没有明显主干的木本植物，植株一般比较矮小，不会超过 6 m，从近地面的地方就开始丛生出横生的枝干，都是多年生，一般为阔叶植物，也有一些针叶植物是灌木，如刺柏。如果越冬时地面部分枯死，但根部仍然存活，第二年可以继续萌生新枝，则称为"半灌木"。

多数灌木小巧且生命力强，公路工程中常用来作边坡绿化，装点公路。

（一）施工总体要求

种植时相邻支柱规格要搭配合理，高度、干径、树形相似、苗木直立不倾斜，并注意观赏面的合理朝向。有方向性树种与原移植地方相一致。株行距均匀、树形丰满的一面向外。按苗木高度、树干大小搭配均匀。

（二）灌木种植施工工艺

1.土壤处理

种植前进行以控制土壤传播病菌、地下害虫及在土壤中的害虫为主的杀菌灭虫处理和除草处理。

土壤施肥：表层施肥以施基肥为主，可采用发酵干鸡粪粉末施入。土壤灭虫：主要杀灭寄生虫在土壤内的地下害虫。

2.整地

按照设计标高平整地形，整理出排水坡度。自然地形按自然起伏坡度整地，但应注意不得有积水处。灌木栽植前，须挖土整地，捣碎土块，捡净砖石、瓦块、玻璃渣、草根等杂物。挖土深度为 30 ~ 40 cm，并施加适量有机肥作基肥混合翻耕。

3.定点放线

栽植前要定点放线。定点放线要以设计提供的标准点为依据；应符合设计图纸要求，位置要准确，标记要明显。

4. 苗木运输

带土球或湿润地区带宿土裸根苗木及上年花芽分化的开花灌木不宜做修剪，当有枯枝、病虫枝时应予以剪除。枝条茂密的大灌木，可适量疏枝。对于嫁接灌木，应将接口以下的砧木萌生枝条剪除。对于分枝明显、新枝着生花芽的小灌木，应顺其树势适当的进行强剪，促进新枝生长，更新老枝。攀缘类和蔓性苗木可剪除过长部分，攀缘上架苗木可剪除交错枝、横向生长枝。修剪直径 2 cm 以上大枝及粗根时，截口必须削平并涂防腐剂。

装、运、卸和假植苗木的各环节均应保护好苗木，轻拿、轻放，必须保证根系和土球完好，严禁摔坨。

5. 种植

种植的苗木品种、规格、位置、树种搭配应严格按照设计施工。种植苗木本身应保持与地面垂直，不得倾斜。

大灌木采取 200 ppm 生根粉液喷根或灌根，常绿灌木树冠喷抗蒸腾剂，以提高苗木成活率。

6. 浇水

新植树栽后 24 h 内浇第一遍水，此次水量不宜过大、且浇透，以后转入后期养护。

种植的深浅应合适，一般与原土痕平或略高于地面 5 cm 左右。种植的深浅应选好主要观赏面方向，并照顾朝阳面。一般树弯应尽量迎风，种植时要栽正扶植，树冠主尖与根在一个垂直线上。

四、喷混植生

喷混植生技术是以岩土工程学和植物学理论为依据，利用客土掺入一定量的混合材料，在坡面上先利用锚杆加固铁丝网，然后运用喷播机械将含有种植土、植物种子、保水剂等混合材料喷射到边坡表面上，形成 10 ~ 20 cm 厚并有一定孔隙的土壤复合体。种子可以在复合体中生根、发芽、生长。而这样的复合体又具有一定的强度，可以防止雨水冲刷与侵蚀。经过一段时间，植物生长起来后，通过植被的防护作用从而达到恢复边坡的植被、改善景观、保护环境的目的。它是集岩土工程学、植物学、土壤学、环境生态学等多门学科于一体的植被恢复技术。其技术核心在于混合材料的合理配置。它在边坡表面上营造一个固体、气体、液体三相分布合理，既能让植物生长发育，又可以防冲刷的多孔稳定结构。

（一）结构构造

喷混植生植被护坡体系主要由锚网结构、客土混合物及护坡植物 3 部分组成。各部分的主要作用如下：

1. 锚网结构：由锚杆及铁丝网构成。锚杆一般采用 16 ～ 24 mm 的钢筋，长度为 50 ～ 150 cm 不等。为了便于挂网，锚杆外露长度为 10 cm，其余均采用砂浆锚固在岩体内。锚杆的作用除锚固局部不稳定的岩体外，还可以将铁丝网固定在坡面上，形成中空框架结构，便于容纳客土。铁丝网则通常采用 10 号～ 14 号焊接铁丝网，其主要作用就是将客土稳定地包裹在坡面上。

2. 客土混和物：由有机质、植物纤维、种植土、保水剂、复合肥等及植物种子按一定的比例组成，它是植物生长的基础。

3. 护坡植物：一般采用容易获得的草本及灌木作为先锋植物，先在坡面上营造一个适宜植物生长的环境，等待乡土植物入侵形成稳定的植物群落后，通过植物茎叶的水文作用及根系的力学作用实现对浅层岩土体加固的目的。

（二）施工工艺流程

1. 边坡清理

按照设计的坡率、坡高、平整度修整路基边坡坡面，人工清理坡面浮石、浮土等，并且做到处理后的坡面斜率一致、平整，无大的突出石块与其他杂物存在。对于光滑岩石，采取挖凿横向平行沟等措施进行加糙处理，以免基材下滑，使其有利于基材和岩石表面的自然结合。对于较大的凹坑，采用片石嵌补与坡面齐平。

2. 锚杆施工

锚杆采用 12 或 14 钢筋制作，分为长锚杆和短锚杆，间隔布置。根据岩层完整程度、坡度确定其打设深度，锚杆外露端设置 90° 的弯钩，外露部分刷防锈漆防锈。

测量放样确定锚杆打设位置，用红油漆做出标志。根据打设深度选择风钻进行钻孔，用高压风将孔中岩粉吹出，再将锚杆插入孔内，杆头伸出坡面 3 ～ 6 cm，弯钩朝向坡面上方，以便挂网，然后用水泥砂浆将锚杆孔内腔灌满填实。

3. 铺设镀锌拧花网

铁丝网可采用 12 号、14 号或 16 号镀锌铁丝网，网孔为 8 cm×8 cm 或 8 cm×12 cm。将其从坡顶沿坡面顺势铺下，铺设时网应拉紧，铺平顺后将网挂在锚杆上，用连接件或铁丝锁紧，并根据需要采用不同厚度的混凝土垫块，使铁丝网与坡面保持 3 ～ 6 cm 的距离。完成网与锚杆的连接工作后，要严格检查铁丝网与锚杆连接的牢固性，确保网与坡面形成稳固的整体。

4. 喷射基材

喷射混合物由绿化基材、种植土壤、水泥、纤维及锯末与混合草种按照一定的比例组成，经强制式搅拌机拌和而成，拌和时间不小于 1 min。该配合比应经过对现场的气候环境条件、边坡结构类型、土壤条件等调查进行室内、现场试验来确定。

种植土壤，选择工程所在地原有地表土或附近农田，粉碎后过 8 mm 筛，含水量不超过 20%。纤维，就地取秸秆、树枝等并粉碎成 10 ~ 25 mm 长。绿化基材，要能够提供生长期必需的平衡养分，有机质含量不小于 200 mg/kg，有效钾含量为 200 mg/kg，有效磷含量为 200 mg/kg。水泥，混合料掺入水泥，可以在喷布后形成一定强度，提高边坡防冲刷能力。水泥等级不低于 P·O32.5。造浆时加入一定的锯末，可以在混合料内形成一定的蜂窝状结构，改善混合料透气、保水性能。混合草种，草种首选禾本科，其次选一定数量的豆科、藤木、灌木和矮生树。禾本科可以采用高羊茅、草地早熟禾、黑麦草等"先锋"草籽，灌木类可采用紫惠槐等品种。具体项目应结合施工现场环境进行选择确定。

准备工作就绪后，利用混凝土喷射机将混合物喷布于坡面。喷射时应从正面进行，凹凸部及死角要补喷。喷射种植混合物时，喷射厚度可根据边坡岩性进行调整，以保证有机基材能提供足够的养分及水分供草种生长。

5. 铺设无纺布

喷播完成后，在其表面层覆盖无纺布，减少因强降水对种子造成的冲刷，同时也减少边坡表面的水分蒸发，进一步改善种子的发芽情况、生长环境。

6. 洒水养护

养护工作应于喷植完成后即日开始，主要针对植被的养分、水分、病虫进行管理，同时针对缺苗地段进行补植。具体养护工作应根据季节、草种类型、基质混合土壤性质、坡度情况、环境条件及植物生长情况合理进行。

五、骨架植物防护

（一）骨架植物防护定义及分类

骨架植物防护是指路基边坡采用混凝土或浆砌片石形成的框架式构筑物，并在框架内植草，以防止路基边坡溜坍的一种坡面防护形式。骨架植物防护是突出"植物＋工程"一体化防护设计的典型模式，把路基边坡工程防护与生态防护结合起来，达到了与环境因素高度的协调。

骨架植物防护实际上是将坡面分割成若干骨架支撑的小块土坡，采用分而治之的有效措施。骨架的作用在于支撑和分割坡面，消除坡面较大范围内相互渐变、牵引的影响，其具有规则的几何形状，也具有可观赏性的美观造型。当骨架中的绿色植被形成后，绿白相间，拥有较好的防护绿化美化效果。

按结构形式，骨架植物防护分为拱形骨架＋植草灌（空心六棱块植草灌）防护、方格骨架＋植草灌（空心六棱块植草灌）防护、菱形骨架＋植草灌（空心六棱块植草灌）防护、空心六棱块＋植草防护、人字形骨架＋植草灌（空心六棱块植草灌）防护、拱形加人字形骨架＋植草灌（空心六棱块植草灌）防护、锚杆混凝土框架＋植草灌防护等。

按建筑材料，分为浆砌片石骨架植物防护、干砌片石骨架植物防护、现浇混凝土骨架植物防护、混凝土预制块式骨架植物防护等。

（二）骨架植物防护施工工艺流程

1. 整修边坡

路基填筑到设计高程后，按路基设计宽度及设计边坡坡度进行刷坡。路基边坡主要采用挖掘机进行刷坡，刷坡时预留 20 cm 采用人工进行。边坡修整时用坡度尺拉线修整，修整后的边坡坡度不得大于设计值。

2. 放线开挖沟槽及基础

施工放样前，要根据桥台位置、涵洞位置并考虑混凝土踏步位置整体布拱，在所有拱圈位置确定后才能根据里程位置精确放样。根据测放的里程桩现场排出骨架位置，撒白灰线标示。排出骨架位置后，要对相邻的里程桩再次进行闭合测量，确认无误后方可进行基槽开挖。

骨架沟槽开挖由于在坡面上作业，不宜采用机械，而是全部采用人工开挖沟槽。人工开挖前根据测量放样确定的位置，上下拉通拉线，同时严格控制开挖宽度和深度，不得超挖和欠挖，从上往下进行开挖，不得有松土留在沟槽中，并用人工拍打使其密实。一般根据施工能力及天气情况确定开挖长度，不得将开挖好的沟槽长时间晾置。

3. 浇筑基础（护脚墙）

根据测量放样结果，采用机械结合人工的方式挖出脚墙的位置。采用小型挖掘机进行开挖，基底预留 20 ~ 30 cm，采用人工进行开挖，基底浮土全部清理干净，同时保证原土不受扰动。基底经验收合格后可浇筑脚墙，确保脚墙几何尺寸满足设计及规范要求。脚墙位置开挖后测量复核脚墙与底镶边连接处的位置，施工时严格按照设计的高度控制。浇筑前应对基底夯实，并对基坑内的杂物安排专人进行清理。

4. 立模支护

按设计尺寸采用钢模组合，挡水槽处采用带 10 cm×10 cm 凸起的定型模板。模板安装时采用双面胶带纸塞缝，确保接缝良好不漏浆。采用外吊内拉的支模方法进行模板支设，骨架模板在现场拼装完成后，进行人工安装。模板支设完成后挂线对模板进行精调，确保模板支设尺寸符合要求。模板调整好后，对模板进行加固，顶面采用钢管加固，侧面采用砂袋封堵。模板支设好后要经技术员复核无误后才能进行下道工序施工。混凝土浇筑前，人工清除基槽表面松散颗粒，洒水湿润。

5. 浇筑骨架混凝土

混凝土浇筑前，人工清除基槽表面松散颗粒。混凝土采用混凝土罐车运输，采用滑槽或插入式振捣器振捣。混凝土运至现场后先对混凝土的工作性能进行检查，满足要求后方可进行混凝土浇筑。对于拱形骨架混凝土施工，从坡脚处逐层向路基顶面施工，混凝土浇筑过程中对已成型的坡面采用靠尺进行原浆收面。当混凝土强度达到 2.5 MPa 后，方可拆除拱形骨架侧模，侧模拆除后应及时对侧面混凝土进行休整。

6. 洒水养护

混凝土浇筑完成后，及时对拱形骨架混凝土进行土工布覆盖，洒水养护。养护期为 14 d。

7. 设置沉降伸缩缝

现浇拱形骨架护坡时，必须每隔 10 ~ 15 m 在拱顶处自底镶边至顶镶边贯通设置一条沉降缝（缝宽 2 cm），缝间采用沥青麻筋进行封闭。

8. 骨架内植物栽植

拱形骨架混凝土养护完成后，对骨架内进行客土回填。回填过程中，对边坡进行夯拍密实后进行草籽撒播及植物栽植工作。

六、喷护与挂网喷护

喷护是岩石边坡常用的支护方式。它是使用混凝土喷射机，按一定的混合程序，将掺有速凝剂的混凝土，喷射至岩石边坡上，并迅速凝结成一层支护结构，从而对边坡起到支护的作用。通常因边坡的地质状况辅以钢筋网支护、锚杆支护，则称之为挂网喷护及锚网喷护。

喷护可以作为边坡防护工程的永久性和临时性支护，也可以与各种钢筋网、锚杆等构成复合式支护结构，通常称为挂网喷护和锚网联合喷护。在实际工程应用时，应按照设计文件要求及工程实际地质情况，选用合适的喷护方式。

（一）喷射混凝土工艺种类

喷射混凝土分为干喷、湿喷和潮喷。

干喷是将骨料、水泥和速凝剂按一定的比例干拌均匀，然后装入喷射机，用压缩空气使干集料在软管内呈悬浮状态并被送到喷枪，再在喷嘴处与高压水混合，以较高速度喷射到岩面上。干喷的主要缺点是粉尘大，喷射物回弹量大。

潮喷是将骨料预加少量水，使之呈潮湿状，再加水泥拌和，从而降低上料、拌和与喷射时的粉尘。但大量的水仍是在喷头处加入和喷出的，其喷射工艺流程和使用机械同干喷工艺。

湿喷是将骨料、水泥和水按设计比例拌和均匀，用湿式喷射机压送到喷头处，再在喷头上添加速凝剂后喷出。目前，施工现场较多使用的是湿喷工艺。

（二）喷护施工工艺流程

1. 施工准备

将坡面上的危石、杂草、树木、松土、浮渣清理，并用高压水冲洗坡面，使岩面保持一定湿度。

2. 搭设脚手架平台

用钢管按锚孔横排位置，沿坡面坡度搭设双排脚手架工作平台，采用钢管支撑平台架体，脚手架的搭设质量应符合施工规范要求。工作平台低于横排锚孔 0.6 m，平台上铺设厚度 25 mm×3000 mm 松木板，平台外边搭设 1.1 m 高防护栏杆并设置挡脚板，挡脚板采用 25 mm×3000 mm 松木板牢固固定在防护栏板上。

3. 测量放样

边坡开挖完成后，按设计立面图要求，将锚杆孔位置准确测量放样在坡面上，水平、垂直方向的孔距误差不应大于 100 mm。竖肋的具体长度可根据实际边坡高度确定，但锚杆的位置须按等分坡面的长度进行放样，其间距可适当调整。如遇既有刷方坡面不平顺或特殊困难场地时，需经设计监理单位认可，在确保坡体稳定和结构安全的前提下，适当放宽定位精度或调整锚孔定位。

4. 钻孔设备

钻机宜选用 40 m3/min 内燃压缩空气为动力的潜孔冲击钻机。

5. 钻机就位

锚孔钻进施工时，必须准确安装固定钻机，并严格认真地进行机位调整，确保孔位及倾角符合要求。锚孔偏斜度不大于 2%，钻孔方向与水平面和竖直面的夹角不得与设计角度偏差超过 ±（1°～2°）。

6. 钻进方式

钻孔要求干钻，禁止采用水钻，以确保锚杆施工不至于恶化边坡岩体的工程地质条件和保证孔壁的黏结性能。钻孔速度根据使用钻机的性能和锚固地层严格控制，防止钻孔扭曲和变径，造成下锚困难或其他意外事故。

7. 钻进过程

钻孔过程中，认真记录岩层的地层岩性和含水状态。钻孔孔深超出锚杆设计长度10 cm。为控制好钻孔角度，设置钻杆定位支架，以减少钻孔角度误差。遇有塌孔时，立即停止施钻，拔出钻具，进行水灰比纯水泥固壁注浆，注浆压力为 0.4 MPa。待注浆强度达到 70% 后，重新钻孔。如二次钻进施工时仍然出现塌孔，需采用跟管钻进技术进行施工。跟管重新钻孔，此时钻孔孔径比设计孔径稍大。

8. 锚孔清理

钻进达到设计深度后，不能立即停钻，要求稳钻 1～2 min，防止孔底达不到设计的锚固直径。钻孔孔壁不得有黏土或粉砂滞留，必须清理干净。在钻孔完成后，使用高压空气（风压 0.2 ~ 0.4 MPa）将孔内岩粉或水体全部清除出孔外，以免降低水泥砂浆与孔壁岩土体的黏结强度，防止锚孔不能下到预定深度。若遇锚孔中有承压水流出，待水压、水量变小后方可下安锚杆与注浆，必要时在周围适当部位设置排水孔进行处理。

9. 锚孔检验

锚孔钻孔结束后，经现场监理检验合格后，方可进行下一道工序。验孔时，采用设计孔径、钻头和标准钻杆进行孔径、孔深检查。验孔过程中钻头平顺推进，不产生冲击或抖动。钻具验送长度满足设计锚孔深度，退钻要求顺畅，用高压风吹验没有明显飞溅尘渣及水体现象。同时要求复查锚孔孔位、倾角和方位，全部锚孔施工分项工作合格后，即可认为锚孔钻造检验合格。

10. 锚杆、锚钉体制作、安装

锚杆、锚钉全部在钢筋加工场集中加工好后用自卸汽车运至施工现场。

安装前，要确保每根钢筋顺直、除锈、除油污，安装锚杆体前再次认真核对锚孔编号。确认无误后再用高压风吹孔，人工缓缓将锚杆体放入孔内。用钢尺量出孔外露出的钢杆长度，计算孔内锚杆长度（误差控制在 ±50 mm 范围内），确保锚固长度。

11. 锚杆、锚钉注浆

锚杆宜先安装锚杆再注浆，锚钉宜先注浆再立即安插锚钉。

锚杆按边坡支护单元安装完成后开始注浆。为避免由于岩层破碎而锚杆孔之间相互窜浆影响锚杆注浆质量，注浆时从最下一排锚杆孔开始注浆，逐排注到最上一排。

注浆前对锚孔用高压气清孔。注浆材料按照配合比配料，采用机械拌合，集中供浆。注浆浆液搅拌均匀，随搅随用，浆液在初凝前用完，严防石块、杂物等混入浆液。可采用 HS-4 型双缸灰浆泵，按孔底注浆法注浆。注浆前孔口设置止浆塞，以保证孔内浆液饱满。注浆作业开始和中途停止较长时间，再作业时宜用水或稀水泥浆润滑注浆泵及注浆管线。当锚杆安装、注浆完成 24 h 后再进行锚杆孔补浆，将孔口空段补满并且用同种浆体将孔口封堵。

12. 钢筋网制作、安装

可采用钢筋加工场集中制作钢筋网片现场安装或现场直接绑扎钢筋网片的方式施工，施工质量满足设计及规范要求即可。

13. 喷射混凝土

喷射混凝土的厚度控制可通过标桩法、针探法、钻孔法实现。

（1）标桩法。把比喷层厚度大一倍的钢筋按预定间距用速凝砂浆固定在坡面上，在喷护完成后，可以通过测量预设钢筋剩余长度计算喷层厚度。当坡面安装锚杆时，可以用锚杆外露部分代替预设钢筋。

（2）针探法。在施工中可以用探针直接插入未凝固混凝土中测得喷层厚度，这种方法便于施工人员随时掌握喷层厚度。

（3）钻孔法。用手风钻在已完全凝固的混凝土表面钻孔，从钻孔内侧直接测量喷层厚度，这种方法便于监理部门随时检测。

喷射混凝土施工要点如下：

（1）采用湿式喷射机喷射混凝土，移动式电动空压机供风。施工前先对机械进行技术检查，对水、风、电路进行检查，合格后方可运转。

（2）喷射混凝土分段、分片由下而上进行。作业开始时，先送风，后开机，再给料；结束时，待料喷完后，再关机。向喷射机供料时要连续均匀，机器正常运转时，料斗内保持足够的存料。喷层厚度应均匀，符合要求。

（3）喷射时使喷嘴与受喷面间保持适当距离，喷射角度尽可能接近90°，以获得最大压实度和最小回弹量。喷嘴与受喷面间距控制在 1.5 ～ 2.0 m。

（4）养护喷射混凝土终凝 2 h 后及时进行养护，养护时间不小于 14 d。温度低于 +5℃时，禁止洒水养护。

七、干砌片石护坡

干砌片石厚度不宜小于250 mm，当边坡为粉质土、松散的砂类土等易被冲刷的土时，砌片石下应设厚度不小于 100 mm 碎石或砂砾垫层。干砌片石护坡基础应选用较大石块砌筑，基础埋深至侧沟底。当基础与侧沟相连时，采用 M5 水泥砂浆砌筑。

干砌片石护披施工时，应自下而上进行立砌，彼此镶紧，接缝要错开，缝隙间用小石块填满塞紧。

八、浆砌片石护坡

浆砌片石护坡适用于易风化的岩石边坡和易受冲刷的土质边坡，常用于路堤边坡，宜待路堤完成沉降后再施工。

浆砌片石护坡一般采用等截面，其厚度视边坡高度及坡度而定，一般为 0.3 ～ 0.4 m。边坡过高时应分级设平台，每级高度不宜超过 20 m。平台宽度视上级护坡基础的稳固要求而定，一般不超过 1 m。砌石由下而上，应错缝嵌紧，表面平整，周界用砂浆密封，以防渗水。

第四章 路面工程施工技术

第一节 概述

路面是在路基顶面用各种混合料铺筑而成的层状构筑物,是道路的主要结构物。

路面工程施工是影响路面使用质量与寿命的重要环节之一,也直接关系到整条公路的使用。作为公路工程管理及技术人员,应熟练掌握目前工程上成熟且可靠的路面施工技术,必须进行合理的施工组织设计,做到路面设计、管理、监理和施工单位之间的充分协调及配合,各司其职,做到精心组织、严格管理、认真施工,并且对施工中存在的问题进行分析,在持续解决问题中不断创新,促进路面施工技术不断发展。

近年来,随着路面施工技术的不断发展,新的施工工艺及施工设备不断涌现,不但提高了公路路面的施工质量、施工效率,还提高了公路施工的安全性。在路面工程施工中,在保证原材料质量合格、配合比准确、拌和均匀、摊铺平整、碾压密实、接缝平整等基础上,尽可能采用施工机械化程度高、劳动强度低、施工效率高及效果好的新工艺,在提高施工质量的同时促进路面工程技术不断发展。

一、路面结构分层及层位功能

按照行车荷载和自然因素对路面的影响,按照使用要求、受力状况、土基支撑条件和自然因素影响程度不同,将路面结构分为若干层次。按照各个层位功能的不同,划分为 3 个层次,即面层、基层和功能层(垫层)。在路面结构设计过程中,根据公路等级及使用需要,不同路面的结构也有所不同。

(一)面层

面层是直接同行车和大气接触的表面层,承受较大行车荷载的垂直力和起水平剪切力的作用,同时还受到降水的侵蚀和气温变化影响。因此,同其他层次相比,面层应具备较高的结构强度以抵抗垂直应力作用,较高的抗变形能力以抵抗剪切作用,较好的水稳定性以抵抗水损害和很好的温度稳定性以抵抗车辙,表面还应有良好的抗滑性和平整度。

修筑面层所用的材料主要有沥青混合料、水泥混凝土、沥青碎（砾）石等。

（二）基层

基层主要承受由面层传来的车辆荷载的作用力（包括垂直力和拉应力），将垂直力扩散到下面的垫层和土基中去，承受拉应力作用并维持良好的耐久性。因此，基层是路面结构中的承重层，应具有一定的强度和刚度，并具有良好的抵抗疲劳破坏能力。

基层遭受大气因素的影响虽然比面层小，但是仍然有可能经受地下水和通过面层渗入雨水的侵蚀，所以基层结构应具有足够的水稳定性。基层表面虽不直接供车辆行驶，但仍然要求有较好的平整度，这是保证面层平整性的基本条件。由于基层一般受到拉应力的作用，因此，必须保证基层的疲劳寿命满足设计要求。基层或底基层主要承受拉应力或拉应变，因此基层或底基层材料主要应考虑其抗疲劳特性。如果基层或底基层采用粒料材料，则必须考虑垂直力作用产生的永久变形等情况。

修筑基层的材料主要有各种结合料（如石灰、水泥或沥青等）稳定土或稳定碎（砾）石、贫水泥混凝土、各种工业废渣（如煤渣、粉煤灰、矿渣、石灰渣等）和土、砂、石组成的混合料等天然砂砾、各种碎石或砾石、片石、块石或圆石，以提高基层的整体抗冰冻、抗水侵害和承载能力。

（三）功能层（垫层）

为保证面层和基层不受路基水温状况变化而造成的不良影响，必要时应设置功能层，它的主要功能是加强路面结构层之间的联结、改善路基的湿度和温度状况。

修筑功能层的材料，强度要求不一定高，但水稳定性和隔温性能要好。常用的功能层材料有3类：一类是由松散粒料（如粗砂、砂砾、碎石等）组成的透水性材料层或防冻层；另一类是用水泥或石灰稳定土等修筑的稳定类材料层；还有用沥青或乳化沥青的封层、黏层、透层及应力吸收层。

二、路面分类

在国外，路面分类如下：

1.有铺装路面：一般包含水泥混凝土路面和沥青混凝土路面形式；

2.简易铺装路面：包含表面处治、沥青碎石、沥青贯入式路面形式；

3.未铺装路面：砂石路面（砂石路面是以砂、石为骨料，以土、水、灰为结合料，通过一定的配合比铺筑而成的路面，包括级配砂（砾）石路面、泥结碎石路面、水结碎石路面、填隙碎石路面及其他粒料路面）等归入未铺装路面。

在国内，主要从路面结构的力学特性的相似性出发，将路面结构划分为沥青混合料路面、复合式路面和水泥混凝土路面（也称刚性路面）3 类。根据基层材料类型及组合不同，又将沥青混合料路面划分为柔性基层沥青路面、半刚性基层沥青路面、组合式基层沥青路面、刚性基层沥青路面。

在工程现场，一般习惯按照面层所用的材料进行分类，如沥青混合料路面、水泥混凝土路面、砂石路面等。本章节主要介绍常用的沥青类路面和水泥混凝土类路面。

（一）沥青类路面

根据沥青类路面基层类型，沥青类路面可分为柔性基层沥青路面、半刚性基层沥青路面、刚性基层沥青路面及组合式基层沥青路面。

1. 柔性基层（主要是沥青结合料类基层及粒料类基层）沥青路面

柔性基层沥青路面的总体结构刚度较小，在车辆荷载作用下产生的表面变形较半刚性基层沥青路面大。虽然路面结构某一层的抗拉强度较低，但通过合理的结构组合和厚度设计可以保证路面的结构整体具有很强的抵抗荷载作用能力。同时通过各结构层将车辆荷载传递给路基，可使路基承受的压应力控制在一定范围内。路基路面结构主要靠抗压强度和抗剪强度承受车辆荷载的作用。柔性基层沥青路面主要包括各种未经处理的粒料基层和各类沥青层组成的路面结构。

2. 半刚性基层（主要是无机结合料类基层）沥青路面

用水泥、石灰等无机结合料处的土或碎（砾）石及含有水硬性结合料的工业废渣修筑的基层，在前期具有柔性基层的力学性质，而后期的强度和刚度均有较大幅度增长，但是最终的强度和刚度仍小于水泥混凝土。由于这种材料的刚度处于柔性基层与刚性基层之间，因此把这种基层和铺筑在它上面的沥青面层统称为半刚性基层沥青路面。这种路面结构是目前我国高速公路采用的主要结构形式。

3. 刚性基层（主要是水泥混凝土基层）沥青路面

刚性基层主要是用水泥混凝土做基层，沥青混凝土做面层的路面结构，这种路面结构有时也称为复合式路面结构。水泥混凝土具有强度高、稳定性好等特点，沥青混凝土具有行车舒适、噪声小等特点。这种路面可以避免各自的缺点，具有良好的使用性能和耐久性。普通混凝土（JPCP）、钢筋混凝土（JRCP）基层沥青路面，由于接缝处存在反射裂缝，对使用性能有一定的影响；连续配筋混凝土基层（CRCP）沥青混凝土路面由于连续配筋将水泥混凝土裂缝宽度约束在一定范围内（一般要求小于 1 mm），故其有良好的使用性能和耐久性，但必须采取措施保证沥青层与沥青层、沥青层与水泥混凝土层之间有良好的黏结状态。

4. 组合式基层沥青路面

该种沥青路面结构主要是沥青路面的基层含有无机结合料稳定材料、水泥混凝土材料等刚度较大或相对较大的材料，但是在沥青层与刚度相对较大的材料之间夹有柔性材料，如沥青混凝土层＋级配碎石＋无机结合料稳定材料层路面结构、沥青混凝土层＋级配碎石＋普通水泥混凝土材料层路面结构、沥青混凝土层＋级配碎石＋碾压式水泥混凝土材料层路面结构等。

（二）水泥混凝土路面

水泥混凝土路面主要指用水泥混凝土[包括普通混凝土（JPCP）、钢筋混凝土（JRCP）、连配筋混凝土（CRCP）、钢纤维混凝土、预应力混凝土、装配式混凝土、碾压混凝土]做面层的路面结构。水泥混凝土强度高，与其他筑路材料相比，抗弯拉强度高，并且有较高的弹性模量，故呈现出较大的刚性。在车辆荷载作用下，水泥混凝土结构层处于板体工作状态，竖向弯沉较小，路面结构主要靠水泥混凝土板的抗弯拉强度以承受车辆荷载，通过板体的扩散分布作用，传递给基础上的单位压力较柔性路面小得多。

第二节 路面基层（底基层）施工技术

路面基层直接位于沥青混凝土面层或水泥混凝土面板之下，是路面结构体系中的主要承重层或下承层，在路面结构中起着"承上启下"作用。路面基层可以是一层或多层，可以是一种材料或多种材料。基层由多层构成时，除最上一层外的其他层被称为"底基层"，在此情况下，最上一层相应地被称为"基层"。应注意鉴别基层概念在不同情况下的内涵。

通常按照基层材料差异，将其分为4类：粒料类、无机结合料稳定类、沥青结合料类和水泥混凝土类基层。

目前，我国高等级公路的基层使用最多的是水泥稳定碎石、水泥稳定砂砾，其次是二灰碎石、二灰砂砾，其他的还有水泥稳定砂掺碎石、水泥稳定砂砾掺碎石，个别也有粉煤灰土加水泥。底基层以石灰土为最多，其次还有水泥稳定土、水泥石灰稳定土、水泥石灰粉煤灰稳定土等。

一、无机结合料稳定类基层施工

（一）一般规定

1. 无机结合料稳定类基层施工宜在气温较高的季节组织。无机结合料稳定材料施工期的日最低气温应在5℃以上。在有冰冻的地区，应在第一次重冰冻（一般指气温达到 -5 ~ -3℃）到来的15 ~ 30 d 之前完成施工。

2. 宜避免在雨季施工，且不应在雨天施工；也不适宜在高温季节施工。

3. 无机结合料稳定材料在过分潮湿路段上施工时应采取相应措施，降低潮湿程度、消除积水。

4. 在正式施工前，必须铺筑试验段，对施工工艺进行总结，试验段的质量检查频率应是正常路段的两倍。

5. 压实厚度不应超过 20 cm，设计厚度超过 20 cm 时，应分层铺筑，最小压实厚度为 10 cm。压实厚度可根据选用的压路机种类、吨位确定。

混合料摊铺应保证足够的厚度，碾压成型后每层的摊铺厚度宜不小于 160 mm，最大厚度应不大于 200 mm。具有足够的摊铺能力和压实功率时，可增加碾压厚度，具体的摊铺厚度应根据试验结果确定。大厚度摊铺施工时，应增加相应的拌和能力。

（二）原材料选择

1. 水泥

（1）强度等级为 32.5 或 42.5 普通硅酸盐水泥、矿渣硅酸盐水泥或火山灰质硅酸盐水泥等均可使用。早强、快硬及受潮变质的水泥不应使用。

（2）所用水泥初凝时间应大于 3 h，终凝时间应大于 6 h 且小于 10 h。

2. 石灰

（1）石灰的技术要求应符合相关技术要求。

（2）高速公路和一级公路用石灰应不低于 II 级技术要求，二级公路用石灰应不低于 III 级技术要求，二级以下公路宜不低于 III 级技术要求。

（3）高速公路和一级公路的基层，宜采用磨细消石灰。

（4）二级以下公路使用石灰时，有效氧化钙含量应在 20% 以上，且混合料强度应满足要求。

3. 粉煤灰等工业废渣

（1）干排或湿排的硅铝粉煤灰和高钙粉煤灰等均可用作基层或底基层的结合料。

（2）各等级公路的底基层、二级及以下公路基层使用的粉煤灰，通过率指标不满足表 4.5 的要求时，应进行混合料强度试验；达到本细则相关要求的强度指标时，方可使用。

（3）煤矸石、煤渣、高炉矿渣、钢渣及其他冶金矿渣等工业废渣均可用于修筑基层或底基层，使用前应崩解稳定，宜通过不同龄期条件下的强度和模量试验以及温度收缩或干湿收缩试验评价混合料性能。

（4）水泥稳定煤矸石不宜用于高速公路和一级公路。

（5）工业废渣类作为集料使用时，公称最大粒径应不大于 31.5 mm，颗粒组成宜有一定级配，且不宜含杂质。

4. 水

（1）基层材料用水应符合现行《生活饮用水卫生标准》（GB 5749—2006）的饮用水可直接作为基层、底基层材料拌合与养生用水。

②拌和使用的非饮用水应进行水质检验，应符合非饮用水的技术要求规定。养生用非饮用水可不检验不溶物含量，其他指标应符合非饮用水技术要求规定。

5. 粗集料

（1）用作被稳定材料的粗集料宜采用各种硬质岩石或砾石加工成的碎石，也可直接采用天然砾石。

（2）基层、底基层的粗集料规格要求宜符合相关规定。

（3）高速公路和一级公路极重、特重交通荷载等级基层的 4.75 mm 以上粗集料应采用单一粒径的规格料。

（4）作为高速公路、一级公路底基层和二级及以下公路基层、底基层稳定材料的天然砾石材料宜满足相关要求，并满足级配稳定、塑性指数不大于 9 的要求。

（5）应选择适当的碎石加工工艺，用于破碎的原石粒径应为破碎后碎石公称最大粒径的 3 倍以上。碎石生产设备应包括二次或二次以上破碎方式的碎石生产线（其中至少有一次采用反击式或圆锥式破碎方式）、除尘设备、振动喂料机和 3 层以上的振动筛。

（6）碎石加工中，根据筛网放置的倾斜角度和工程经验，应选择合理的筛孔尺寸。粒径尺寸与筛孔尺寸的对应关系宜符合相关规定。根据破碎方式和石质的不同，可适当调整筛孔尺寸，调整范围宜为 1 ~ 2 mm。

（7）用作级配碎石或砾石的粗集料应采用具有一定级配的硬质石料，且不应含有黏土块、有机物等。

（8）级配碎石或砾石用作基层时，高速公路和一级公路公称最大粒径应不大于 26.5 mm，二级及以下公路公称最大粒径应不大于 31.5 mm；用作底基层时，公称最大粒径应不大于 37.5 mm。

6. 细集料

（1）细集料应洁净、干燥、无风化、无杂质，并有适当的颗粒级配。

（2）高速公路和一级公路用细集料技术和规格要求应符合相关规定。

（3）对 0 ~ 3 mm 和 0 ~ 5 mm 细集料应分别严格控制大于 2.36 mm 和 4.75 mm 颗粒含量。对 3 ~ 5 mm 细集料应严格控制小于 2.36 mm 颗粒含量。

（4）对于高速公路和一级公路，细集料中小于 0.075 mm 颗粒含量应不大于 15%；二级及以下公路，细集料中小于 0.075 mm 颗粒含量应不大于 20%。

（5）级配碎石或砾石中的细集料可使用细筛余料，或使用专门轧制的细碎石集料。

（6）天然砾石或粗砂作为细集料时，其颗粒尺寸应满足工程需要，且级配稳定，超尺寸颗粒含量超过现行《公路路面基层施工技术细则》（JTG/T F20—2015）或实际工程的规定时应将其筛除。

（三）施工方法选择

无机结合料稳定类基层的施工方法主要有路拌法施工和厂拌法施工两种。在实际工程中，宜根据公路等级的不同，来选择基层（底基层）施工方法。对于边角部位施工，混合料拌和方式应与主线相同，可采用推土机摊铺、平地机整平的人工方式摊铺，并与主线同步碾压成型。

（四）厂拌法施工

厂拌法施工无机结合料路面基层是目前国内技术条件较成熟，也是使用最广泛的方法，因此对于厂拌法施工无机结合料稳定材料基层的施工内容必须完全掌握。

1.稳定土拌和厂建设

（1）场地布置：

①施工总体布置合理，拌和厂要选在空旷、干燥、交通便利，并远离工厂、居民区、经济农作物及畜牧业集中的区域，避免对当地居民的生产、生活和居住环境带来不利影响。

②拌和厂场地面积要根据项目工程量、拌和设备型号、施工工期、材料供应速度经过计算确定。拌和厂占地面积应满足施工需要，一般不小于 15 000 m2（特殊路段地理条件受限时可分成几个拌和厂），并将生活区及工作区分开。

③拌和厂场地要有良好的排水、防水措施。堆料仓内应纵向每隔 5 ~ 10 m，横向每隔 15 ~ 20 m 设盲沟，坡度不小于 0.5%，盲沟应与场地排水明沟相连。在堆料仓前后应设置排水明沟，保持排水通畅，场地内不允许积水。

④要求对基层堆料场地进行硬化（厚度不小于 20 cm）。设专人每天对拌和厂、场区道路等及时进行洒水清扫工作，减少扬尘对集料的二次污染。

⑤拌和厂地内应设有安全防护措施，配备消防设备。

（2）原材料堆放和质量管理：

①项目经理部要采取有效措施，按原材料质量管理程序进行检验。不合格材料不得进入料场。

②不同规格砂石材料要严格分档、隔离堆放，严禁混堆。各档材料间应设置高于 2 m 的硬分隔墙，2 m 以上部分可采用软隔离；分隔墙顶面高度应高于料堆坡脚至少 50 cm 以上，料堆形状为梯形。砂石材料堆放时应防止离析。

③基层 4.75 mm 及以下集料须设雨棚或覆盖防雨油布，防雨棚仓储面积至少大于 2 000 m2 并满足实际施工需要；袋装水泥应在室内架空堆放。

（3）拌和厂内施工标牌：

①拌和厂地施工标牌要结合监理规程中有关原材料及混合料报验制度的规定，在材料堆放处设立原材料品名牌及报验牌。在拌和设备前设混合料配合比标牌，并严格按施工配合比施工。

②不同规格的材料应设置明显的标识牌，原材料报验牌上应注明材料品名、用途、规格、产地、检验时间、检验结果、监理工程师是否同意使用等内容。

2. 混合料组成设计

（1）无机结合料稳定材料组成设计应包括原材料检验、混合料的目标配合比设计、混合料的生产配合比设计和施工参数确定4部分。

（2）无机结合料稳定材料应满足规范《公路工程无机结合料稳定材料试验规程》（JTG E51—2009）规定的强度要求。

（3）高速公路和一级公路应验证所用材料的7 d龄期无侧限抗压强度与90 d或180 d龄期弯拉强度的关系。

（4）水泥稳定类材料强度要求较高时，宜采取控制原材料技术指标和优化级配设计等措施，不宜单纯通过增加水泥剂量来提高材料强度。

3. 施工准备

（1）路基交验。路面基层开始施工前，应按照规范规定进行路基质量验收及交接工作，交验合格后方可开始进行路面结构施工。

路基交验时，首先要对填方路基上路床（路基顶面以下30 cm）、挖方路基换填（土质路段不少于80 cm，石质路段不少于50 cm）的填筑质量、软土地基路段的月沉降量进行检查。软土地基路段的月沉降量必须符合设计和现行《公路路基设计规范》（JTG D30—2015）要求（应保证连续2个月的月沉降量小于5 mm，软基沉降必须由第三方进行监测），否则不得进行路基交验。

路面施工单位进场后，建设单位、监理单位应督促路基施工单位及时与路面施工单位进行路基交验。路基交验完成后，必须报经省（市）质监局（站）抽检并认可合格后，方可开始路面施工。在此之前应对线形和外形尺寸、纵向高程、平整度、横坡、弯沉值、压实度等指标进行检查。

（2）技术准备。根据施工安排，完成路面基层（底基层）施工技术和安全交底等相关技术工作。

（3）机械设备准备：

施工机械：无机结合料稳定类材料施工机械主要有拌和楼、摊铺机、压路机、自卸汽车、装载机、洒水车、水泥钢制罐仓。

•拌和楼。应配置产量不小于500 t/h的拌和楼，并与实际摊铺能力相匹配。为使混合料拌和均匀，拌缸要满足一定长度。至少要有5个进料斗，料斗上口必须安装钢筋网盖，筛除超出粒径规格的集料及杂物。拌和楼用水应配有大容量的储水箱。料斗、水箱、罐仓都要求装配高精度的电子动态计量器，电子动态计量器应经有资质的计量部门进行计量标定后方可使用。

· 摊铺机。应根据路面底基层、基层的宽度、厚度，选用合适的摊铺机械。施工时应采用两台摊铺机梯队作业。要求两台摊铺机功率一致，最好为同一厂家、同一型号，而且机型较新，功能较全，以保证路面基层厚度一致、完整无缝、平整度好。

· 压路机。压路机的吨位和台数必须与拌和楼及摊铺机生产能力相匹配，至少应配备 12～15 t 压路机 1～2 台、18～20 t 稳压用压路机 2～3 台和轮胎压路机 1～2 台，使从加水拌和到碾压终了时间宜在 2 h 内，以保证施工正常进行。

· 自卸汽车、装载机、洒水车。数量应与拌和设备、摊铺设备、压路机相匹配。

· 水泥钢制罐仓。由拌和楼生产能力决定其容量（1 个 80～100 t 或 2 个 50 t），罐仓内应配有水泥破拱器，以免水泥起拱停流。

以上设备数量至少应满足每个工点、每日连续正常生产及工期要求。

开工前要求加强对拌和楼、检测仪器等设备的标定工作质量，监理、建设单位必须对标定情况进行检查、核验，确保拌和及检测数据真实可靠。施工过程中应加强对拌和楼、检测仪器等设备的检修、维护，以便能及时发现设备出现的问题。对拌和楼筛网应经常进行检查，发现堵塞和破损现象应及时清理和更换，以便更好地控制配合比。基层集料加工场的石料破碎机必须配备振动预筛喂料装置（筛网长度不小于 2 m），以减少集料中的泥土含量。

（4）材料准备。按照施工的实际需要进行原材料采购，其中基层（底基层）集料宜结合公路等级、集料最大粒径等，按照要求进行分档采购及存储。经试验检测合格，拌和厂建设完成后，提前进行备料工作。原材料储备应足够（一般不低于合同段设计总量的 30%），以满足大规模连续的施工需要。

4. 施工试验段

正式开工前，应先进行试验路段施工。试验段应选择在经验收合格的下承层进行，其长度为 200～500 m。试验段施工的主要目的为：

（1）验证用于施工的混合料配合比。

（2）确定铺筑的松铺厚度和松铺系数。

（3）确定标准施工方法，包括混合料配比的控制方法、混合料摊铺方法和适用机具（包括摊铺机行进速度、摊铺厚度控制方式、梯队作业时摊铺机间隔距离）、含水量的增加和控制方法、压实机械选择和组合、压实顺序、速度和遍数（至少应选择两种确保能达到压实标准的碾压方案）、拌和、运输、摊铺和碾压机械的协调和配合。

（4）确定每一碾压作业段的合适长度（一般建议 50～80 m）。

（5）确定质量检验内容、检验频率及检验方法。试验路段的检验频率应是标准中规定生产路面的 2 ～ 3 倍。

当使用的原材料和混合料、施工机械、施工方法及试验路段各检验项目的检测结果都符合规定，可按以上内容编写试验路段总结报告（报告中应明确混合料试件 7 d 无侧限抗压强度的上下限、水泥用量上下限），经监理审批后即可作为申报正式路面施工开工的依据。试验路段总结报告经批准后，混合料级配比、水泥剂量不得进行改变。由特殊原因要调整时，应重新进行混合料组成设计和试验路段验证，并报经监理单位审批。

5. 混合料拌和

（1）开始拌和前，拌和厂的备料应至少能满足 3 ～ 5 d 的摊铺用料。石灰应在使用前一周充分消解，并全部通过 1 cm 筛孔。

（2）每天开始搅拌前，应检查场内各处集料的含水量，计算当天的施工配合比，外加水与天然含水量的总和要比最佳含水量略高。同时，在充分估计施工富余强度时要从缩小施工的偏差入手，不得以提高无机结合料（水泥、石灰、粉煤灰等）用量的方式提高路面基层强度。

（3）无机结合料添加装置应配有高精度电子自动计量器，电子动态计量器应经有资质的计量部门进行标定后方可使用。

（4）拌和楼出料不允许采取自由跌落式落地成堆、装载机装料运输的办法。一定要配备带活门漏斗的料仓，成品混合料先装入料仓内，由漏斗出料装车运输。装车时车辆应前后移动，分 3 次或 5 次装料，避免混合料离析。

6. 混合料运输

（1）运输车辆在每天开工前，要检验其完好情况，装料前应将车厢清洗干净。运输车辆数量一定要满足拌和出料与摊铺需要，并略有富余。

（2）应尽快将拌成的混合料运送到铺筑现场。车上的混合料应覆盖，以防止水分损失、扬尘及遗撒。

（3）若运输车辆中途出现故障，必须立即以最短时间排除；当车内水泥稳定混合料不能在水泥初凝时间内运到工地摊铺压实，必须予以废弃。拌和好的二灰混合料不得过夜，应当天碾压成型。

7. 混合料摊铺

（1）每一层基层摊铺施工前，应检查下承层施工质量（高程、中线偏位、宽度、横坡度、平整度、反射裂缝、压实度、月沉降速率等）。外观检查中，有松散、严重离析等路段应进行返工处理。对裂缝应做相应封闭处理，裂缝严重路段应做返工处理。

（2）摊铺前应将下结构层表面洒水或喷洒水泥净浆湿润。

（3）可采用单机或多机呈梯队联合摊铺。采用两台摊铺机梯队作业时，两台摊铺机前后间距宜控制在 10 m 以内，前台摊铺机采用路侧钢丝和设置在路中的导梁控制路面高程，后台摊铺机采用路测钢丝、路中滑靴控制高程和厚度，前后两台摊铺机应重叠

50 ～ 100 mm。

开始摊铺的前一天应测量放样，按摊铺机的宽度与传感器间距，即直线上间隔 10 m、平曲线（匝道）为 5 m 进行测量放样并及时打设好高程控制线支架。根据松铺系数算出松铺厚度，决定控制线高度，挂好控制线。用于摊铺机摊铺厚度控制线钢丝的拉力应不小于 800 N。

（4）待摊铺机前备有足够数量的摊铺料时（一般为 5 辆）开始进行摊铺作业，运料车按每车 10 m 间距停放在基层外侧并排队等待，待接到指令后，方可倒车行驶至摊铺机前，距摊铺机 20 ～ 30 cm 处停车，防止碰撞摊铺机。摊铺机迎上推动卸料车辆前行，此时，卸料车辆将车厢缓慢顶起 1/2，摘下挡位（挂空挡），在摊铺机的推动下，边行走边顶升车厢卸料，卸料速度与摊铺机铺筑速度相协调。运输车辆在摊铺机前安排 2 名辅助工及时清除摊铺机行走履带下的混合料。

（5）摊铺宜连续，应保证其速度一致、摊铺厚度一致、松铺系数一致、路拱坡度一致、摊铺平整度一致、振动频率一致等，两机摊铺接缝平整。如拌和楼生产能力较小，应采用最低速度摊铺，禁止摊铺机停机待料。摊铺机摊铺速度一般宜在 1 m/min 左右。

（6）摊铺机的螺旋布料器应有 2/3 埋入混合料中，以防止混合料离析。

（7）摊铺机在安装、操作时应采取混合料防离析措施，如降低布料器前挡板的离地高度。在摊铺机后面应设专人以便消除离析现象，应该铲除局部粗集料"窝"，并用新拌混合料填补。

（8）混合料从加水拌和到碾压成型，施工延迟时间不得超过水泥初凝时间（普通水泥约 2 h，专用固基水泥约 4 h），否则要设置施工横缝。

（9）摊铺机操作手要随时注意观察摊铺机的工作状态和摊铺质量，发现异常情况应及时调整。

（10）在摊铺机后专设 2 名辅助工，及时处理摊铺层出现的局部缺陷。

8. 混合料碾压

（1）对水泥稳定材料或水泥粉煤灰稳定材料，宜在 2 h 之内完成碾压成型，应取混合料初凝时间与容许延迟时间较短的时间作为施工控制时间。石灰稳定材料或石灰粉煤灰稳定材料层宜在当天碾压完成，最长不应超过 4 d。

（2）每台摊铺机后面，应紧跟三轮或双钢轮压路机、振动压路机和轮胎压路机进行碾压，一次碾压长度一般为 50 ～ 80 m。碾压段落必须层次分明，设置明显的分界标志，有专人指挥，并有监理旁站。

（3）碾压程序和碾压遍数应遵循试验路段已确定的程序与工艺，驱动轮朝向摊铺机方向，按由路边向路中、先轻后重、先下部密实后上部密实、低速行驶及轮迹重叠碾压的原则，避免出现推移、起皮和漏压现象。压实时，遵循初压（遍数适中，压实度达到 90%）→轻振动碾压→重振动碾压→稳压的程序，压至无轮迹为止。注意初压要充分，振压不起浪、不推移。碾压过程中，可用核子仪初查压实度，不合格时，重复再压（注意检测压实时间）。碾压完成后用灌砂法检测压实度。

（4）对于压路机的碾压速度，第1~2遍为1.5~1.7 km/h，以后各遍应为1.8~2.2 km/h。压路机须增设限速装置。

（5）对于水泥（二灰）稳定碎石类基层，为保证边缘压实度，要求在基层边缘进行方木或型钢模板做支撑，且应有一定超宽（碾压到边缘30 cm范围，以10 cm/次向外推进）。

（6）压路机碾压不到的部位用小型振动机械施振密实。

（7）压路机倒车应自然停车，无特殊情况，禁止刹车；换挡要轻且平顺，不要拉动基层。在第一遍初步稳压时，倒车后应原路返回。换挡位置应在已压好的段落上，在未碾压的一头换挡倒车位置错开成齿状。出现个别拥包时，应进行铲平处理。

（8）压路机停车要错开，相隔间距不小于3 m，应停在已碾压好的路段上。

（9）严禁压路机在刚完成的或正在碾压的路段上调头和急刹车。

9. 接缝设置

（1）水泥稳定类混合料摊铺时，应连续作业，如因故中断时间超过2 h，则应设横缝。

（2）不同施工日期的施工段落也要设置横缝，要特别注意桥头搭板前无机结合料基层的碾压质量。

（3）横缝应与路面车道中心线垂直设置，接缝断面应是竖向平面。其设置方法如下：

①压路机碾压完毕，沿端头斜面开到下承层上停机过夜。

②第二天将压路机沿斜面开到前一天施工的基层上，用3 m直尺纵向放在接缝处，定出基层面离开3 m直尺的点作为接缝位置。沿横向断面垂直挖除坡下部分混合料，清理干净后，摊铺机从接缝处起步摊铺。

③压路机沿接缝横向碾压，由前一天的压实层上逐渐推向新铺层，碾压完毕再纵向正常碾压。

④碾压完毕，接缝处纵向平整度应符合规范规定。

（4）应清除横向和纵向接缝浮料后涂刷水泥浆，加强新老混合料间的黏结。

（5）两台摊铺机并行摊铺时，应避免出现纵向接缝。不能避免出现纵向接缝的情况下，纵缝必须垂直相接，严禁斜接，并按下述方法处理：

①在前一幅摊铺时，在靠后一幅的一侧用方木或钢模板做支撑。方木或钢模板的高度应与稳定土层的压实厚度相向。

②养生结束后，在摊铺另一幅之前，先拆除支撑木（或板），且应避免出现纵向接缝。如摊铺机的摊铺宽度不够、必须分两幅摊铺时，宜采用两台摊铺机一前一后相隔5~8 m同步向前摊铺混合料，并一起进行碾压。

10. 养生

（1）无机结合料稳定材料层碾压完成并经压实度检查合格后，应及时养生。无机结合料稳定材料的养生期宜不少于 7 d，养长期宜延长至上层结构开始施工前 2 d。

养生可采取洒水养生、薄膜覆盖养生、土工布覆盖养生、铺设湿砂养生、草帘覆盖养生、洒铺乳化沥青养生等方式，宜结合工程实际情况选择适宜的方式。养生期间应封闭交通，除洒水车和小型通勤车辆外严禁其他车辆通行。

（2）洒水养生宜作为水泥稳定材料的基本养生方式，并应符合下列规定：

①每天洒水次数应视气候而定。高温期施工，宜上、下午各洒水 2 次。

②养生期间，稳定材料层表面应始终保持湿润。

③对于石灰稳定或石灰粉煤灰稳定材料层应注意其表层情况，必要时，可用两轮压路机补充压实。

（3）薄膜覆盖养生应符合下列规定：

①待混合料摊铺碾压成型后，可覆盖薄膜，薄膜厚度宜不小于 1 mm。

②薄膜之间应搭接完整，避免漏缝。薄膜覆盖后应用砂土等材料呈网格状堆填，局部薄膜破损时，应及时更换。

③养生至上层结构层施工前 1 ~ 2 d，方可将薄膜掀开。

④对蒸发量较大的地区或养生时间大于 15 d 的工程，在养生过程中应适当补水。

（4）土工布养生应符合下列规定：

①宜采用透水式土工布全断面覆盖，也可铺设防水土工布。

②铺设过程中应注意缝之间的搭接，不应留有间隙。

③铺设土工布后，应注意洒水，每天洒水次数应视气候而定。高温期施工，上、下午宜各洒水一次。

④养生至上层结构层施工前 1 ~ 2 d，方可将土工布掀开。

⑤养生过程中应采取有效措施以防止土工布破损。

（5）铺设湿砂养生应符合下列规定：

①砂层厚宜为 70 ~ 100 mm。

②砂铺匀后，宜立即洒水，并在整个养生期间保持砂的潮湿状态，不得用湿黏性土覆盖。

③养生结束后，应将覆盖物清除干净。

（6）草帘覆盖养生应符合下列定：

①全断面铺设草帘。

②草帘铺设后应注意洒水，每天洒水的次数应视气候而定。高温期施工，上、下午宜各洒水一次，每次洒水应将草帘浸润。

③必要时可采用土工布与草帘双层覆盖养生。

（7）对沥青面层厚度大于 20 cm 的结构或二级及以下公路无机结合料稳定材料的基层，可采用洒铺乳化沥青的方式养生，并应符合下列规定：

①表面干燥时，宜先喷洒少量水，再喷洒沥青乳液。

②采用稀释沥青时，宜待表面略干时再喷洒沥青。

③采用乳液养生前，应将基层清扫干净。

④沥青乳液的沥用量宜采用 0.8 ~ 1.0 kg/m2，分两次喷洒。

⑤第一次喷洒时，宜采用沥青含量约 35% 慢裂沥青乳液，第二次宜喷洒浓度较大的沥青乳液。

⑥当不能避免施工车辆通行时，应在乳液破乳后撒布粒径为 4.75 ~ 9.5 mm 的小碎石，做成下封层。

11. 交通管制

（1）无机结合料稳定材料养生期间应封闭交通，高等级公路养生期间不得通行。

（2）无法安排施工便道而需要车辆通行时，应符合下列规定：

①合理安排施工工序，保障 7 ~ 15 d 的养生期。

②宜在硬路肩或临时停车带的位置划出专门车道，由专人指挥车辆通行，小型车辆和洒水车的行驶速度应小于 40 km/h。

③无机结合料稳定材料应适当提高早期强度。

④限定载重车辆的轴载应不大于 13 t。

（3）无机结合料稳定材料类养生 7 d 后，施工需要通行重型货车时，应有专人指挥，按规定的车道行驶，且车速应不大于 30 km/h。

（4）级配碎石、级配砾石基层未做透层沥青或铺设封层前，严禁开放交通。

二、粒料类基层施工

粒料类基层也称为柔性基层、无机结合料基层，公路工程中常指级配碎石、级配砾石及填隙碎石等材料。

级配碎石可用于各级公路的基层和底基层。级配碎石可用作较薄沥青面层与半刚性基层之间的中间层。级配砾石、级配碎（砾）石以及符合级配、塑性指数等技术要求的天然砂砾，可适用于轻交通二级及其以下公路的基层以及各级公路的底基层。填隙碎石可用于各等级公路的底基层和二级以下公路的基层。

（一）级配碎（砾）石施工

级配碎（砾）石施工主要有人工路拌法和集中厂拌法。集中厂拌法施工步骤与无机结合料稳定类路面基层集中厂拌法类似。

（二）填隙碎石施工

1. 一般要求

（1）填隙碎石可采用干法或湿法施工。干旱缺水地区宜采用干法施工。单层填隙碎石的压实厚度宜为公称最大粒径的 1.5 ~ 2.0 倍。填隙碎石施工时，应符合下列规定：

①填隙料应干燥。

②宜采用振动压路机碾压。碾压后，表面骨料间的空隙应填满，但表面应看得见骨料。当填隙碎石层上为薄沥青面层时，宜使骨料棱角外露 3 ~ 5 mm。

③碾压后基层的固体体积率宜不小于 85%，底基层的固体体积率宜不小于 83%。

④填隙碎石基层未洒透层沥青或未铺封层时，不得开放交通。

（2）填隙碎石施工前，应按有关规定准备下承层和施工放样。

（3）应根据各路段基层或底基层的宽度、厚度及松铺系数，计算各段需要的骨料数量，并应根据运料车辆的车厢体积，计算每车料的堆放距离。填隙料用量宜为骨料质量的 30% ~ 40%。

（4）材料装车时，应控制每车料的数量基本相等。

（5）应由远到近将骨料按计算的距离卸置于下承层，应严格控制卸料的距离。

（6）用平地机或其他合适的机具将骨料均匀地铺在预定范围内，表面应平整，并有规定的路拱。应同时摊铺路肩用料。

（7）应检验松铺材料层厚度，不满足要求时应减料或补料。

2. 填隙碎石干法施工

（1）初压宜用两轮压路机碾压 3 ~ 4 遍，使骨料稳定就位。初压结束时，表面应平整，并具有规定的路拱和纵坡。

（2）填隙料应采用石屑撒布机或类似的设备均匀地撒铺在已压稳的骨料层上，松铺厚度宜为 25 ~ 30 mm；必要时，可用人工或机械扫匀。

（3）应采用振动压路机慢速碾压，将全部填隙料振入骨料间的空隙中。无振动压路机时，可采用重型振动板。路面两侧宜多压 2 ~ 3 遍。

（4）再次撒布填隙料，松铺厚度宜为 20 ~ 25 mm，应用人工或机械扫匀。

（5）同第（3）条，再次振动碾压；局部多余的填隙料应扫除。

（6）碾压后，应对局部填隙料不足之处进行人工找补，并用振动压路机继续碾压，直到全部空隙被填满，并应将局部多余的填隙料扫除。

（7）填隙碎石表面空隙全部填满后，宜再用重型压碾压 1 ~ 2 遍。碾压过程中不应有任何蠕动现象。碾压之前，宜在表面洒少量水，洒水量不宜少于 3 kg/m²。

（8）需分层铺筑时，应将已压成的填隙碎石层表面骨料外露 5 ~ 10 mm，然后在其上摊铺第二层骨料，按第①—⑦条要求施工。

3.填隙碎石湿法施工

（1）开始工序应与填隙碎石干法施工的第①—⑦条要求相同。

（2）骨料层表面空隙全部填满后，宜立即用洒水车洒水，直到饱和。

（3）宜用重型压路机跟在洒水车后碾压。应将湿填隙料及时扫入出现的空隙中。必要时，宜再添加新的填隙料。

（4）应洒水碾压至填隙料和水形成粉浆，粉浆应填塞满全部空隙，并在压路机轮前形成微波纹状。

（5）碾压完成的路段应让水分蒸发一段时间，结构层变干后，应将表面多余的细料以及细料覆盖层扫除干净。

（6）需分层铺筑时，宜待结构层变干后，将已压成的填隙碎石层表面填隙料扫除一些，使表面骨料外露 5 ~ 10 mm，然后在其上摊铺第二层骨料。

第三节　沥青路面施工技术

一、沥青路面层位及类型

（一）沥青路面层位

沥青路面主要有面层、基层（底基层）和功能层，其中沥青路面面层可分为 2 层或 3 层铺筑，如高速公路沥青面层总厚度 18 ~ 20 cm，可分为上、中、下 3 层铺筑，并根据各分层的要求采用不同的级配。相对于其他类型的路面结构，沥青路面面层还有 3 个用于增强及保护面层寿命的处理层，分别是透层、黏层和封层。

（二）沥青路面类型

1.按技术品质和使用情况分类

（1）沥青混凝土路面：由适当比例的各种不同大小颗粒的集料、矿物和沥青，加热到一定温度后拌和，经摊铺压实而成的路面面层。采用相当数量的矿粉是沥青混凝土的一个显著特点。较高的黏结力使路面具有较高的强度，可以承受比较繁重的车辆交通。但沥青混凝土路面的允许拉应变值较小，会产生规则的横向裂缝，因而要求强度较高的基层。对高温稳定性与低温稳定性都有要求，较小的空隙率使沥青混凝土路面透水性小、水稳性好、耐久性高，有较强的抵抗自然因素的能力，使用年限达 15 ~ 20 年以上。沥青混凝土路面适用于各级公路及城市道路路面，多用于高等级道路。

（2）沥青碎石路面：用有一定级配或同粒径的碎石与沥青拌合而成的混合料，称为沥青碎石混合料，用其铺成的面层称为沥青碎石面层。沥青碎石又被称为黑色碎石。

用沥青碎石作为面层的路面高温稳定性好，路面不易产生波浪，冬季不易产生冻缩裂缝，行车荷载作用下裂缝少；路面较易保持粗糙，有利于高速行车，对石料级配和沥青规格要求较宽，材料组成设计比较容易满足要求；沥青用量少，且不用矿粉，造价低。但其孔隙较大，路面容易渗水和老化。热拌沥青碎石适宜用于三、四级公路。

我国按矿料的最大粒径对沥青碎石混合料进行分类，共分为 6 种类型，并在最大粒径之前冠以字母 LS，即粒径 LS—35、LS—30（粗粒式），粒径 LS—25、LS—20（中粒式），粒径 LS—15、LS—10（细粒式）。LS—35 表示最大粒径为 35 mm 的沥青碎石混合料。中粒式、粗粒式沥青碎石宜用作沥青混凝土面层下层、联结层和整平层。

沥青玛脂碎石混合料简称 SMA，是一种新型混合料，由间断级配集料构成粗集料嵌挤骨架，并由沥青玛脂（沥青、填料、砂和纤维稳定剂组成）填充骨架孔隙而组成的沥青混合料，具有良好的抗剪切变形性能、抗疲劳开裂性能和耐久性，并具有良好的抗滑和降低噪声的性能，但工程造价较高，适用于承受特重和重交通荷载等级公路。经常应用于高速公路、一级公路和其他重要公路的表面层。

（3）沥青贯入式路面：用沥青贯入碎（砾）石作为面层的路面，即把沥青浇洒在铺好的主层集料上，再分层撒布嵌缝石屑和浇洒沥青，分层压实，形成一个较致密的沥青结构层。沥青贯入式路面的强度和稳定性主要由石料相互嵌挤作用提供。厚度通常为 4 ~ 8 cm，但乳化沥青贯入式路面的厚度不宜超过 5 cm。当贯入式上部加铺拌和的沥青混合料封层时，总厚度宜为 6 ~ 10 cm，其中拌合层的厚度宜为 2 ~ 4 cm。

沥青贯入式路面需要 2 ~ 3 周的成型期，在行车碾压与重力作用下，沥青逐渐下渗包裹石料，填充孔隙，形成整体的稳定结构层，温度稳定性好，热天不易出现推移、壅包，冷天不宜出现低温裂缝。贯入式路面最上层应撒布封层料或加铺拌合层。

沥青贯入式碎石适用于做二级及以下公路的沥青面层，也可以作为沥青混凝土面的联结层。

（4）沥青表面处治路面：用沥青和集料按层铺法或拌和法在具有一定强度的基层或面层上铺筑而成、厚度不超过 3 cm 的沥青路面。沥青表面处治路面的厚度一般为 1.5 ~ 3.0 cm。层铺法可分为单层、双层、三层。单层表处厚度为 1.0 ~ 1.5 cm，双层表处厚度为 1.5 ~ 2.5 cm，三层表处厚度为 2.5 ~ 3.0 cm。沥青表面处治路面的使用寿命不及沥青贯入式路面，故设计时一般不考虑其承重强度，其作用主要是对非沥青承重层起保护和防磨耗作用。

沥青表面处治路面适用于三级、四级公路的面层、旧沥青面层上加铺罩面或抗滑层、磨耗层等。

2. 按组成结构分类

（1）密实 - 悬浮结构：采用连续密级配矿料配置的沥青混合料中，一方面，矿料颗粒由大到小连续分布，并通过沥青胶结作用形成密实结构；另一方面，较大一级的颗粒只有留出充足的空间才能容纳下一级较小的颗粒，这样粒径较大的颗粒往往就被较小一级的颗粒挤开，造成粗颗粒之间不能直接接触，也就不能形成相互支撑的嵌挤骨架结构，而是彼此分类悬浮于较小的颗粒和沥青胶浆中间，形成密实 - 悬浮结构沥青混合料。工程常用的 AC-I 型沥青混凝土就是这种结构的典型代表。

（2）骨架 - 空隙结构：采用连续开级配矿料与沥青组成沥青混合料时，由于矿料多集中在较粗的粒径上，所以粗粒径的颗粒可以相互接触，彼此相互支撑，形成嵌挤的骨架但因很少含有细颗粒，粗颗粒形成的骨架孔隙无法填充，从而压实后在混合料中留下较多的孔隙，形成骨架 - 空隙结构。工程中使用的沥青碎石混合料（AN）和排水沥青混合料（OGFC）是典型的骨架空隙型结构。

（3）密实 - 骨架结构：采用间断型密级配矿料与沥青组成的沥青混合料时，由于颗粒集中在级配范围的两端，缺少中间颗粒，所以一端的粗颗粒相互支撑嵌挤形成骨架，另一端较细的颗粒填充于骨架留下的空隙中间，使整个矿料结构呈现密实状态，形成密实 - 骨架结构。沥青玛脂碎石混合料（SMA）是一种典型的骨架密实型结构。

3. 按矿料级配分类

（1）密级配沥青混凝土混合料：是各种粒径的颗粒级配连接、相互嵌挤密实的矿料，与沥青拌和而成，且压实后的剩余孔隙率小于10%的混凝土混合料。剩余空隙率为3%～6%（行人道路2%～6%）的是Ⅰ型密实式改性沥青混凝土混合料；剩余空隙率为4%～10%的是Ⅱ型半密实式改性沥青混凝土混合料。代表类型有沥青混凝土、沥青稳定碎石。

（2）半开级配沥青混合料：由适当比例的粗集料、细集料及少量填料（或不加填料）与沥青拌合而成，压实后剩余空隙率在10%以上的半开式改性沥青混合料。代表类型有改性沥青稳定碎石，用 AM 表示。

（3）开级配沥青混合料：矿料级配主要由粗集料组成，细集料和填料较少，采用高黏度沥青结合料黏结形成，压实后空隙率大于15%的开式沥青混合料。代表类型有排水式沥青磨耗层混合料，以 OGFC 表示；另有排水式沥青稳定碎石基层，以 ATPCZB 表示。

（4）间断级配沥青混合料：矿料级配组成中缺少1个或几个档次而形成的级配间断沥青混合料。代表类型有沥青玛脂碎石混合料（SMA）。

4. 按矿料粒径分类

（1）砂砾式沥青混合料：矿料最大粒径等于或小于4.75 mm（圆孔筛5 mm）的沥青混合料，也称为沥青石屑或沥青砂。

（2）细粒式沥青混合料：矿料最大粒径为 9.5 mm 或 13.2 mm（圆孔筛 10 mm 或 15 mm）的沥青混合料。

（3）中粒式沥青混合料：矿料最大粒径为 16 mm 或 19 mm（圆孔筛 20 mm 或 25 mm）的沥青混合料。

（4）粗粒式沥青混合料：矿料最大粒径为 26.5 mm 或 31.5 mm（圆孔筛 30 ~ 40 mm）的沥青混合料。

（5）特粗粒式沥青混合料：矿料最大粒径等于或大于 37.5 mm（圆孔筛 45 mm）的沥青混合料。

5. 按施工温度分类

（1）热拌热铺沥青混合料：沥青与矿料经加热后拌和，并在一定的温度下完成摊铺和碾压过程的混合料。

（2）冷拌（常温）沥青混合料：采用乳化沥青或稀释沥青在常温下（或者加热温度很低）与矿料拌和，并在常温下完成摊铺和碾压过程的混合料。

（3）温拌沥青混合料：一类拌和温度介于热拌沥青混合料（150 ~ 180℃）和冷拌（常温）沥青混合料之间，性能达到（或接近）热拌沥青混合料的新型节能减排沥青混合料。

6. 按施工工艺分类

按施工工艺的不同，沥青路面可分为路拌法和厂拌法。

（1）路拌法：在路上用机械将矿料和沥青材料就地拌和摊铺、碾压密实后形成沥青面层的方法。此类面层所用的矿料若为碎（砾）石则称为路拌沥青碎（砾）石，所用的矿料若为土则称为路拌沥青稳定土。路拌沥青面层通过就地拌和，使得沥青材料在矿料中的分布比层铺法均匀，路面成型期较短。但因所用的矿料为冷料，需使用黏稠度较低的沥青材料，故混合料的强度较低。

（2）厂拌法：将规定级配的矿料和沥青材料用专用设备加热拌和，然后送到工地摊铺碾压形成沥青路面的方法。矿料中细颗粒含量少，不含或含少量矿粉，混合料为开级配的（空隙率达 10% ~ 15%），称为厂拌沥青碎石；若矿料中含有矿粉，混合料是按最佳密实级配配制的（空隙率在 10% 以下），称为沥青混凝土。

按混合料铺筑时温度的不同，可分为热拌热铺方法和热拌冷铺方法两种。热拌热铺是将混合料在专用设备中加热拌和后立即趁热运到路上摊铺压实的方法。如果混合料加热拌和后储存一段时间再在常温下运到路上摊铺压实，则为热拌冷铺。

二、沥青路面原材料要求

（一）一般规定

1. 沥青路面使用的各种材料运至现场后必须取样进行质量检验，经评定合格后方可使用，不得以供应商提供的检测报告或商检报告代替现场检测。

2. 沥青路面集料的选择必须经过认真的料源调查，确定料源时应尽可能就地取材。质量应符合使用要求，石料开采必须注意环境保护，防止破坏生态平衡。

3. 集料粒径规格以方孔为准。不同料源、品种、规格的集料不得混杂堆放。

（二）道路石油沥青

1. 道路石油沥青各等级的适用范围应符合相关规定。道路石油沥青的质量应符合现行《公路沥青路面施工技术规范》（JTG F40—2004）的相关要求。

2. 沥青路面采用的沥青标号，宜按照公路等级、气候条件、交通条件、路面类型及在结构层中的层位及受力特点、施工方法等，结合当地的使用经验，经技术论证后确定。

对高速公路、一级公路，夏季温度高、高温持续时间长、重载交通、山区及丘陵区上坡路段、服务区、停车场等行车速度慢的路段，尤其是汽车荷载剪应力大的层次，宜采用稠度大、黏度大的沥青，也可提高高温气候分区的温度水平选用的沥青等级；对冬季寒冷地区或交通量小的公路、旅游公路宜选用稠度小、低温延度大的沥青；对温度日温差、年温差大的地区宜注意选用针入度指数大的沥青。当高温要求与低温要求发生矛盾时，应优先考虑满足高温性能的要求。

当缺乏所需标号的沥青时，可采用不同标号掺配的调和沥青，其掺配比例由试验决定。掺配后的沥青质量应符合《公路沥青路面施工技术规范》（JTG F40—2004）的相关要求。

（三）乳化石油沥青

1. 乳化沥青适用于沥青表面处治路面、沥青贯入式路面、冷拌沥青混合料路面、修补裂缝，以及喷洒透层、黏层与封层等。乳化沥青的品种和适用范围宜符合相关规定。

2. 乳化石油沥青质量应符合"道路用乳化沥青技术要求"的规定。

3. 乳化沥青类型应根据集料品种及使用条件选择。阳离子乳化沥青可适用于各种集料品种，阴离子乳化沥青适用于碱性石料。乳化沥青的破乳速度、黏度宜根据用途与施工方法选择。

4. 制备乳化沥青用的基质沥青，对于高速公路和一级公路，宜符合表4.26道路石油沥青A、B级沥青的要求，其他情况可采用C级沥青。

5. 乳化沥青宜存放在立式罐中，并保持适当搅拌。贮存期以不离析、不冻结、不破乳为度。

（四）液体石油沥青

1. 液体石油沥青适用于透层、黏层及拌制冷拌沥青混合料。根据使用目的与场所，可选用快凝、中凝、慢凝的液体石油沥青，其质量应符合"道路液体石油沥青技术要求"的规定。

2. 液体石油沥青宜采用针入度较大的石油沥青，使用前按先加热沥青后加稀释剂的顺序，掺配煤油或轻柴油，经适当的搅拌、稀释制成。掺配比例根据使用要求由试验确定。

3. 液体石油沥青在制作、贮存、使用的全过程中必须通风良好，并有专人负责，以确保安全。基质沥青的加热温度严禁超过140℃，液体沥青的贮存温度不得高于50℃。

（五）改性沥青

1. 改性沥青可单独或复合采用高分子聚合物、天然沥青及其他改性材料制作。

2. 各类聚合物改性沥青的质量应符合"聚合物改性沥青技术要求"的规定，其中PI(针入度指数)值可作为选择性指标。当使用"聚合物改性沥青技术要求"表列以外的聚合物及复合改性沥青时，可通过试验以研究制订相应的技术要求。

3. 制造改性沥青的基质沥青应与改性剂有良好的配伍性，其质量宜符合表4.27中A级或B级道路石油沥青的技术要求。供应商在提供改性沥青质量报告时，应提供基质沥青质量检验报告或沥青样品。

4. 天然沥青可以单独与石油沥青混合使用或与其他改性沥青混融后使用。沥青质量的要求宜根据其品种参照相关标准和成功的经验执行。

5. 用作改性剂SBR胶乳的固体物含量宜少于45%，使用中严禁长时间暴晒或遭冰冻。

6. 改性沥青剂量以改性剂占改性沥青总量的百分数计算，胶乳改性沥青剂量应以扣除水以后的固体物含量计算。

7. 改性沥青宜在固定式工厂或在现场设厂集中制作，也可在拌和厂现场制造和使用，改性沥青的加工温度不宜超过180℃。胶乳类改性剂和制成颗粒的改性剂可直接投入拌和缸中生产改性沥青混合料。

8. 用溶剂法生产改性沥青母体时，挥发性溶剂回收后的残留量不得超过5%。

9. 现场制造的改性沥青最好随配随用，需做短时间保存或运送到附近工地时，使用前必须搅拌均匀，在不发生离析的状态下使用。改性沥青制作设备必须设有随机采集样品的取样口，采集的试样宜立即在现场灌模。

（六）改性乳化沥青

改性乳化沥青质量应符合"聚合物改性沥青技术要求"的规定。

（七）粗集料

1. 沥青面层使用的粗集料包括碎石、破碎砾石、筛选砾石、钢渣、矿渣等，但高速公路和一级公路不得使用筛选砾石和矿渣。粗集料必须由具有生产许可证的采石场生产或施工单位自行加工。

2. 粗集料应该洁净、干燥、表面粗糙，质量应符合相关要求。当单一规格集料质量指标达不到要求，而按照集料配合比计算的质量指标符合要求时，工程上允许使用。受热易变质的集料，宜采用经拌和机烘干后的集料进行检验。

3. 沥青混合料用粗集料规格应按"沥青混合料用粗集料规格"的规定生产和使用。

4. 采石场在生产过程中必须彻底清除覆盖层及泥土夹层。生产碎石用的原石不得含有土块、杂物，集料成品不得堆放在泥土地上。

5. 高速公路、一级公路沥青路面表面层（或磨耗层）的粗集料磨光值应符合"粗集料与沥青的黏附性、磨光值的技术要求"。除 SMA、OGFC 路面外，允许在硬质粗集料中掺加部分较小粒径的磨光值达不到要求的粗集料，其最大掺加比例由磨光值试验确定。

6. 粗集料与沥青的黏附性应符合"粗集料与沥青的黏附性、磨光值的技术要求"。当使用不符合要求的粗集料时，宜掺加消石灰、水泥或用饱和石灰水处理后使用。必要时可同时在沥青中掺加耐热、耐水、长期性能好的抗剥落剂，也可采用掺加改性沥青的措施，使沥青混合料的水稳定性检验达到要求。掺加外加剂的剂量由沥青混合料的水稳定性检验确定。

7. 破碎砾石应采用粒径大于 50 mm、含泥量不大于 1% 的砾石轧制，破碎砾石的破碎面应符合"粗集料对破碎面的要求"。

8. 筛选砾石仅适用于三级及以下公路的沥青表面处治路面。

9. 经过破碎且存放期超过 6 个月以上的钢渣可作为粗集料使用。除吸水率允许适当放宽外，各项质量指标均应符合"沥青混合料用粗集料质量技术要求"。钢渣在使用前应进行活性检验，要求钢渣中的游离氧化钙含量不大于 3%，浸水膨胀率不大于 2%。

（八）细集料

1. 沥青面层的细集料可采用天然砂、机制砂、石屑。细集料必须由具有生产许可证的采石场、采砂场生产。

2. 细集料应洁净、干燥、无风化、无杂质，并有适当的颗粒级配，其质量应符合相关要求。对于细集料的洁净程度，天然砂以小于 0.075 mm 含量的百分数表示，石屑和机制砂以砂当量（适用于 0～4.75 mm）或亚甲蓝值（适用于 0～2.36 mm 或 0～0.15 mm）表示。

3. 天然砂可采用河砂或海砂，通常宜采用粗、中砂，其规格应符合相关要求。砂的含泥量超过规定时应水洗后使用，海砂中贝壳类材料必须筛除。开采天然砂必须取得当地政府主管的许可，并符合水利及环境保护要求。热拌密级配沥青混合料中天然砂的用量通常不宜超过集料总量的 20%，SMA 和 OGFC 混合料不宜使用天然砂。

4. 石屑是采石场破碎石料时通过 4.75 mm 或 2.36 mm 的筛下部分，其规格应符合相关要求。采石场在生产石屑的过程中应具备抽吸设备，高速公路和一级公路的沥青混合料宜将 S14 与 S16 组合使用，S15 可在沥青稳定碎石基层或其他等级公路中使用。

5. 机制砂宜采用专用的制砂机制造，并选用优质石料生产，其级配应符合 S16 的要求。

（九）填料

1. 沥青混合料的矿粉必须采用石灰岩或岩浆岩的强基性岩石等憎水性石料经磨细得到的矿粉，原石料中的泥土杂质应除净。矿粉应干燥、洁净，能自由地从矿粉仓流出，其质量应符合相关要求。

2. 拌和机粉尘可作为矿粉的一部分以回收使用。但每盘用量不得超过填料总量的 25%，掺有粉尘填料的塑性指数不得大于 4%。

3. 粉煤灰作为填料使用时，用量不得超过填料总量的 50%，粉煤灰的烧失量应小于 12%，与矿粉混合后的塑性指数应小于 4%，其余质量要求与矿粉相同。高速公路、一级公路沥青面层不宜采用粉煤灰做填料。

（十）纤维稳定剂

1. 在沥青混合料中掺加的纤维稳定剂宜选用木质素纤维、矿物纤维等。

2. 纤维应在 250℃干拌温度下不变质、不发脆，使用纤维必须符合环保要求，不危害身体健康。纤维必须在混合料拌和过程中能充分分散均匀。

3. 矿物纤维宜采用玄武岩等矿石制造，易影响环境及造成人体伤害的石棉纤维不宜直接使用。

4. 纤维应存放在室内或有棚盖的地方，松散纤维在运输及使用过程中应避免受潮，不结团。

5. 纤维稳定剂的掺加比例以沥青混合料总量的质量百分率计算。通常情况下，用于 SMA 路面的木质素纤维不宜低于 0.3%，矿物纤维不宜低于 0.4%，必要时可适当增加纤维用量。纤维掺加量的允许误差宜不超过 ±5%。

三、热拌沥青混合料路面施工

（一）一般规定

1. 沥青混合料集料的最大粒径宜从上至下逐渐增大，并应与压实层厚度相匹配。对热拌热铺密级配的沥青混合料，沥青层一层的压实厚度不宜小于集料公称最大粒径的 2.5 ~ 3 倍，对 SMA 和 OGFC 等嵌挤型混合料不宜小于公称最大粒径的 2 ~ 2.5 倍，以减少离析，便于压实。

2. 石油沥青加工及沥青混合料施工温度应根据沥青标号及黏度、气候条件、铺装层厚度确定。

①普通沥青结合料的施工温度宜通过在135℃及175℃条件下测定的黏度 - 温度曲线确定。缺乏黏温曲线数据时，可参照范围进行选择，并根据实际情况确定使用高值还是低值。当温度不符实际情况时，容许作适当调整。

②聚合物改性沥青混合料的施工温度根据实践经验并参照表4.37选择。通常宜较普通沥青混合料施工温度提高10～20℃。采用冷态胶直接喷入法拌和的改性沥青混合料，集料烘干温度应进一步提高。

③SMA混合料的施工温度应视纤维品种和数量、矿粉用量不同，在改性沥青混合料基础上作适当提高。

（3）热拌沥青混合料面层施工前，应对混合料进行配合比设计，配合比设计分目标配合比设计、生产配合比设计和生产配合比验证3个阶段。在施工过程中，不得随意变更经设计确定的标准配合比。对同一拌和场的两台拌和机，如果使用相同品种的矿料和沥青，可使用同一目标配合比，但每台拌和机必须独立进行生产配合比设计。矿料和沥青产地、品种等发生变化，必须重新进行设计。

（4）热拌沥青混合料面层施工应采用集中厂拌混合料、摊铺机摊铺、压路机碾压施工工艺。

（5）正式施工前，必须铺筑试验段，对施工工艺进行总结。试验段质量检查频率应是正常路段的两倍。

（6）沥青面层应在不低于10℃气温下进行施工，同时严禁雨天、路面潮湿情况下施工。施工期间应注意天气变化，已摊铺沥青层因遇雨未进行压实的应予以铲除。雨天过后，下卧层完全干燥后方可进行沥青面层施工。

（二）施工工艺流程

1. 施工准备

（1）沥青混合料面层施工前的技术、机械、试验检测仪器、料场与材料及作业面等各项准备可参照沥青路面施工技术细则执行。

（2）应对沥青混合料拌和机、摊铺机、压路机等各种施工机械和设备进行调试，对机械设备的配套情况、技术性能、计量设备等进行检查或标定。

（3）应准备施工过程中需要的各种记录表格和现场温度、厚度检测设备。根据摊铺长度估算当日生产吨位，明确拌和场、施工现场、试验室责任联系人，实现拌和场与施工现场的畅通联系、动态控制。

（4）铺筑沥青面层前，应检查基层或下卧沥青层质量，不符合要求的不得铺筑沥青面层。下卧层已被污染时，必须清洗或经铣刨处理后方可铺筑沥青混合料。

（5）根据施工方案确定的高程及厚度控制方式进行测量放线，恢复中线、设置边桩，中面层桥头处和下面层摊铺前，中分带、路肩外侧直线段宜每 10 m 设一边桩，平曲线段宜每 5 m 设一个边桩，中、上面层在中分带、路肩外边缘设置指示标志，应明显标记出施工桩号，用白灰画出各结构层的边缘线。

2. 试验段施工

高速公路和一级公路沥青路面在施工前应铺筑试验段。其他等级公路在缺乏施工经验或初次使用重大设备时，也应铺筑试验段。当同一施工单位在材料、机械设备以及施工方法与其他工程完全相同时，也可以利用其他工程的结果，不再铺筑新的试验路段。

试验段开工前28 d 安装好试验仪器和设备，配备好的试验人员报请监理工程师审核。各层开工前 14 d 在监理工程师批准的现场备齐全部机械设备进行试验段铺筑，以确定松铺系数、施工工艺、机械配备、人员组织、压实遍数，并检查压实度、沥青含量、矿料级配、沥青混合料马歇尔各项技术指标等。

（1）试验段应选在具有代表性的主线直线段，采用两种或两种以上的试铺碾压方案，每种方案长度通常不小于 250 m。

（2）热拌热铺沥青混合料路面试验段铺筑包括试拌和试铺两个阶段，需要确定以下试验内容：

①根据各种机械施工能力相匹配的原则，确定适宜的施工机械，依据生产能力结合实际工程决定机械数量与组合方式。

②通过试拌确定拌和数量、时间、温度及上料速度等参数，考察计算机打印装置的可信度；验证沥青混合料的配合比设计和沥青混合料的技术性质，提出生产用的标准配合比和最佳沥青用量。

③通过试验段确定：检验沥青混合料施工性能，评价是否利于摊铺和压实，要求混合料均匀不离析、不结块；摊铺机的操作方式——摊铺温度、摊铺速度、初步振捣夯实的方法和强度、自动找平方式等；压实机具的选择、组合，压实顺序，碾压温度，碾压速度及遍数，建立了用钻孔法与核子密度仪无破损检测路面密度的对比关系，确定压实度的标准检测方法；通过试铺，确定透层油的喷洒方式和效果、摊铺、压实工艺，确定松铺系数；采用适宜的施工缝处理方法；检测试验段的渗水系数和路面平整度。

3. 沥青混合料拌和

沥青混合料可以采用间歇式拌和机或连续式拌和机拌制。高速公路和一级公路宜采用间歇式拌和机拌和。连续式拌和机使用的集料必须稳定不变，一个工程从多处进料、料源或质量不稳定时，不得采用连续式拌和机。

（1）沥青混合料在施工过程中，应该安排专人对沥青拌和机进行日常检查维护，确保拌和机运转正常。拌和厂应符合下列规定：

①拌和厂设置必须符合国家有关环境保护、消防、安全等规定。

②拌和厂与工地现场距离应充分考虑交通堵塞的可能，确保混合料的稳定下降不超过要求，并且不因颠簸造成混合料离析。

③拌和厂应具有完备的排水设施。各种集料必须分隔贮存，细集料场应设防雨顶棚，料场及场内道路应做硬化处理，严禁泥土污染集料。

④拌和机应备有保温性能好的成品储料仓，贮存过程中混合料降温不得高于10℃，且不能有沥青滴漏。道路石油沥青混合料的贮存时间不得超过72 h，改性沥青混合料的贮存时间不宜超过24 h，SMA混合料只限当天使用，OGFC混合料宜随拌随用。

（2）高速公路和一级公路施工用的间歇式拌和机必须配备计算机设备，拌和过程中逐盘采集并打印各个传感器的材料用量和沥青混合料拌和量、拌和温度等各种参数，随时在线检查矿料级配和油石比，并定期对拌和机的计量和测温进行校核。每个台班结束时打印出一个台班的统计量，按现行《公路沥青路面施上技术规范》（JTG F40—2017）附录G规定的方法进行沥青混合料生产质量及铺筑厚度的总量检验。总量检验资料有异常波动时，应立即停止生产，并分析原因。

（3）拌和时间。道路石油沥青混合料每盘的拌和周期一般不少于45 s，其中干拌时间一般不少于5 s；改性沥青混合料拌和时间适当延长，改性沥青SMA混合料拌和周期一般为60～70 s。拌和时间应根据具体情况由试拌确定，保证沥青均匀裹覆。

（4）生产添加纤维的沥青混合料时，纤维必须在混合料中充分分散，拌和均匀。拌和机应配备同步投料装置。松散的絮状纤维可与沥青同时或稍后喷入拌和锅，拌和时间宜延长5 s以上。颗粒纤维可与粗集料同时加入，干拌5～10 s。工程量很小时，也可分装成塑料小包由人工直接投入拌和锅。

（5）使用改性沥青时，应随时检查沥青泵、管道、计量器是否受堵，堵塞时应及时清洗。

（6）沥青和集料的加热温度以及沥青混合料的出厂温度应符合相关规定，集料温度应比沥青温度高10～15℃。每天开始几盘集料应提高加热温度，并干拌几锅集料废弃，再正式加沥青拌和混合料。

（7）沥青混合料出厂时，应逐车检测沥青混合料的质量和温度，目测检查混合料有无异常，如混合料有花白、冒青烟和离析等现象。若有异常，应查明原因，及时调整。出厂时，要记录出厂时间，签发运料单。

4.混合料运输

（1）热拌沥青混台料宜采用大吨位的车辆运输，一般应不小于15 t。车辆数量应根据运输距离、摊铺速度确定，适当留有富余，摊铺机前方应有不少于5辆运料车等候卸料为宜，以确保现场连续摊铺需要。

（2）运输车辆在每天使用前后，要检验其完好性，装料前应将车厢清洗干净。为防止混合料黏在车厢底板上，可以采取涂刷隔离剂或一薄层油水（柴油：水=1∶3）混合液，但不得有余液积聚在车厢底部。

（3）拌和机或储料仓向运料车放料时，料车应"前、后、中"移动，分3~5次装料。

（4）运料车应采用厚苫布覆盖严密，苫布至少要下挂到车厢板的一半，卸料过程中宜继续覆盖直到卸料结束。在气温较低时，运料车车厢侧面应加装保温层，确保混合料温度稳定。

（5）采用数字显示插入式热电偶温度计检测沥青混合料的出厂温度和运到现场温度，插入深度要大于150 mm。在运料卡车侧面中部设专用检测孔，孔口距车箱底面约300 mm。测试方法要符合《公路路基路面现场测试规程》（JTG E60—2015）的规定。

（6）运输到摊铺现场的混合料，如温度不符合要求或遭雨淋，应作废弃处理。

（7）运料车进入摊铺现场时，轮胎上不得黏有泥土等可能污染路面的脏物，否则应将轮胎清洗后方可进入施工现场。

（8）卸料过程中，运料车在摊铺机前10~30 cm处停住，运料车不得撞击摊铺机。卸料过程中运料车应挂空挡，靠摊铺机推动前进。

有条件时，运料车可将混合料卸入转运车经二次拌和后向摊铺机连续均匀的供料。运料车每次卸料必须倒净，尤其是对改性沥青或SMA混合料，如有剩余，应及时清除，防止结硬。

SMA及OGFC混合料在运输、等候过程中，如发现有沥青混合料沿车厢板滴漏时，应采取措施予以避免。

5. 混合料摊铺

热拌沥青混合料应采用沥青摊铺机摊铺。在喷洒有黏层油的路面上铺筑改性沥青混合料或SMA时，宜使用履带式摊铺机。

（1）沥青混合料摊铺时应单幅一次性摊铺，可采用两台或多台摊铺机梯队同时摊铺作业，也可采用一台摊铺机摊铺。两台摊铺机摊铺时，摊铺机必须为同一机型，新旧程度和性能相近，以保证铺筑均匀、一致。

（2）摊铺机开工前应提前0.5~1 h预热熨平板，使其温度不低于100℃。铺筑过程中，应使熨平板的振捣或夯锤压实装置有适宜的振动频率和振幅，以保证面层的初始压实度达85%左右。熨平板连接应紧密，避免摊铺的混合料出现划痕。

（3）沥青混合料底面层摊铺与桥面上下铺装层摊铺时，应采用钢丝引导控制高程的方式，简称走钢丝。钢丝为扭绕式，直径不小于3 mm，钢丝拉力大于800 N，每10 m设一钢丝支架。采用两台摊铺机进行摊铺施工时，靠中央分隔带侧摊铺机在前，其左架设钢丝，摊铺机上安装横坡仪或在右侧架设铝合金导梁控制摊铺层横坡；后面摊铺机右侧架设钢丝，左侧在摊铺好的层面上走"雪撬"控制高程。中、上面层应采用非接触式平衡梁控制摊铺高度和厚度。两台摊铺机摊铺层的纵向热接缝应采用斜接缝，避免出现缝痕。两台摊铺机前后距离不应超过 10 m。

（4）调好螺旋布料器两端的自动料位器，并使料门开度、链板送料器速度和螺旋布料器转速相匹配。螺旋布料器内混合料表面以略高于螺旋布料器 2/3 高度为宜，熨平板挡板前混合料高度应在全宽范围内保持一致，避免离析现象。

（5）摊铺机作业方向应与路面车辆行驶方向一致，摊铺速度应控制在 2 ~ 6 m/min，改性沥青摊铺速度应放慢至 1 ~ 3 m/min。根据拌和机的产量、施工机械配套情况及摊铺厚度、摊铺宽度予以调整，做到缓慢、均匀，连续摊铺，做到每天仅在收工时停机一次。

（6）面层压实前，禁止人员踩踏。一般不需要人工整修，若出现局部离析等特殊情况，应在技术人员的指导下，由施工人员进场找补或更换混合料。

（7）在桥隧过渡段应严格按照设计要求进行施工，提前做好工作面准备，处理好欠压实、松散、不平整等问题，并扫除松散材料和所有杂物。

（8）摊铺过程中，应随时检测松铺厚度，发现异常应立即调整。

（9）中央分隔带路缘石应在摊铺面层前完工，铺筑时应在靠近路缘石位置适量多铺混合料，并确保该处沥青混合料压实度。

（10）在路面狭窄和加宽部分、平曲线半径过小的匝道、斜交桥头等摊铺机不能摊铺的部位，可辅用人工摊铺混合料。人工摊铺应严格控制操作时间、松铺厚度、平整度等。

沥青路面施工的最低气温应考虑铺筑层厚度、气温、风速及下卧层表面温度。考虑施工需要，根据下卧层表面温度来调整沥青混合料的最低摊铺温度，且满足表 4.36 和表 4.39 规定的温度要求。每天施工开始阶段宜采用较高温度的混合料。温度测试仪器可选用手持式红外测温仪或数字插入式测温仪测定。

摊铺过程中的其他注意事项如下：

①运料车辆在卸料更换时应做到快捷、有序，保证摊铺机料斗不脱料，尽量减少摊铺机料斗在摊铺过程中拢料。注意摊铺机接斗的操作程序，以减少粗集料离析。摊铺机集料斗应在刮板尚未露出、尚有约 10 cm 厚热料时拢斗。这是在运料车刚退出时进行，而且应该做到料斗两翼刚恢复原位时，下一辆运料车即可开供料，做到连续供料，并避免粗集料集中。

②沥青混合料摊铺作业时，摊铺机驾驶台及作业现场要视野开阔、清除障碍物。作业时，无关人员不得在驾驶台上停留，驾驶员不得擅离岗位。运料车向摊铺机卸料时，应同步进行，动作协调，防止互相碰撞，驾驶摊铺机应平稳。弯道作业时，熨平装置的端头与路缘石的间距不得小于 10 cm，以免发生碰撞。

③遇到机器故障、下雨等原因不能连续摊铺时，及时将情况通知拌和组并报告技术负责人。摊铺遇雨时，立即停止施工，并清除已摊铺尚未压实成型的混合料。遭雨淋的混合料应废弃，不得卸入摊铺机摊铺。雨后在下承层未充分干前，不得继续摊铺。摊铺

过程中由于各种原因停机超过 1 h，必须做施工缝处理。

④施工现场备有涂抹乳化沥青的毛刷和散装的乳化沥青，以便对黏层受破坏的位置进行找补涂刷。

⑤施工人员不得随意在铺筑层内走动，防止将泥土、杂物带入已铺筑的沥青路面上，减少对铺筑路面的污染。

6.混合料压实

沥青混凝土道路施工中，沥青混凝土必须进行压实，其目的是提高沥青混凝土混合料的强度稳定性以及疲劳特性。所以，压实质量的好坏直接影响沥青路面的平整度和密实度。

沥青路面的压实度重点对碾压工艺进行过程控制，综合采用钻孔抽检压实度和核子密度仪法测定压实度。碾压工艺的控制包括压路机的配置（台数、吨位及机型）、排列和碾压方式、压路机与摊铺机的距离、碾压温度、碾压速度、压路机洒水（雾化）情况、碾压段长度、掉头方式等。

（1）碾压设备配置。沥青面层施工应该配备足够数量的压路机。当施工气温低、风速大、碾压层薄时，应增加压路机数量。沥青混合料面层压实应采用重型压路机，双钢轮压路机应不小于 12 t。轮胎压路机应不小于 25 t。必要时应采用 30 t 以上的轮胎压路机进行碾压作业，OGFC 沥青混合料宜采用小于 12 t 双钢轮压路机。压路机使用性能良好，不得出现漏油现象。

（2）应选择合理的压路机组合方式及碾压步骤。初压应在混合料不产生推移、开裂且较高温度下进行。初压一般采用双钢轮压路机，AC 和 Superpave 型混合料复压宜采用轮胎压路机，SMA、OGFC 宜采用双钢轮压路机；终压宜采用双钢轮压路机。

（3）碾压原则。为避免碾压时混合料推挤产生臃包，碾压时驱动轮应朝向摊铺机；碾压路线及方向不应突然改变；压路机起动、停止必须减速缓行，不得刹车制动；压路机折回位置应呈阶梯状，不应在同一横断面。

（4）碾压工序流程（遍数）。沥青混合料压实应按初压、复压、终压（包括成型）3 个阶段进行。压路机应以缓慢而均匀的速度碾压，压路机的适宜碾压速度随初压、复压、终压以及压路机的类型而不同，应符合相关混合料面层碾压速度规定。

（5）压实注意事项：

①碾压现场应设专岗对碾压温度、碾压工艺进行管理和检查，做到不漏压、不超压。初压、复压、终压段落应设置明显标志。

②在当天碾压完成的沥青面层上，不得停放压路机及其他施工设备，并防止矿料、油料和杂物散落在沥青面层上。

③宜用沾有隔离剂的拖布擦涂轮胎，防止沥青混合料黏轮，禁止使用柴油、机油等作为压路机隔离剂。

④钢轮压路机碾压过程中，应使用洁净的可饮用水作为隔离剂，喷水量不宜过大，使钢轮表面湿润不黏轮为度。

⑤碾压成型的面层外观应均匀。压实完成 12 h 后或路面温度低于 50℃，方能允许施工车辆通行。

7. 接缝处理

沥青路面接缝形式主要有纵缝、横缝、新旧路面的接缝等各类施工缝。施工缝往往由于压实不足，容易产生台阶、裂缝、松散等病害，影响路面的平整度和耐久性，施工时必须十分注意。

沥青路面施工必须接缝紧密、连接平顺，不得产生明显的接缝离析，上下层的裂缝应错开 15 cm（热接缝）或 30 ～ 40 cm（冷接缝）以上。相邻两幅及上下层的横向接缝均应错位 1 m 以上。接缝施工应用 3 m 直尺检查，确保平整度符合要求。

（1）纵向接缝处理要求如下：

①采用梯队作业方（两台或两台以上同时作业）式摊铺形成的纵缝属于热接缝。施工时将已铺好的混合料部分留 10 ～ 20 cm 宽暂不碾压，作为后续摊铺部分的高程基准面，后摊铺部分完成后跨缝碾压，以消除缝迹。

②冷接缝一般是指新铺层与经过压实后已铺层的纵向搭接。当半幅施工或因特殊原因而产生纵向冷接缝时，应采用加设挡板或加设切刀切齐，也可在沥青混合料尚未冷却前用镐刨除边缘留下毛茬的方式，但不宜在冷却后采用切割机做纵向切缝。加铺另半幅前应在接缝处涂刷少量沥青，摊铺时重叠在已铺层上 5 ～ 10 cm，再铲走铺在前半幅上的混合料。

碾压方式一：压路机位于热混合料上，由边向中间进行碾压，接缝处留下 10 ～ 15 cm，再做跨缝挤压。

碾压方式二：碾压时，压路机在已压实路面上行走，碾压新铺热混合料宽度为 15 cm 左右，然后碾压新铺筑部分。

（2）横向接缝处理要求。横间接缝形式有斜接缝、阶梯形接缝和平接缝。高速公路和一级公路的表面层横向接缝应采用垂直的平接缝，以下各层可采用自然碾压的斜接缝，沥青层较厚时也可做阶梯形接缝。其他等级公路的各层均可采用斜接缝。横向接缝宜错开 1 m 以上。

①斜接缝的搭接长度与层厚有关，宜为 0.4 ～ 0.8 m。搭接处应洒少量沥青，混合料中的粗集料颗粒应予以剔除，并补上细料，搭接平整，充分压实。阶梯形接缝的台阶经铣刨而成并洒黏层沥青，搭接长度不宜小于 3 m。

②平接缝宜趁尚未冷透时用凿岩机或人工垂直刨除端部层厚不足的部分，使工作缝成直角连接。当采用切割机制作平接缝时，宜在铺设当天混合料冷却但尚未结硬时进行。刨除或切割不得损伤下层路面。切割时留下的泥水必须冲洗干净，待干燥后涂刷黏层油。

铺筑新混合料接头应使接茬软化，压路机先进行横向碾压，再纵向碾压成为一体，充分压实，连接平顺。

（3）横接缝的处理方法如下：

①平整度检查。首先用3 m直尺检查端部平整度，不符合要求时，垂直于路中线切齐清除。清理干净后在端部涂黏层沥青接着摊铺。摊铺时调整好预留高度，接缝处摊铺层施工结束后再用3 m直尺检查平整度。

②横向接缝碾压。先用双轮双振压路机进行横向碾压，碾压时压路机位于已压实的混合料层上并伸入新铺层的宽度为15 cm，然后每压一遍向新铺混合料方向移动15～20 cm，直至全部在新铺层上为止，再改为纵向碾压。

（三）施工质量检查与验收

1. 按现行《公路工程质量检验评定标准》（JTG F80/1—2017）要求的频率认真做好各种原材料、施工温度、矿料级配、马歇尔试验、压实度等试验。

2. 在施工过程中随时检查铺筑厚度、平整度、宽度、横坡度、高程。

四、温拌沥青混合料路面施工

温拌沥青混合料（WMA）是拌和温度介于热拌沥青混合料（150～180℃）和冷拌沥青混合料（常温）之间，性能达到热拌沥青混合料（HMA）要求的新型沥青混合料。

温拌技术是一种高节能低排放的新型环保路面技术，降低了矿料、沥青加热温度及混合料施工温度，减少了气体和烟尘的排放量，从环境保护角度上看，一定程度上缓解了因修筑沥青路面造成空气污染以及温室气体排放；气体排放量降低，间接象征了重要费用的节约，沥青拌和厂选址也更加灵活；对人体健康造成的影响也大大降低，提高工作效率，尤其对封闭空间如隧道施工时非常有利；拌和过程中，沥青烟有毒物质的排放减少了87%，摊铺过程中，未产生难闻的烟雾和气味，显著降低了沥青气味，也降低了对环境的污染和对施工人员健康的损害，减轻了沥青因拌和温度过高的老化，延长了沥青路面的使用寿命。

温拌沥青混合料路面施工目前没有行业的统一规范，各地都在积极探索相应的施工技术。温拌沥青混合料路面的施工工艺流程、质量控制要点与热拌沥青混凝土路面基本相同，施工质量检查与验收要完全遵循热拌热铺沥青混合料的质量标准。

温拌沥青混合料路面施工关键技术的主要区别在于温拌沥青混合料生产过程中温拌沥青混合料添加剂（简称"温拌剂"）的添加及施工过程中施工温度的控制。

（一）温拌沥青混合料添加剂

多年来，经过国内外学者的大量研究，相继出现了多种温拌技术及温拌产品，应用最广泛的有有机添加剂类、沸石类、乳化沥青和表面活性温拌剂，如 Sasobit、Aspha-min 以及 Evotherm 等产品。每种温拌剂的原理不同，效果也不尽相同，但其本质都是降低沥青在施工过程中的高温黏度，进而实现在较低温度下沥青混合料的拌和与压实。

1. 有机添加剂温拌技术

沥青中加入的有机降黏剂与沥青有较好的相溶性，能够降低沥青的施工温度，不影响或改变沥青混合料的使用性能。目前，世界范围内最具代表性的有机添加温拌剂为 Sasobit（固体石蜡）。它是德国 Sasol Wax 公司于 1997 年开发的一种新型聚烯烃类沥青普适改性剂，主要成分为正烷烃和异烷烃，其碳原子个数为 37 ~ 115，熔点为 100℃左右，外观为白色或淡黄色的小颗粒。

当热沥青中加入 Sasobit 温拌剂时，Sasobit 分子会进入沥青质 - 胶质片状分子之间，形成新的聚集体。此时沥青中的分子结构由较高层次转化为较低层次，释放出胶团结构中所裹覆的饱和成分，引起胶团体系的分散度增加，降低沥青的黏度。同时在形成 H 键的过程中，—CH 烷基长链舒展地露在芳香片的外侧，形成降黏剂溶剂化层，使沥青质聚集体外围形成一个非极性的环境，阻碍了沥青质或胶质芳香片的重新聚集，起到了屏蔽作用，减小了聚集体的尺寸，有利于降低黏度。

2. 沸石温拌技术（Aspha-Min）

沸石是网状的硅酸盐组合，其结构中有巨大的相互连通的空间。这些空间形成了各种尺寸较长、较宽的通道，可以容纳较大的阳离子以及相对较大的分子，使离子和分子更容易地进出沸石结构，便于水汽挥发。目前，沸石降黏技术的代表是德国 Eurovia 公司开发的 Aspha-min 技术。它是一种极细的白色粉末状的人工合成沸石，实为含结晶水占 21% 左右的硅铝酸钠。将沸石加入热集料中，同时喷入沥青，沸石挥发出的水蒸气使沥青体积膨胀形成泡沫沥青，可以使沥青与集料在较低的温度下拌和均匀。

3. 乳化沥青温拌技术（Evotherm）

乳化沥青温拌技术是用一种特殊的高浓度乳化沥青 Evotherm 替代普通热沥青进行混合料拌和。Evotherm 采用了化学外加剂和沥青分散技术，当它与热集料拌和时，乳液中的水以蒸汽形式释放出来，降低了拌和与压实时沥青的黏度，并使其形成与热拌沥青混合料相当的裹附性能。

4. 表面活性技术

表面活性剂的分子结构一般是由极性部分（亲水部分）和非极性部分（亲油部分）组成。当把离子型表面活性剂水溶液加入沥青中搅拌均匀时，表面活性剂分子会在沥青微粒表面自由排列，亲油烃链端牢固地黏附在沥青微粒上，使沥青微粒表面带有一层电荷。亲水的离子基则与水接触，在沥青微粒表面形成一层水膜，降低了沥青微粒的表面张力，并且沥青微粒表面所带的电荷会使微粒与微粒之间产生静电排斥作用，此时沥青微粒会均匀地弥散在连续水之间，形成沥青微粒、表面活性剂和水的平衡状态。这种平衡状态阻碍了沥青微粒重新联结扩展成一片，降低了沥青的黏度，加上微量水的润滑和发泡作用，沥青与集料能在相对较低的温度下拌和。

在拌和与压实的过程中，一方面由于水分逐渐蒸发，表面活性剂慢慢失去作用，沥青微粒会逐点聚集；另一方面由于集料表面所带的电荷与沥青微粒表面的电荷发生中和，促使沥青与集料黏附。因此，当拌和和压实完毕时，沥青就会牢牢地裹附在集料表面。

表面活性技术的降黏机理相对较为简单，并且添加剂本身的物理性能对胶结料和沥青混合料的性能影响较小，推广起来比较容易。

（二）温拌沥青混合料施工温度

施工过程中可根据选择的温拌剂，在已有的实际施工经验的基础上基于等黏原理，通过室内试验确定温拌沥青混合料的施工温度。

五、冷拌沥青混合料路面施工

（一）一般规定

1. 冷拌沥青混合料适用于三级及以下的公路沥青面层、二级公路罩面层施工，以及各级公路沥青路面的基层、联结层或整平层。冷拌改性沥青混合料可用于沥青路面的坑槽冷补。

2. 冷拌沥青混合料宜采用乳化沥青或液体沥青拌制，也可采用改性乳化沥青，各种结合料类型及规格应符合本章 4.3.2 节的要求。

3. 冷拌沥青混合料宜采用密级配沥青混合料。当采用半开级配的冷拌沥青碎石混合料路面时，应铺筑上封层。

（二）冷拌沥青混合料配合比设计

1. 冷拌沥青混合料可参照相应的矿料级配使用，并根据已有的成功经验经试拌确定设计级配的范围和施工配合比。

2. 乳化沥青碎石混合料的乳液用量应根据当地实践经验以及交通量、气候、集料情况、沥青标号、施工机械等条件确定，也可按照热拌沥青混合料的沥青用量折算。实际的沥青残留物数量可较同规格热拌沥青混合料的沥青用量减少 10% ~ 20%。

（三）冷拌沥青混合料路面施工

1.冷拌沥青混合料宜采用拌和厂机械拌和及沥青摊铺机摊铺的方式。缺乏厂拌条件时，也可采用现场路拌及人工摊铺方式。冷拌沥青混合料施工时应注意防止混合料离析。

2.当采用阳离子乳化沥青拌和时，先用水使集料湿润。若湿润后仍难于与乳液拌和均匀时，应改用破乳速度更慢的乳液，或用1%～3%浓度的氯化钙溶液代替水润湿集料表面。

3.混合料适宜的拌和时间应根据实际情况调节并通过试拌确定。矿料中加进乳液后的机械拌和时间不宜超过30 s，人工拌和时间不宜超过60 s。

4.已拌好的混合料应立即运至现场进行摊铺，并在乳液破乳前结束。在拌和与摊铺过程中已破乳的混合料，应予以废弃。

5.乳化沥青冷拌混合料铺后宜采用6 t左右的轻型压路机初压1～2遍，使混合料初步稳定，再用轮胎压路机或钢筒式压路机碾压1～2遍。当乳化沥青开始破乳、混合料由褐色转变成黑色时，改用12～15 t轮胎压路机碾压，将水分挤出，复压2～3遍后停止，待晾晒一段时间，水分基本蒸发后继续复压至密实为止。当压实过程中有推移现象时应停止碾压，待稳定后再碾压。当天不能完全压实时，可在较高气温状态下补充碾压。当缺乏轮胎压路机时，也可采用钢筒式压路机或较轻的振动压路机碾压。

6.乳化沥青混合料路面的上封层应在压实成型、路面水分完全蒸发后加铺。

7.乳化沥青混合料路面施工结束后宜封闭交通2～6 h，并注意做好早期养护。开放交通初期，应设专人指挥，车速不得超过20 km/h，不得刹车或掉头。

8.冷拌沥青混合料施工遇雨应立即停止铺筑，以防雨水将乳液冲走。

六、冷补沥青混合料施工

（一）一般规定

1.用于修补沥青路面坑槽的冷补沥青混合料宜采用适宜的改性沥青结合料制造，并具有良好的耐水性。

2.冷补沥青混合料的矿料级配宜参照本章4.3.2节的要求执行。沥青用量通过试验并根据实际使用效果确定，通常宜为4%～6%。其级配应符合补坑的需要，粗集料级配必须具有充分的嵌挤能力，以便在未经充分碾压的条件下可开放通车碾压而不松散。

（二）冷补沥青混合料施工

冷补沥青混合料的质量应符合下列要求：
1.制造冷补沥青混合料的集料必须符合热拌沥青混合料集料的质量要求。

2. 有良好的低温操作和易性。用于冬季寒冷季节补坑的混合料，应在松散状态下经 -10℃的冰箱保持 24 h 后并无明显的凝聚结块现象，且能便于铁铲拌和。

3. 有良好的耐水性。混合料按水煮法或水浸法检验的抗水剥落性能（裹覆面积）不得小于 95%。

4. 冷补沥青混合料应有足够的黏聚性，马歇尔试验稳定度宜不小于 3 kN。

七、透层、黏层及封层施工

（一）透层施工技术

1. 基本要求

（1）沥青路面各类基层都必须喷洒透层油，沥青层必须在透层油完全渗透基层后方可铺筑。基层上设置下封层时，透层油不应省略。气温低于 10℃或大风天气，或者即将降雨时不得喷洒透层油。

（2）根据基层类型选择渗透性好的液体沥青、乳化沥青、煤沥青作为透层油，喷洒后通过钻孔或挖掘确认透层油渗透入基层的深度宜不小于 5 mm（无机结合料稳定集料基层）～ 10 mm（无结合料基层），并能与基层联结成为一体。透层油的质量应符合现行的《公路沥青路面施工技术规范》（JTG F40—2017）的要求。

（3）透层油的黏度通过调节稀释剂用量或乳化沥青浓度得到适宜的黏度，基质沥青的针入度通常不小于 100。透层用乳化沥青的蒸发残留物含量允许根据渗透情况适当调整。当使用成品乳化沥青时，可通过稀释得到要求的黏度。透层用液体沥青的黏度通过调节煤油或轻柴油等稀释剂的品种和掺量经试验确定。

（4）透层油用量应通过试洒确定，不宜超出沥青路面透层材料要求的范围。

2. 施工技术要求

（1）在无结合料粒料基层上洒布透层油时，宜在铺筑沥青层前 1 ～ 2 d 洒布。

（2）用于半刚性基层的透层油宜紧接在基层碾压成型后表面稍变干燥，但尚未硬化的情况下喷洒。

（3）喷洒透层油前应清扫路面，遮挡防护路缘石及人工构造物避免污染，透层油必须洒布均匀。有花白遗漏应人工补洒，喷洒过量的立即撒布石屑或砂吸油，必要时做适当碾压。透层油洒布后不得在表面形成能被运料车和摊铺机黏起的油皮。透层油达不到渗透深度要求时，应更换透层油稠度或品种。

（4）透层油洒布后应不致流淌，应渗入基层一定深度，不得在表面形成油膜。

（5）透层油洒布后的养生时间应根据透层油的品种和气候条件以及试验确定，确保液体沥青中的稀释剂全部挥发，乳化沥青渗透且水分蒸发，然后尽早铺筑沥青面层，防止工程车辆损坏透层。

（6）喷洒透层油后一定要严格禁止人和车辆通行。

（7）透层油洒布后应待充分渗透，一般不少于 24 h 后才能摊铺上层，但也不能在透层油喷洒后很久不做上层施工，应尽早施工。摊铺沥青前，应将局部尚有多余的未渗入基层的沥青清除。

（8）对无机结合料稳定的半刚性基层喷洒透层油后，如果不能及时铺筑面层时，还需开放交通，应铺撒适量的石屑或粗砂，此时宜将透层油增加 10% 的用量。用 6～8 t 钢筒式压路机稳压一遍，并控制车速。摊铺上层时发现局部沥青剥落，应修补，还需要清扫浮动屑或砂。

（二）黏层施工技术

1. 基本要求

（1）符合下列情况之一时，必须喷洒黏层油：

①双层式或三层式热拌热铺沥青混合料路面的沥青层之间。

②水泥混凝土路面、沥青稳定碎石基层或旧沥青路面层上加铺沥青层。

③路缘石、雨水口、检查井等构造物与新铺沥青混合料接触面的侧面。

（2）黏层油宜采用快裂或中裂乳化沥青、改性乳化沥青，也可采用快、中凝液体石油沥青，其规格和质量应符合现行《公路沥青路面施工技术规范》（JTG F40—2017）的要求，所使用的基质沥青标号应与主层沥青混合料相同。

（3）黏层油品种和用量应根据下卧层的类型通过试洒确定，并符合表 4.47 的要求。当黏层油上铺筑薄层大空隙排水路面时，黏层油的用量宜增加到 0.6～1.0 L/m²。在沥青层之间兼作封层而喷洒的黏层油宜采用改性沥青或改性乳化沥青，其用量不少于 1.0 L/m²。

2. 施工技术要求

（1）黏层油宜采用沥青洒布车喷洒，并选择适宜的喷嘴，洒布速度和喷洒量保持稳定。当采用机动或手摇的手工沥青洒布机喷洒时，必须由熟练的技术工人操作，均匀洒布。气温低于 10℃ 时不得喷洒黏层油，寒冷季节施工不得不喷洒时可以分成两次喷洒。路面潮湿时不得喷洒黏层油，用水洗刷后需要待表面干燥后喷洒。

（2）喷洒的黏层油必须成均匀雾状，在路面全宽度内均匀分布成一薄层，不得有洒花漏空或成条状，也不得有堆积。喷洒不足的要补洒，喷洒过量处应予刮除。喷洒黏层油后，严禁运料车外的其他车辆和行人通过。

（3）黏层油宜当天洒布，待乳化沥青破乳、水分蒸发完成，或稀释沥青中的稀释剂基本挥发完成后，紧跟着铺筑沥青层，确保黏层不受污染。

（三）封层的施工技术

1. 基本要求

封层应选择在干燥和较热的季节施工，并在最高温度低于15℃到来前半个月及雨季前结束。

2. 施工技术要求

（1）被磨损的旧路面上铺筑稀浆封层时，施工前应先修补坑槽、整平路面。

（2）封层施工时，其下承层应保持干燥。

（3）使用层铺法沥青表面处治铺筑上封层时，施工方法应按层铺法表面处治工艺施工。

（4）使用层铺法沥青表面处治铺筑下封层时，施工工艺同上封层。矿料用量应根据矿料尺寸、形状、种类等情况确定，宜为 5 ~ 8 m³/1 000 m²。

（5）采用集中拌和法施工上、下封层时，应按照热拌沥青混凝土路面施工工艺进行。

（6）稀浆封层施工应使用稀浆封层铺筑机，其工作速度宜匀速铺筑，应达到厚度均匀、表面平整的要求。

（7）封层铺筑后，必须待乳液破乳、水分蒸发、干燥成型后方可开放交通。

第四节　水泥混凝土路面施工技术

水泥混凝土路面包括普通混凝土（素混凝土）、钢筋混凝土、连续配筋混凝土、预应力混凝土、装配式混凝土、钢纤维混凝土和混凝土小块铺砌等面层板和基（垫）层所组成的路面。目前所谓的普通混凝土路面，是指除接缝区和局部范围（边缘和角隅）外不配置钢筋的混凝土路面。

水泥混凝土路面适用于高速公路、一级公路、二级公路、三级公路、四级公路。

相对于沥青混凝土路面而言，水泥混凝土路面的优点是使用寿命长，强度高，稳定性好，耐久性好，养护费用少、经济效益高，有利于夜间行车，也有利于带动当地建材业的发展。

相对于沥青混凝土路面而言，水泥混凝土路面的缺点是对水泥和水的需要量大，有接缝，开放交通较迟，修复困难。

一、水泥混凝土路面用料要求

（一）水泥

1.极重、特重、重交通荷载等级公路面层水泥混凝土应采用旋窑生产的道路硅酸盐水泥、硅酸盐水泥、普通硅酸盐水泥，中、轻交通荷载等级公路面层水泥混凝土可采用矿渣硅酸盐水泥。高温期施工宜采用普通型水泥，低温期宜采用早强型水泥。

2.面层水泥混凝土所用水泥的各龄期的实测抗折强度、抗压强度应符合相关规定。水泥进场时，每批量应附有化学成分、物理、力学指标合格的检验证明，并通过混凝土配合比试验，根据其配制弯拉强度、耐久性和工作性优选适宜的水泥品种、强度等级。

3.用机械化铺筑时，宜选用散装水泥。对于散装水泥的夏季出厂温度，南方不宜高于 65℃，北方不宜高于 55℃。对于混凝土搅拌时的水泥温度，南方不宜高于 60℃，北方不宜高于 50℃，且不宜低于 10℃。

当贫混凝土和碾压混凝土用作基层时，可以使用各种硅酸盐类水泥。不掺入粉煤灰时，宜使用 32.5 级以下的水泥。掺入粉煤灰时，只能使用道路水泥、硅酸盐水泥、普通水泥。水泥的抗压强度、抗折强度、安定性和凝结时间必须检验合格。

（二）掺合料

1.面层水泥混凝土可单独或复配掺用符合规定的粉状低钙粉煤灰、矿渣粉或硅灰等掺合料，不得掺用结块或潮湿的粉煤灰、矿渣粉和硅灰。粉煤灰质量不应低于Ⅱ级粉煤灰的要求。不得掺用高钙粉煤灰或Ⅲ级及以下的低钙粉煤灰。粉煤灰宜用散装，进货应有等级检验报告。

2.应确切了解所用水泥中已经加入的掺合料种类和数量，掺加于面层水泥混凝土中的矿渣粉、硅灰，其质量应符合规定。使用矿渣硅酸盐水泥时不得再掺加矿渣粉。高温期施工时，不宜掺用硅灰。

3.各种掺合料在使用前，应进行混凝土配合比试配检验与掺量优化试验，确认面层水泥混凝土弯拉强度、工作性、抗磨性、抗冰冻性、抗盐冻性等指标满足设计要求。

（三）粗集料与再生粗集料

1.粗集料应使用质地坚硬、漂亮、耐久、干净的碎石、碎卵石或卵石，且符合相关规定。极重、特重、重交通荷载等级公路面层混凝土用的粗集料质量应不低于Ⅱ级的要求，中、轻交通荷载等级公路面层混凝土可使用Ⅲ级粗集料。

2.用作路面和桥面混凝土的粗集料不得使用不分级的集料，应按最大公称粒径的不同采用 2 ~ 4 个粒级的集料进行掺配，且符合合成级配的要求。卵石最大公称粒径不宜大于 19.0 mm，碎卵石最大公称粒径不宜大于 26.5 mm，碎石最大公称粒径不宜大于 31.5 mm。贫混凝土基层粗集料最大公称粒径不宜大于 31.5 mm，钢纤维混凝土与碾压混凝土粗集料最大公称粒径不宜大于 19.0 mm，碎卵石或碎石中粒径小于 75μm 石粉含量不宜大于 1%。

（四）细集料

1. 细集料应采用质地坚硬、耐久、洁净的天然砂或机制砂，不宜使用再生细集料。使用天然砂或机制砂时，应符合各自对应的质量标准。极重、特重、重交通荷载等级公路面层混凝土用的细集料质量应不低于 II 级要求，中、轻交通荷载等级公路面层混凝土可使用 III 级细集料。机制砂宜采用碎石为原料，并用专用设备生产，对机制砂母岩的抗压强度应满足相应的技术要求。

2. 细集料的级配要求应符合相关规定，路面和桥面用天然砂宜为中砂，也可使用细度模数 2.0 ~ 3.5 的砂。同一配合比用砂的细度模数变化范围不应超过 0.3，否则，应分别堆放，并调整配合比中的砂率后使用。

（五）水

饮用水可直接作为混凝土搅拌和养护用水。非饮用水应进行水质检验，并符合现行《公路水泥混凝土路面施工技术细则》（JTGT F30—2018）的规定，还应与蒸馏水进行水泥凝结时间与水泥胶砂强度的对比试验。对比试验的水泥初凝与终凝的时间，其允许偏差不应大于 30 min，水泥胶砂 3 d 和 28 d 强度不应低于蒸馏水配制的水泥胶砂 3 d 和 28 d 强度的 90%。养护用水可不检验，但也应符合相关要求。

（六）外加剂

1. 外加剂主要有普通减水剂、高效减水剂、早强减水剂、缓凝高效减水剂、缓凝减水剂、引气减水剂、引气高效减水剂、引气缓凝高效减水剂、早强高效减水剂、引气早强高效减水剂、早强剂、缓凝剂、引气剂、阻锈剂等。其产品质量应符合相应技术指标。供应商应提供有相应资质外加剂检测机构出示的品质检测报告，检验报告应说明外加剂的主要化学成分，认定对人员无毒无副作用。

2. 引气剂应选用表面张力降低值大、水泥稀浆中起泡容量多、不溶残渣少的产品。有抗冰（盐）冻要求地区，各交通等级路面、桥面、路缘石、路肩及贫混凝土基层必须使用引气剂；无抗冰（盐）冻要求地区，二级及以上公路路面混凝土中应使用引气剂。

3. 各交通等级路面、桥面混凝土宜选用减水率大、坍落度损失小、可调控凝结时间的复合型减水剂。高温施工宜使用引气缓凝（保塑）（高效）减水剂，低温施工宜使用引气早强（高效）减水剂。选定减水剂品种前，必须与所用的水泥进行适应性检验。

4.处在海水、海风、硫酸根离子的环境或冬季撒盐除冰的路面或桥面钢筋混凝土、钢纤维混凝土宜掺阻锈剂。

（七）钢筋

1.各交通等级混凝土路面、桥面和搭板所用钢筋网、传力杆、拉杆等钢筋应符合国家有关标准的技术要求。

2.各交通等级混凝土路面、桥面和搭板所用钢筋应顺直，不得有裂纹、断伤、刻痕、表面油污和锈蚀。传力杆钢筋加工应锯断，不得挤压切断；断口应垂直、光圆，用砂轮打磨掉毛刺，并加工成圆锥形或半径为 2 ~ 3 mm 的圆倒角。

（八）纤维

1.用于公路混凝土路面和桥面的钢纤维除应满足现行《混凝土用钢纤维》（YB/T151—2017）的规定之外，还应符合下列技术要求：

（1）单丝钢纤维抗拉强度不宜小于 600 MPa。

（2）钢纤维长度应与混凝土粗集料最大公称粒径相匹配，最短长度宜大于粗集料最大公称粒径的 1/3，最大长度不宜大于粗集料最大公称粒径的 2 倍，钢纤维长度与标称值的偏差不应超过 ±10%。

2.路面和桥面混凝土中，宜使用防锈蚀处理的钢纤维；宜使用有锚固端的钢纤维，不得使用表面磨损前后裸露尖端导致行车不安全的钢纤维，不宜使用搅拌易成团的钢纤维。

（九）接缝材料

1.应选用能适应混凝土面板膨胀和收缩、施工时不变形、弹性复原率高、耐久性好的胀缝板。高速公路、一级公路宜采用塑胶、橡胶泡沫板或沥青纤维板，其他公路可采用各种胀缝板。

2.填缝材料应具有与混凝土板壁黏结牢固、回弹性好、不溶于水、不渗水，高温时不挤出、不流淌、抗嵌入能力强、耐老化龟裂，负温拉伸量大，低温时不脆裂、耐久性好等性能。填缝料有常温施工式和加热施工式两种，其技术指标应分别符合相关技术要求。常温施工式填缝料主要有聚（氨）酯、硅树脂类及氯丁橡胶泥类、沥青橡胶类等。加热施工式填缝料主要有沥青玛脂类、聚氯乙烯胶泥类、改性沥青类等。高速公路、一级公路应优选用树脂类、橡胶类或改性沥青类填缝材料，宜在填缝料中加入耐老化剂。

3.填缝时，应使用背衬垫条控制填缝形状系数。背衬垫条应具有良好的弹性、柔韧性、不吸水、耐酸碱腐蚀和高温不软化等性能。背衬垫条材料有聚氨酯、橡胶或微孔泡沫塑料等，其形状应为圆柱形，直径应比接缝宽度大 2 ~ 5 mm。

（十）其他材料

1. 当使用油毡、玻纤网和土工织物做防裂层及修补基层裂缝时，油毡、玻纤网和土工织物的物理力学性能及技术性能应符合相关技术规范的规定。

2. 传力杆套（管）帽、沥青及塑料薄膜应符合下列要求：

（1）用于滑模摊铺传力杆自动插入装置（DBI）缩缝传力杆塑料套管，其管壁厚度不应小于 0.5 mm，套管与传力杆应密切贴合。套管长度应比传力杆一半长度长 30 mm。

（2）用于胀缝传力杆端部的套帽宜采用镀锌管或塑料管，厚度不应小于 2.0 mm，要求端部密封不透水，内径应比传力杆直径大 1.0 ~ 1.5 mm，塑料套帽长度宜为 100 mm 左右，镀锌套帽长度宜为 50 mm 左右，顶部空隙长度均不宜小于 25 mm。

（3）用于滑动封层的石油沥青、改性沥青和乳化沥青，应符合相关技术规范的规定。

（4）用于滑动封层的软聚氯乙烯吹塑或压延塑料薄膜厚度不应小于 0.12 mm，拉伸强度不应小于 12.0 MPa，直角撕裂强度不应小于 400 N/mm。用于混凝土路顶养护塑料薄膜可为聚氯乙烯、聚乙烯、聚丙烯等品种，厚度不宜小于 0.05 mm。

3. 水泥混凝土面层用养护剂应采用由石蜡、适宜高分子聚合物与适量稳定剂、增白剂经胶体磨制成的水乳液，不得采用以水玻璃为主要成分的养护剂。养护剂宜为白色胶体乳液，不宜为无色透明乳液。使用养护剂时，高速公路、一级公路水泥混凝土面层可使用满足一级品要求的养护剂，其他等级公路可使用满足合格品要求的养护剂。

4. 水泥混凝土面层用节水保湿养护膜应由高分子吸水保水树脂和不透水塑料面膜制成。

5. 高温期施工时，宜选用白色反光面膜的节水保湿养护膜；低温期施工时，宜选用黑色或蓝色吸热面膜的产品。

二、施工方法的选择

目前，通常采用的水泥混凝土面层铺筑技术方法有现浇水泥混凝土路面施工和装配式水泥混凝土路面施工两类。现浇水泥混凝土路面是目前公路水泥混凝土路面最常见的一种，以小型机械设备施工法和滑模摊铺机施工法为主。装配式水泥混凝土路面是近年来发展起来的一种新型水泥混凝土路面结构，是根据路面纵横缝的布置情况提前将路面板在工厂批量生产，然后运输至现场安装。此法目前正处于试验探索及小范围应用阶段，其大面积推广使用还有待时间验证。

（一）现浇水泥混凝土路面施工方法

1. 小型机械设备施工

小型机械设备施工是水泥混凝土路面施工方式中传统的施工方式，其主要采用立模板、人工及小型设备铺筑及振捣混凝土、人工抹面及养护等方式进行水泥混凝土路面施工。该施工技术简单成熟，施工便捷，不需要大型设备，主要靠人工，机械化程度适中，设备投入少，技术容易掌握，应用范围较广。根据施工过程中，混凝土在施工范围内的铺筑方式又分为小型机具施工、三辊轴机械施工以及碾压混凝土施工等。

2. 滑模摊铺机施工

滑模摊铺工艺是采用滑模摊铺机铺筑水泥混凝土面层的施工工艺。其特点是不架设边缘固定模板，布料、摊铺、振捣密实、挤压成型、抹面装饰等施工流程在摊铺机行进过程中连续完成。滑模摊铺技术在我国自 1991 年开始，经过多年的推广应用，已经成为了我国在施工速度最快、装备最现代高等级公路水泥混凝土路面施工中广泛采用的高新成熟技术。

（二）装配式水泥混凝土路面

装配式水泥混凝土路面（PCP）是在工厂中把混凝土预制成板块，然后运至工地现场装配而成。这种路面的优点是混凝土板可以全年生产，不受气候影响，混凝土质量容易保证；施工进度快，铺筑完毕即可通车；损坏后易于拆换修理。因此，它比较适用于城市道路、厂矿道路、大型基建场地、停车站场和软弱路基上。

装配式水泥混凝土路面的缺点是接缝多，整体性差，容易引起行车颠簸跳动，因而在公路上一般不宜采用。为了便于吊装及搬运，装配式混凝土板一般做成 1 ~ 2 m 正方形或矩形，也可做成边长 1.2 m 六角形。板厚一般为 0.12 ~ 0.18 m。近年来，有些国家还采用宽 3.5 m、长 3 ~ 6 m 矩形板，但需要有相应的运输和吊装机具配合。六角形板的强度和稳定性较好。为承受车轮荷载应力和吊装应力，装配式混凝土板可在边缘和角隅配置钢筋，有时亦可设全面网状钢筋。为提高板的质量，可采用预应力、真空作业、机械振捣或蒸汽养生等技术制作混凝土板。为加速板的硬结，在冬季可采用电热法或在铸模内安装管线，内通蒸汽或热水。有些国家还利用先张法或电热法施加预应力，做成装配式预应力混凝土板。

三、现浇水泥混凝土路面施工

现浇水泥混凝土路面施工工艺流程主要有现场清理→测量放线、垫高抄水平→模板制作及安装雨水、污水管网、井篦子→混凝土搅拌、运输→铺筑混凝土→接缝施工→混凝土振捣、整平→混凝土抹面、压实→切缝、清缝、灌缝→养护。

（一）模板及其架设与拆除

1. 施工模板应采用刚度足够的槽钢、轨模或钢制边侧模板，不应使用木模板、塑料模板等易变形模板。

2. 支模前，在基层上应进行模板安装及摊铺位置的测量放样，核对路面标高、面板分块、胀缝和构造物的位置。

3. 纵横曲线路段应采用短模板，每块横板中点应安装在曲线切点上。

4. 模板安装应稳固、平顺、无扭曲，应能承受摊铺、振实、整平设备的负载行进，冲击和振动时不发生位移。

5. 模板与混凝土拌合物接触表面应涂脱模剂。

6. 模板拆除应在混凝土抗压强度不小于 8.0 MPa 方可进行。

（二）混凝土拌合物搅拌

1. 搅拌楼的配备，应优先选配间歇式搅拌楼，也可以使用连续搅拌楼。

2. 每台搅拌楼投入生产前，必须进行标定和试拌。在标定有效期满或搅拌楼搬迁安装后，均应重新标定。施工中应每 15 d 校验一次搅拌楼计量精确度。搅拌楼配料计量偏差不得超过规定。不满足时，应分析原因，排除故障，确保拌和计量精确度。采用计算机自动控制系统的搅拌楼时，应使用自动配料生产，并按需要打印每天（周、旬、月）对应路面摊铺桩号的混凝土配料统计数据及偏差。

3. 应根据拌合物的黏聚性、均质性及强度稳定性试拌确定最佳拌和时间。

4. 外加剂应以稀释溶液加入，其稀释用水和原液中的水量应从拌和加水量中扣除。

5. 拌和引气混凝土时，搅拌楼一次拌和量不应大于其额定搅拌量的 90%。纯拌和时间应控制在含气量最大或较大时。

（三）混凝土拌合物运输

1. 应根据施工进度、运量、运距及路况，选配车型和车辆总数。总运力应比总拌和能力略有富余，确保新拌混凝土在规定的时间内运到摊铺现场。

2. 运输到现场的拌合物必须具有适宜摊铺的工作性。不同摊铺工艺的混凝土拌合物从搅拌机出料到运输、铺筑完毕的允许最长时间应符合时间控制的规定。不满足时，应通过试验、加大缓凝剂或保塑剂剂量。

3. 运输过程中应防止混凝土漏浆、漏料和污染路面，途中不得随意耽搁。自卸车运输应减小颠簸，防止拌合物离析。车辆起步和停车时要平稳。

（四）混凝土的现场铺筑

1.小型机具铺筑

（1）施工机具配置。小型机具施工是以人工为主，配置常用混凝土振捣及收面工具，主要以插入式振捣棒、平板振动器、提浆滚杠及抹面工具为主。

（2）混凝土浇筑：

①施工前按照设计及规范要求安装模板。

②混凝土浇筑过程中应沿横断面连续振捣密实，并注意路面板底、内部和边角处不得欠振或漏振。振捣棒在每一处的持续时间，应以拌合物全面振动液化、表面不再冒气浆为限，不宜过振，也不宜少于 30 s。振捣棒移动间距不宜大于 500 mm，至模板边缘的距离不宜大于 200 mm。应避免碰撞模板、钢筋、传力杆和拉杆。

③在振捣棒已完成振实的部位，可以开始振动板纵横交错两遍全面提浆振实，每车道路面应配备 1 块振动板。

④振动板移位时，应重叠 100～200 mm，振动板在一个位置的持续时间应不少于 15 s。振动板须由两人提位振捣和移位。

⑤对于缺料的部位，应辅以人工补料找平。

⑥采用振动梁振实，每车道路面宜使用一根振动梁。振动梁应垂直路面中线沿纵向拖行，往返 2～3 遍，使表面泛浆均匀平整。

（3）整平饰面：

①每车道路面应配备 2 根滚杠，每个作业面应配备 2 根滚杠。振动梁振实后，应拖动滚杠往返 2 遍使提浆整平。

②拖滚后的表面宜采用 3 m 刮尺，纵横各 1 遍整平饰面，或采用叶片式或圆盘式抹面机往返 2～3 遍压实整平饰面。

③抹面机完成作业后，应进行清边整缝，清除黏浆，修补缺边、掉角。精平饰面后的面板表面应无抹面印痕，致密均匀，无露骨，平整度应达到规定要求。

④小型机具施工三、四级公路混凝土路面时，应优先在拌合物中掺外加剂。无掺外加剂条件时，应使用真空脱水工艺。该工艺适用于面板厚度不大于 240 mm 混凝土面板施工。

⑤使用真空脱水工艺时，混凝土拌合物的最大单位用水量可比不采用外加剂时增大 3～12 kg/m³；对于拌合物适宜坍落度，高温天气为 30～50 mm，低温天气为 20～30 mm。

2.三辊轴机械铺筑

三辊轴施工与小型机具施工工艺类似，不同之处在于配备了施工效率更高的一体化设备三辊轴机组。

3. 滑模摊铺机铺筑

滑模摊铺工艺宜用于高速公路、一级公路、二级公路普通水泥混凝土面层以及配筋混凝土面层、纤维混凝土面层、钢筋混凝土桥面、隧道混凝土面层、混凝土路缘石、路肩石及护栏等项目。上坡纵坡大于 5%、下坡纵坡大于 6%、平面半径小于 50 m 或超高横坡超过 7% 的路段，都不宜采用滑模摊铺机进行。

采用滑模摊铺机在基层上行走的铺筑方案时，基层侧边缘到滑模摊铺面层边缘的宽度不宜小于 650 mm。

（1）铺筑前的准备工作如下：

①摊铺段夹层或封层质量应检验合格，对于破损或缺失部位，应及时修复。表面应打扫干净并洒水润湿，并采取防止施工设备和机械碾坏封层的措施。

②应检查并铺平滑模摊铺机的履带行走区。行走区应坚实，不得存在湿陷等病害。应清除砖、瓦、石块、废弃混凝土块等杂物。

③摊铺前应检查并调试施工设备。滑模摊铺机首次作业前，应挂线对铺筑位置、几何参数和机架水平度进行设置、调整和校准，满足要求后方可用于摊铺作业。

④滑模摊铺面层前，应准确架设基准线。基准线架设与保护应符合下列规定：

• 滑模摊铺高速公路、一级公路时，应采用单向坡双线基准线；横向连接摊铺时，连接一侧可依托已铺成的路面，另一侧设置单线基准线。

• 滑模整体铺筑二级公路的双向坡路面时，应设置双线基准线，滑模摊铺机底板应设置为路拱形状。

• 基准线桩纵向间距直线段不宜大于 10 m，桥面铺装、隧道路面及竖曲线和平曲线路段宜为 5 ~ 10 m，大纵坡与急弯道可加密布置。基准线桩最小距离不宜小于 2.5 m。

• 基层顶面到夹线臂的高度宜为 450 ~ 750 mm。基准线桩夹线臂夹口到桩的水平距离宜为 300 mm。基准线桩应固定牢固。

• 单根基准线的最大长度不宜大于 450 m。架设长度不宜大于 300 m。

• 基准线宜使用钢绞线。采用直径 2.0 cm 钢绞线时，张线拉力不宜小于 1 000 N；采用直径 3.0 cm 钢绞线时，不宜小于 2 000 N。

• 基准线设置后，应避免扰动、碰撞和振动。多风季节施工的时候，宜缩小基准线桩间距。

⑤当面层传力杆、胀缝钢筋采用前置支架法施工时，应在表面先准确安装和固定支架，保证传力力杆中部对中缩缝切割位置，且不会因布料、摊铺而导致推移。支架可采用与锚固入基层的钢筋焊接等方法固定。

（2）混凝土布料要求如下：

①滑模摊铺机前布料，应采用机械完成。滑模铺筑无传力杆水泥混凝土路面时，布

料可使用轻型挖掘机或推土机；滑模铺筑连续配筋混凝土路面、钢筋混凝土路面、桥面和桥头搭板，路面中设传力杆钢筋支架、胀缝钢筋支架时，布料应采用侧面向上料的布料机或供料机；当面层传力杆、胀缝与隔离缝钢筋采用前置支架法施工时，不得在支架顶面直接卸料。传力杆以下的混凝土宜在摊铺前采用手持振捣棒振实。

②布料高度应均匀一致，不得采用翻斗车直接卸料的方式。卸料、布料速度与摊铺速度协调一致，不得局部或全断面缺料。发生缺料时应立即停止摊铺。

③采用布料机布料时，布料机和滑模摊铺机之间的施工距离宜为 5～10 m；现场蒸发率较大时，宜采用较小值。

④坍落度为 10～30 mm 时，布料松铺系数宜为 1.08～1.15。

⑤应保证滑模摊铺机前的料位高度位于螺旋布料器叶片最高点以下，最高料位高度不得高于松方控制板上缘。使用犁布料时，应按松方高度严格控制料位高度。

（3）滑模摊铺机的施工参数设定及校准应符合下列规定：

①振捣棒应均匀排列，间距宜为 300～450 mm；混凝土摊铺厚度较大时，应采用较小间距。两侧最边缘振捣棒与摊铺边缘距离不宜大于 200 m。振捣棒下缘位置应位于挤压底板最低点以上。

②挤压底板的前倾角宜设置为 3°，提浆夯板位置宜在挤压底板前缘以下 5～10 mm。

③边缘超铺高度应根据拌合物稠度确定，宜为 3～8 mm；板较厚、坍落度较小时，边缘超铺高度宜采用较小值。

④搓平梁前沿宜调整到与挤压底板后沿高程相同的位置；搓平梁的后沿应比挤压底板后沿低 1～2 mm，并与路面高程相同。

⑤符合铺筑精度要求的摊铺机设置应加以固定和保护。当基底高程等摊铺条件发生变化，铺筑精度超出范围时，可由操作手在行进中通过缓慢微调加以调整。

（4）滑模摊铺机铺筑作业：

①滑模摊铺机起步时，应先开启振捣棒，在 2～3 min 内调整振捣到适宜振捣频率（振捣频率应根据板厚、摊铺速度和混凝土工作性确定，以保证拌合物不发生过振、欠振或漏振。振捣频率可在 100～183 Hz 间调整，宜为 150 Hz。），使进入挤压底板前缘拌合物振捣密实，无大气泡冒出破灭，方可开动滑模机平稳推进摊铺。当天摊铺施工结束，摊铺机脱离拌合物后，应立即关闭振捣棒组。

②滑模摊铺应缓慢、匀速、连续不间断地作业。滑模摊铺速度应根据板厚、混凝土工作性、布料能力、振捣排气效果等确定，可在 0.75～2.5 m/min 间选择，宜采用 1 m/min。滑模摊铺水泥混凝土面层时，严禁快速推进、随意停机与间歇摊铺。

③摊铺过程中可根据拌合物的稠度大小，采取调整摊铺的振捣频率或速度等措施，保证摊铺质量稳定。当拌合物稠度发生变化时，宜先采取调振捣频率的措施，后采取改

变摊铺速度的措施。

④摊铺中应经常检查振捣棒的工作情况和位置。面层出现条带状麻面现象时，应停机检查振捣棒是否损坏；振捣棒损坏时，应及时更换振捣棒。摊铺面层上出现发亮的砂浆条带时，应检查振捣棒位置是否异常；振捣棒位置异常时，应将振捣棒调整到正常位置。

（5）抹面。滑模摊铺过程中应采用自动抹平板装置进行抹面。对少量局部麻面和明显缺料部位，应在挤压板后或搓平梁前补充适量拌合物，由搓平梁或抹平板机械修整。滑模摊铺的混凝土面板在下列情况下可用人工进行局部修整：

①用人工操作抹面抄平器，精整摊铺后表面的小缺陷，但不得在整个表面加薄层修补路面高程。

②纵缝边缘出现的倒边、塌边和溜肩现象，应设置侧模或在上部支方形金属管进行边缘补料修整。

③起步和纵向施工接头处，应采用水准仪抄平并采用大于 3 m 靠尺边测边修整。

（6）滑模摊铺结束后的工作：

①滑模摊铺结束后，必须及时清洗滑模摊铺机，进行当日保养。

②宜在第二天硬切横向施工缝，也可当天施工横缝。

③应丢弃端部的混凝土和摊铺机振动仓内遗留下的纯砂浆，两侧模板应向内各收进 20 ~ 40 mm，收口长度宜比滑模摊铺机侧模板略长。施工缝部位应设置传力杆，并应满足路面平整度、高程、横坡和板长要求。

（五）接缝施工

普通水泥混凝土、钢筋混凝土、碾压混凝土和钢纤维混凝土面层均应设置接缝。按平面位置分类，接缝可分为纵向接缝和横向接缝。面板的平面布局宜采用矩形分块，其纵缝和横缝应垂直相交，纵缝两侧的横缝不得相互错位。

1. 纵缝施工

纵缝从功能上分为纵向施工缝和纵向缩缝两类，从构造上分为设拉杆平缝型和设拉杆假缝型。

（1）当一次铺筑宽度小于路面宽度时，应设置纵向施工缝，位置应避开轮迹，并重合或靠近车道线，构造可采用设拉杆平缝型。上部应锯切槽口，深度为 30 ~ 40 mm，宽度为 3 ~ 8 mm，槽内灌塞填缝料。采用滑模摊铺机施工时，纵向施工缝的拉杆可用摊铺机的侧向拉杆装置插入。采用固定模板施工方式时，应在振实过程中从侧模预留孔中手工插入拉杆。

（2）当一次铺筑宽度大于 4.5 m 时，应设置纵向缩缝，构造可采用设拉杆假缝型。锯切的槽口深度应大于纵向施工缝的槽口深度。纵缝位置应按车道宽度设置，并在摊铺过程中用专用拉杆插入装置插入拉杆。

（3）钢筋混凝土路面、桥面和搭板的纵缝拉杆可由横向钢筋延伸穿过接缝代替。钢纤维混凝土路面切开的纵向缩缝可不设拉杆，纵向施工缝应设拉杆。

（4）插入的侧向拉杆应牢固，不得松动、碰撞或拔出。若发生拉杆松脱或漏插，应在横向相邻路面摊铺前，钻孔重新插入。当发现拉杆可能被拔出时，宜进行拉杆拔出力（握裹力）检验。

（5）纵缝应与路线中线平行。纵缝拉杆应采用螺纹钢筋，设在板厚中央，并应对拉杆中部 100 mm 进行防锈处理。

2. 横缝施工

横缝从功能上分为横向缩缝、横向胀缝和横向施工缝。横向缩缝从构造上分为设传力杆假缝型和不设传力杆假缝型；横向胀缝通常采用固定的结构形式；横向施工缝从构造上分为设传力杆平缝型和设拉杆企口型，通常与横向缩缝、横向胀缝合设。

（1）横向缩缝。

①普通水泥混凝土路面横向缩缝宜等间距布置，不宜采用斜缝。如果必须调整板长时，最大板长不宜大于 6.0 m，最小板长不宜小于板宽。

②在特重和重交通公路、收费广场、邻近胀缝或路面自由端的 3 条缩缝应采用设传力杆假缝型，在其他情况下可采用不设传力杆假缝型。

③缩缝传力杆的施工方法可采用前置钢筋支架法或传力杆插入装置（DBI）法。传力杆应采用光面钢筋。

④横向缩缝的切缝方式有全部硬切缝、软硬结合切缝和全部软切缝 3 种。切缝方式的选用，应由施工期间该地区路面摊铺完毕到切缝时的昼夜温差来确定。

（2）横向胀缝。

①邻近桥梁或其他固定构造物处或与其他道路相交处，应设置横向胀缝（简称"胀缝"）。

②普通混凝土路面、钢筋混凝土路面和钢纤维混凝土路面视集料的温度膨胀性大小、当地年温差和施工季节酌情设置胀缝。高温施工的，可不设胀缝；常温施工且集料温缩系数和年温差较小时，可不设胀缝；集料温缩系数或年温差较大，路面两端构造物间距不小于 500 m 时，宜设一道中间胀缝；低温施工且路面两端构造物间距不小于 350 m 时，宜设一道胀缝。

③普通混凝土路面的胀缝应包括补强钢筋支架、胀缝板和传力杆，胀缝构造如图 4.50 所示。钢筋混凝土和钢纤维混凝土路面可不设钢筋支架。胀缝宽 20 ~ 25 mm，使用沥青或塑料薄膜滑动封闭层时，胀缝板及填缝宽度宜加宽到 25 ~ 30 mm。传力杆一半以上长度的表面应涂防黏涂层。端部应戴活动套帽，套帽材料与尺寸应符合有关规定的要求。胀缝板应与路中心线垂直，缝壁垂直，缝隙宽度一致，缝中完全不连浆。

④胀缝应采用前置钢筋支架法施工，也可采用预留一块面板，高温时再铺封。前置

法施工时，应预先加工、安装和固定胀缝钢筋支架，并在使用手持振捣棒振实胀缝板两侧的混凝土后再摊铺。宜在混凝土未硬化时，剔除胀缝板上部的混凝土，嵌入（20～25）mm×20 mm 木条，整平表面。胀缝板应连续贯通整个路面板宽度。

（3）横向施工缝。每日施工结束或临时原因中断施工时，应设置横向施工缝，其位置应尽可能选在胀缝或缩缝处。横向施工缝设在缩缝处应采用设传力杆平缝型。施工缝设在胀缝处构造与胀缝相同。确有困难需设置在缩缝之间时，横向施工缝应采用设拉杆企口缝型。

（六）抗滑构造施工

水泥混凝土路面抗滑构造是确保行车安全的一项关键技术措施。尤其是高等级公路，设计行车速度较高、抗滑构造指标不足时，路表面在雨天容易打滑，对行车安全很不利，极易出现交通事故。因此，各等级公路水泥混凝土路面的表面要求是"平而不滑"，既要求高平整度，又要求足够的细观抗滑构造。

目前，水泥混凝土路面抗滑构造主要通过拉毛处理、塑性刻槽和硬刻槽来实现。

1. 拉毛处理

水泥混凝土面层摊铺完毕或精整平表面后，使用钢支架拖挂 1～3 层叠合麻布、帆布或棉布，洒水湿润后做拉毛处理。布片接触路面的长度在 0.7～1.5 m 之间为宜，细度模数偏大的粗砂，拖行长度取小值；砂较细时，取大值。人工修整表面时，宜使用木抹。用钢抹修整过的光面，仍需进行拉毛处理，以恢复细观抗滑构造。

2. 塑性拉槽

当日施工进度超过 500 m 时，抗滑沟槽制作宜选用拉毛机械施工。没有拉毛机时，可采用人工拉槽方式。在混凝土表面泌水完毕 20～30 min 内应及时进行拉槽。拉槽深度应为 2～4 mm、槽宽 3～5 mm，每把与槽间距为 15～25 mm。可采用等间距或非等间距抗滑槽，考虑减小噪声，宜采用后者。衔接间距应保持一致，保证槽深基本均匀。

3. 硬刻槽

特重和重交通混凝土路面宜采用硬刻槽，凡使用真空吸水或圆盘、叶片式抹面机精平后的混凝土路面、钢纤维混凝土路面必须采用硬刻槽方式制作抗滑沟槽。

硬刻槽机有普通手推式、支架式及自行式 3 种。刻槽方法也有等间距和不等间距两种。为降低噪声，宜采用非等间距刻槽，尺寸宜为槽深 3～5 mm、槽宽 3 mm，槽间距在 12～24 mm 随机调整。对路面结冰地区，硬刻槽的形状宜使用上宽 6 mm、下窄 3 mm 梯形槽，目的是向上分散结冰冻胀力，保持槽口完好；硬刻槽机重量宜重不宜轻，一次刻槽最小宽度不应小于 500 mm。硬刻槽时不应掉边角，也不得中途抬起或改变方向，并保证硬刻槽到面板边缘。抗压强度达到 40% 后可开始硬刻槽，且宜在两周内完成。硬刻槽后应立即冲洗干净路面，并恢复路面养生。

（七）灌缝

水泥混凝土路面由于构造的原因存在纵横向接缝，这些接缝的存在为雨水渗流入路面提供了通道，而水是路面及路面结构诱发病害的主要原因之一。因此，必须对水泥混凝土路面接缝进行填塞处理，又称为灌缝作业。各级公路水泥混凝土路面接缝在养生期满后必须及时灌缝，以提高路面板防水密封性、板间嵌锁和荷载传递能力。

1. 清缝

应先采用切缝机清除接缝中夹杂的砂石、凝结的泥浆等，再使用压力大于或等于 0.5 MPa 的压力水和压缩空气彻底清除接缝中的尘土及其他污染物，确保缝壁及内部清洁和干燥。缝壁检验以擦不出灰尘为灌缝标准。

路面胀缝和桥台隔离缝等应在填缝前，凿去接缝板顶部嵌入的木条。涂胶黏剂后嵌入胀缝专用多孔橡胶条或灌进适宜的填缝料。当胀缝宽度不一致或有啃边、掉角等现象时，必须进行灌缝处理。

2. 灌缝

使用常温聚氨酯和硅树脂等填缝料时，应按规定比例将两组分材料按 1 h 灌缝量混合拌均匀后使用。填缝料配制要求随配随用。

使用加热填缝料时，应将填缝料加热至规定温度。加热过程中应将填缝料彻底熔化，搅拌均匀，并保温使用。

3. 灌缝质量控制

灌缝的形状系数宜控制宜为 1.5，钢筋混凝土、连续配筋混凝土面层、过渡板、搭板与桥面的灌缝形状系数为 1.0；灌缝深度宜为 15 ~ 20 mm，最浅不得小于 15 mm。先挤压嵌入直径 9 ~ 12 mm 多孔泡沫塑料背衬条，再灌缝。灌缝顶面热天应与板面齐平；冷天应填为凹液面，中心低于板面 1 ~ 2 mm。填缝必须饱满、均匀、厚度一致并连续贯通，填缝料不得缺失、开裂和渗水。

4. 灌缝料养护

常温施工式填缝料的养护期，低温天宜为 24 h，高温天宜为 12 h。加热施工式填缝料的养护期，低温天宜为 2 h，高温天宜为 6 h。在灌缝料养护期间应封闭交通。

（八）养护

1. 混凝土路面铺筑完成或软做抗滑构造完毕后立即开始养护。机械摊铺的各种混凝土路面、桥面及搭板宜采用喷洒养护剂同时保湿覆盖的方式养护。在雨天或养护用水充足的情况下，也可采用覆盖保湿膜、土工毡、土工布、麻袋、草袋、草帘等洒水湿养护方式，不宜使用围水养护方式。

2. 养护时间根据混凝土弯拉强度增长情况而定，不宜小于设计弯拉强度的 80%，应特别注重前 7 d 的保湿（温）养护。一般养护天数宜为 14～21 d，高温天不宜小于 14 d，低温天不宜小于 21 d。对于掺粉煤灰的混凝土路面，最短养护日时间不宜少于 28 d，低温天应适当延长。

3.混凝土板养护初期，严禁人、畜、车辆通行。在达到设计强度 40% 后，行人方可通行在路面，平交道口应搭建临时便桥。面板达到设计弯拉强度后，方可开放交通。

四、装配式水泥混凝土路面施工

装配式水泥混凝土路面是指将水泥混凝土路面板在预制场集中生产，然后运输至施工现场拼装成型的路面结构。其最大的好处在于可以便于施工现场的交通运输，而且还能够对扬尘进行预防，在很大程度上降低了工程成本，同时，减少了临时修筑所产生的各类建筑垃圾。

相比于现浇水泥混凝土路面，其路面板的施工质量好、施工速度快，便于拆除更换，主要用在一些临时性道路修建。不过，由于我国对装配式预制混凝土路面施工技术掌握得较晚，其付诸实践的时间也较为短暂，这就使得我国建筑行业在应用装配式预制混凝土路面时存在一些问题。

（一）施工工艺流程

1.路面板的预制

路面板采用在工厂集中预制的方法施工。根据实际工程设计，按照普通钢筋混凝土及预应力钢筋混凝土结构要求进行施工及质量控制，其主要有钢筋加工及安装、吊钩预埋、模板安装及加固、混凝土浇筑及养护、路面板构造深度施工、预应力筋张拉施工等。其相关环节的详细施工细节本节不再详述。

2.路面板的运输

路面板一般采用汽车运输，以平放运输为原则，路面板间必须垫以 15 cm 以上的硬质方木，采取三点或四点支撑。

路面板装车时，应规范作业人员的装车作业，确保板件装载稳定，捆绑牢靠，路面板堆码整齐，便于装卸。

装车后必须采用运输车上的固定装置锁死路面板，防止路面板倾斜，并全面检查。严禁出现支撑不平稳、捆绑不牢靠现象。

路面板运输过程中，应保证行车平稳，路面不平整的道路要减速行驶，避免震动过大使路面板开裂。

路面板装卸、运输应严格按规定进行，轻起轻落，严禁碰撞。装车层数符合规定，并采取有效的加固措施。

3. 基层调平处理

由于装配式水泥混凝土路面具有快速开放交通的要求，目前经常采用早强自流平砂浆、铺撒沥青冷补料和乳化沥青碎石封层等方式进行基层的处治与找平。

施工过程中，应设置整平基准线，将基层松散破碎的材料进行清除，并严格按照基准线进行基层处治材料的刮平或压实。

装配式水泥混凝土路面的调平主要通过在拼装板接缝之间设置传力杆搭接和采用调平构件两种方式。

拼装板之间的传力杆搭接，是板块预制过程中在一端预埋传力杆，另一端预制传力杆槽。装配施工时，将带传力杆槽搭接在相邻板块所预埋的传力杆上。通过传力杆对板块的支撑，实现装配式路面板与拼装板之间的平整。

调平构件辅助调平是指板块预制过程中，在边角位置设置调平构件，装配过程中根据相邻板错台量，通过调节调平装置的调平螺栓，以保证装配式路面的平整度。由此产生的板块与基层之间的空隙，通过灌浆进行消除。该方式既保证了装配式路面平整度，同时又改善了板块与基层之间的界面，提高了路面结构的耐久性。

4. 路面板安装

路面板采用运输车辆运输至现场后，根据路面结构采用不同的安装方式。对水泥砂浆找平层，先施工砂浆找平层后采用吊车直接吊放至设计位置；路面板下采用沥青类等具有流动性的材料填充层时，先采用千斤顶配合吊车安装至设计位置后进行灌浆施工。

第五章 公路附属工程施工技术

公路路基与路面施工完成之后，开始进行附属工程的施工。附属工程主要包括路缘石的施工、人行道的施工、交通安全设施的施工以及其他附属设施的施工。公路附属工程完善了公路的各项功能，维护了交通秩序，在一定程度上减少了交通事故的发生。

第一节 路缘石施工技术

路缘石是设在路面边缘的界石，也称为道牙或缘石。它在路面上是区分车行道、人行道、绿地、隔离带和道路其他部分的界线，起到保障行人、车辆的交通安全和保证路面边缘齐整的作用，有助于路面排水，提高公路的使用寿命。

路缘石主要有立缘石（侧石）、平缘石（平石）、专用路缘石（包括弯道路缘石、隔离带路缘石、反光路缘石、减速路缘石）等。路缘石宜用石材或混凝土制作。

一、路缘石的种类

路缘石可根据使用要求和条件选用水泥混凝土预制块、条石、砖等材料，最常用的是工厂化生产的水泥预制块。

水泥预制块平石为矩形，长 30cm ~ 100cm，宽 7cm ~ 15cm；侧石大多为矩形，长 30cm ~ 100cm，高 30cm ~ 35cm，厚 8cm ~ 13cm；只有小半径曲线用特制弧形块。城市道路边缘石采用立式，缘石宜高出路面边缘 10cm ~ 20cm。隧道内、重要桥梁、道路线形弯曲路段或陡峭路段等处的缘石可高出 25cm ~ 40cm，并应有足够的埋深，以保证路面稳定和行车安全。斜式缘石便于儿童车、轮椅及残疾人通行，而在分隔带端头或交叉口的小半径处，缘石宜做成曲线式。另外，考虑无障碍设计，道路上人行道出入口多采用牛腿式出入口，平石沿人行道边向前延伸，侧石向下降至 1cm ~ 2cm，或侧石向出入口转弯。

总之，要使人行道的路面连续无障碍、无高低，便于老、幼行走和童车滚动。在道路宽度日益增加、车速加快的情况下，国外常将沿街建筑的门牌号码写在道路侧石上，这样会使开车人极易识别，减少了许多车辆追尾事故。

二、路缘石施工

（一）施工材料

1. 水泥

水泥应选用强度等级不低于 42.5 级的硅酸盐水泥和矿渣水泥，并应有出厂合格证。散装水泥及袋装水泥出厂日期不明或已超过 3 个月，应经复验合格后方能使用。已受潮或结块的水泥不得使用。

散装水泥应按牌号、批号分仓储存；袋装水泥应按牌号、批号架高堆存离地至少30cm，并苫盖，以免混杂和受潮。使用时按出厂日期择优先使用。如掺用外加剂，应经试验合格后方能使用。

2. 沙（细集料）

细集料应清洁、坚硬，不得含有团块、片状颗粒、土及云母等有害物质，含量不超过总干重的 5%；必要时应过筛清洗。

粗沙平均粒径不得小于 0.5mm；中沙平均粒径应为 0.35mm ～ 0.5mm。

3. 石料（粗集料）

石料中不得含有煤、煤渣、石灰、碎砖或其他杂物；如料堆中的粗颗粒呈分离状态时，必须重新混合以达到符合要求的级配；粗集料最大尺寸不得超过 25mm，最好不大于 20mm。

4. 拌和水

拌和水时一般可饮用的水均可使用。如使用其他水，pH 值应大于 4，硫酸盐含量不大于 1%。

（二）施工工艺

1. 测量放线

柔性路面侧、缘石应在路面基层完成后，未铺筑沥青面层前施工；水泥混凝土路面，应在路面完成后施工。

侧、缘石可以在铺筑路面基层后，沿路面边线刨槽、打基础安装；也可在修建路面基层时，在基础部位加宽路面基层作为基础；也可利用路面基层施工中基层两侧自然宽出的多余部分作为基础，基础厚度及标高应符合设计要求。

路面中线校核后，在路面边缘与侧石交界处放出侧缘石线，直线部位 10m 一个桩；曲线部位 5m ～ 10m 一个桩；路口及分隔带、安全岛等圆弧处 1m ～ 5m 一个桩，也可用皮尺画圆并在桩上标明侧、缘石顶面标高。

2. 刨槽与处理

人工刨槽：按桩的位置拉小线或打白灰线，以线为准，按要求宽度向外刨槽，一般为一平铣宽（约30cm）。靠近路面一侧，比线位宽出少许（水泥混凝土路面刨至路面边缘），一般不大于5cm，不要太宽以免回填夯实不好，造成路边塌陷。刨槽深度可比设计标准加深1cm～2cm，以保证基础厚度，槽底要修理平整。

机械刨槽：使用侧、缘石刨槽机，刀具宽度应较侧、缘石宽出1cm～2cm，按线准确开槽，深度可比设计标准加深1cm～2cm，以保证基础厚度，槽底应修理平整。

如在路面基层加宽部分安装侧、缘石，则将基层平整即可，免去刨槽工序。铺筑石灰土基层侧、缘石下石灰土基础通常在修建路面基层加宽基层时一起完成。

如不能一起完成而需另外刨槽修筑石灰土基础，必须用3∶7（体积比）的石灰土铺筑夯实，厚度至少15cm，压实度要求不大于或等于95%（轻型击实）。

3. 侧石的选用和施工

侧石在直线段中采用长80cm～100cm；曲线半径大于15m时采用长度为100cm或60cm的侧石；曲线半径小于15m或圆角部分，可视半径大小采用长度为60cm或30cm的侧石。

侧石施工应根据施工图确定的平面位置和顶面标高所放出的样线执行，但对于人行道斜坡处的侧石，一般放低至比平石高出约2cm～3cm，两端接头（与正常侧石衔接处）则应做成斜坡连接。

4. 安装侧缘石

安装侧石前应按侧石顶面宽度误差的分类分段铺砌，以达到美观的效果。安装时先拌制1∶3（体积比）石灰砂浆铺底，砂浆厚度1cm～2cm，缘石可不用石灰砂浆铺底，可用松散过筛的石灰土代替找平基础。

按桩橛线及侧、缘石顶面测量标高拉线绷紧（水泥混凝土路面侧石，可靠板边安装，必要处适当调整），按线码砌侧缘石。需事先算好路口间的侧石块数，切忌中间用断侧石加楔。曲线处侧、缘石应注意，外形圆滑的相邻侧石间缝隙用0.8cm厚木条或塑料条掌握。缘石不留缝，侧石铺砌长度不能用整数侧石除尽时，剩余部分可用调整缝宽的办法解决，但缝宽应不大于1cm。不得已必须断侧石时，应将断头磨平。

侧石要安正，切忌前倾后仰，侧石顶线应顺直圆滑平顺，无凹进凸出、前后高低错牙现象。缘石线要求顺直圆滑、顶面平整，符合标高要求。

5. 回填石灰土

（1）侧石

在侧石安装前要按照侧石宽度误差的分类分段砌筑，使顶面宽度统一美观。安装后，按线调整顺直圆滑，侧石里侧用长木板大铁橛背紧，外侧后背用体积比为2∶8的石灰土，也可以利用修建路面基层时剩余石灰土，回填夯实里侧缝用体积比为2∶8的石灰土夯填。

侧、缘石两侧同时分层回填，在回填夯实过程中，要不断调整侧、缘石线，使之达到顺直圆滑和平整线。夯实后拆除两面铁橛及木板。夯实灰土，外侧宽度不小于30cm，里侧与路面基层接上。

夯实工具可采用小型夯实机具夯实，每层厚度不大于15cm。若侧石里侧缝隙太小，可用铺底砂浆填实。如果侧石埋入路面基层太浅，夯填后背时易使侧石倾斜，此时靠路一侧可用体积比为1：3的石灰炉渣，加水拌和拍实成三角形，使侧石临时稳固。设计采用混凝土后，要按照设计要求的强度等级、现场浇筑捣实，要求表面平整。

（2）平缘石

在平缘石安装后，人工刨槽的槽外一侧沟槽用体积比为2：8石灰土分层填实，宽度≥30cm，层厚≤15cm，也可利用路面基层剩余的路拌石灰土填实。外侧经夯实后与路缘石顶面齐平，内侧用上述同样材料分层夯实，夯实后要比缘石顶面低一个路面层厚度，待油面铺筑后与缘石顶面齐平。

可以使用洋镐头、铁扁夯等工具进行夯实。灰土含水量不足时，要加水夯实。在夯实两侧石灰土过程中，要不断调整缘石线形，保证顺直圆滑。机械刨槽时，两侧用过筛体积比为2：8石灰土夯实或石灰土灌浆填密实。

6. 勾缝

路面完工后，安排侧石勾缝。勾缝前必须进行挂线，调整侧石至顺直、圆滑、平整，方可进行勾缝。先把侧石缝内的土及杂物剔除干净，并用水润湿，然后用体积比为1：2.5的水泥砂浆灌缝填实勾平，用弯面压子压成凹形，并不得在路面上拌制砂浆。砂浆初凝后，用软扫帚扫除多余灰浆，并应适当泼水养护，养护时间不少于3d，最后达到整齐美观。

第二节 人行道施工技术

人行道为道路两侧、公园等地供人行走的路段，如有机动车横过地段或机动车停放地段，应做加固处理。道路两侧人行道为道路的组成部分，人行道与绿化带或土路肩相邻时，应按设计要求埋设缘石、水泥步砖或大理石砖等。

人行道按材料分为沥青混凝土、水泥混凝土和各类预制步砖等品种，其中水泥混凝土人行道有一般预制块、连锁砌块和现场浇筑三种，工业废渣压制的锚口步砖、地砖现已基本上取代了混凝土预制块。建筑材料贴面有大理石贴面、瓷砖陶土地面砖（古代所谓的"金砖铺地"，就是指陶土地砖）贴面等。

一、人行道施工准备

（一）材料要求

沥青混凝土人行道应采用细粒或微粒式沥青混凝土。沥青混凝土铺装层厚不应小于3cm，沥青石屑、沥青砂铺装层厚不应小于2cm，压实度不应小于95%。表面应平整，无明显轮迹。

现浇混凝土人行道，混凝土的抗折强度应不低于设计标准，如设计未规定时，不宜低于3.5MPa。粗骨料尺寸不得大于厚度的二分之一。

一般的水泥抗折强度应不低于3.5MPa，同时，抗压强度不低于规范规定；无设计时，不宜低于30MPa。表面制花纹分格，以利排水和防滑，其规格、尺寸按设计要求确定，步砖要求大小均匀、颜色一致，无蜂窝、露石、脱皮、裂缝等现象。无缺边掉角，顶面均匀细密，其尺寸允许偏差要符合检验规范要求。现在的水泥步砖，多用细粒干硬混凝土压制，表面为有色水泥砂浆。

水泥混凝土预制砌块必须整齐统一，抗压强度应符合设计规定；设计未规定时，不宜低于30MPa，要求各面平整，无缺边掉角，表面光泽一致，无蜂窝麻面；利用多种异形表面在铺砌时相互连锁的要求稳定。

建筑材料贴面，尺寸形状按设计要求确定，做到表面平整、色泽一致，无缺边掉角。料石、预制砌块宜由预制厂生产，并提供强度、耐磨性能试验报告及产品合格证。进场后应检验合格后方可使用。料石应表面平整、粗糙，色泽、规格、尺寸应符合设计要求，其抗压强度不宜小于80MPa。

（二）作业条件

地面下的暗管、沟槽和附属构筑物等工程已验收合格，场地已平整；原材料经见证取样检验合格；方案已获监理工程师批准；根据现场与周边环境条件、交通状况，与道路交通管理部门研究制定交通疏导或导行方案，并实施完毕。

施工中影响或阻断人行交通时，在施工前应采取措施，保障人行交通畅通、安全。设置排水沟、集水坑，及时将路基里的积水或地下水排走，确保路基上无积水。

施工用水、用电已经接通。根据工程规模、环境条件，修筑临时施工道路。临时施工道路应满足施工机械调运和车辆通行安全要求，且不得妨碍施工。

对作业层队伍进行全面技术、安全、质量、环保内容的交底。

无雨、雪天气。采用干铺时，环境温度不应低于0℃。采用掺有水泥的砂浆铺设时，环境温度不应低于5℃。

（三）人行道施工准备注意事项

1. 地下管线的保护

在基槽开挖之前，应全面掌握人行道下的管线种类、结构、水平位置、埋深等情况。在地下管线埋深较浅处，采用人工开挖基槽，人工或小机具夯实，以免损伤地下管线。

2. 相邻构筑物的协调

人行道上常有树穴、绿带、各种检查井、电杆穴等构筑物。因此，在人行道施工时，必须与有关部门互相协作配合，避免在工序上发生冲突，并应保护好测量标志，保证人行道的标高和横坡。

3. 环境保护

在喷洒乳化沥青或涂沥青漆和摊铺沥青混凝土时，侧石及相邻构筑物应用旧报纸、牛皮纸等加以覆盖，以防止污染。

4. 盲道设置

按设计及规范规定设置施工步骤与施工工艺；行进盲道砌块与提示盲道砌块不得混用；盲道避开树池、检查井、杆线等障碍物；路口处盲道应设为无障碍。

铺砌面层完成后，必须封闭交通，并应湿润养护。当水泥砂浆达到设计强度后，方可开放交通。

二、人行道施工

（一）基槽施工

基槽施工要点如下：

按设计图样实地测高程桩与放线，人行道直线段，一般 10m 一桩，曲线段适当加密，并在桩上标出面层设计标高，或放在建筑物上画线表明设计标高。若人行道外侧已按标高安装站石时，则以站石顶面标高为准，按设计横坡放样。

新建道路，可将土路床施工至人行道基槽标高，不必反开挖；路垫开挖接近基槽标高时，适当停留厚度，找平碾压达到设计压实度后再进行检查平整。草地软土应换填或用石灰稳定处理。开挖基槽前要对地下管网进行了全面检查，并采取相应的保护措施。雨、冬期施工，必须做好相应的排水、防冻措施。

（二）基层施工

人行道基层有石灰土基层、石灰水泥稳定石屑基层、水泥稳定碎石基层、素混凝土基层等。

沥青混凝土面层人行道一般采用石灰水泥稳定石屑、水泥稳定碎石等半刚性基层材料，以减少反射裂缝；水泥混凝土人行道多采用石灰土基层、石灰水泥稳定石屑、水泥稳定碎石等基层材料；建筑材料贴面的人行道一般采用素混凝土基层。

（三）面层施工

1. 沥青混凝土面层施工

（1）铺筑面层

检查到达工地的沥青混凝土种类、温度及拌和质量各个方面，冬季运输沥青混凝土必须注意保温。人工摊铺时要计算用量，分段卸料，卸料要卸在钢板上，松铺系数为1.2～1.3。上料时要注意扣铣操作，摊铺时不要踩在新铺混合料上，注意轻拉慢推，搂平时注意粗细均匀，不使大料集中。

（2）碾压

用平碾纵向错半轴碾压，随时用3m直尺检查平整度，不平处及粗麻处要及时修整或筛补，趁热压实。碾压不到处要用热夯或热烙铁拍平，或用振动夯板夯实。

（3）接槎

采用立槎涂油热料温边方法。低温施工应适当采取喷油措施，并铺热沙，以保护人行道面层，防止掉渣。要求表面坚实，无松散、裂纹、掉渣、积水、粗细料集中等，接槎紧密平顺，与其他构筑物应接顺。

2. 现浇水泥混凝土面层施工

（1）摊铺面层

现浇水泥混凝土人行道面层铺筑厚度应不小于10cm。水泥混凝土拌合物应摊铺均匀。布料的松铺系数取1.10～1.25之间。摊铺后表面应大致平整，不得有明显的凹陷。块混凝土板应一次连续摊铺完毕。

（2）振捣

当混凝土摊铺长度大于10m时，可以开始使用平板振捣器进行振捣作业，振动时间不宜少于30s，应重叠10cm～20cm，振捣器行进速度应均匀一致。振捣速度宜匀速缓慢，振捣应连续不间断地进行，其作业速度以水泥混凝土拌合物表面不露粗集料，泛出水泥浆为准。

（3）收面

透水水泥混凝土振捣后，宜使用抹平机对水泥混凝土面层进行收面，收面时必须保持模板顶面整洁，接缝处板面平整。抹面不宜少于4次，先找平抹平，待混凝土表面无泌水时再抹面，并依据水泥品种与气温来控制抹面间隔时间。

（4）切缝

根据环境温度在泥混凝土面层成活后250℃/h，按设计要求间距采用切缝法施工横向缩缝。缩缝应垂直板面，宽度宜为4mm～6mm。设传力杆时，不应小于面层厚的

1/3。切缝完成后，立即用高压水枪将残余砂浆冲洗干净。待缩缝干燥后，按设计要求进行填缝处理。

3. 路面砖铺砌面层施工

（1）复测标高

按照设计图纸复核放线，用测量仪器打方格，并采用对角线检验方正，然后在桩橛上标注该点面层设计标高。

（2）水泥砖装卸

预制块方砖的规格为 200×200×180（单位：mm），装运花砖时要注意强度和外观质量，要求颜色一致、无裂缝、不缺棱角。要轻装轻卸以免损坏。卸车前应先确定卸车地点和数量，尽量减少小搬运。砖间缝隙为 2mm，用经纬仪和钢尺测量放线，打方格时要把缝宽计算在内。

（3）拌制砂浆

采用 1 ： 3 石灰砂浆或 1 ： 3 水泥砂浆，石灰粗沙要过筛，配比要准确，砂浆的和易性要好。

（4）修整基层

挂线或用测量仪器检查基层竣工高程，对小于等于 2.2m 的凹凸不平处当低处小于等于 1cm 时，可填实，可填 1 ： 3 石灰砂浆或 1 ： 3 水泥砂浆；当低处大于 1cm 时，将基层刨 5cm，用基层的同样混合料填平拍实，填补前应把坑槽修理平整干净，表面适当湿润，高处应铲平，但如铲后厚度低于设计厚度的 90% 时，应进行反修。

（5）铺筑砂浆

在清理干净的基层上洒一遍水使之湿润，然后铺筑砂浆，厚度为 2cm，用刮板找平。铺砂浆应随砌砖同时进行。

（6）铺砌水泥砖

铺砖时，按控制桩高，在方格内由第一行砖纵横挂线，根据标线按标准缝宽铺筑第一行样砖，然后纵线不动，横线平移，依次按照样砖铺砌。

铺步砖缝的直线要通，曲线要顺。扇形平面上铺步砖，要用电锯切割异形步砖与之相配，也可按直线顺延铺筑，然后用与预制步砖颜色相同的水泥砂浆补齐并刻缝。

砌筑时，步砖要轻拿轻放，用木槌或橡胶锤轻捶击实砌稳，如砌不平，应将步砖拿起，用砂调整重新铺筑，不准在砖底塞灰或用硬料支垫，必须使步砖平铺在密实的砂浆上并稳定无动摇、无空隙。

（7）灌缝

灌缝一般采用 1 ： 3 水泥细沙干浆，先在步砖表面均匀撒铺一层砂浆，然后用扫帚或板刷将砂浆扫入缝中，然后可用小型振动碾压机振实或浇水灌实。灌缝要反复进行几道，直到缝隙饱满为止。施工完毕后，面上的砂浆要清扫干净，用扫帚扫出步砖本色。

灌缝完毕后应及时洒水养护，在铺砌过程中，质检员应跟踪检查，发现不符合检验规范要求的部位，及时督促修整。

4.其他形式的人行道面层施工

（1）彩色板（砖）和触感板（砖）人行道的施工

彩色人行道方砖要采用刚性或半刚性基层及干拌水泥砂浆黏结层。基层和黏结层的材料、厚度、强度应符合设计要求。基层的施工可按照规程的有关规定执行。

彩色道板（砖）在铺砌之前要浇水湿润。将彩色道板（砖）按照定位线逐块坐实于黏结层上，使其结成整体。相邻板块贴紧，表面平整，线形顺直，铺砌后应浇水湿润养生。艺术花样和触感板的导向、停步块材铺砌时，要按照设计图形进行施工。

（2）水泥混凝土连锁砌块铺装

由于连锁砌块条块狭小，因而对于平整度的要求更高，块与块的连接必须连锁紧密、齐平，不得有错落现象。铺砌不留缝，垫层用粗沙，使用专用的振平板振实，灌缝用细沙，其余操作均同铺水泥砖。完工后需要表面平整光洁、图案排列整齐、颜色一致，无麻面或者掉面、缺边现象，纵横坡度要符合设计要求。

（3）曲线段人行道板（砖）的施工

曲线段人行道的道面铺砌，可采用直铺法或扇形铺法进行铺砌，其中彩色人行道板（砖）应采用直铺法进行施工。铺板（砖）后所形成的楔形空缺和边、角空缺可采用同标号水泥混合料就地浇筑，彩色人行道板（砖）应按所需形状切割后拼砌，与预制道板（砖）面平，并进行养护。

（四）特殊部位的施工

1.各种井的周边施工

按设计标高、纵坡、横坡，调整井圈高程；对已破坏或跳动的井盖、井圈进行更换；检查井周围，不得使用锯割的步砖嵌砌，步砖与井周空缺应及时用细石混凝土填补好；建筑材料贴面可使用切割后材料与检查井接顺。

2.树穴施工

按设计要求间隔和尺寸留出树穴；树穴与路缘石或站石要方正衔接；树穴边缘按设计要求用水泥混凝土预制件、水泥混凝土缘石或大理石等围成，尺寸、高程按设计要求确定；人行横道线、公共汽车站处不设树穴。

3.无路缘石部位施工

对人行道、广场等无路缘石人行道边缘，应采用混凝土止挡法或步砖砂浆黏结法固定。

4.与建筑物衔接处施工

人行道面层高于建筑物地面时，应调整人行道横坡接平，或将建筑通行范围降低接顺；当建筑物地面与人行道高差较大时，应设置踏步或挡土墙。

（五）人行道的保养与修理

1. 人行道保养

应经常保持人行道整洁，及时清除人行道上的尘土污泥和杂物；两侧建筑物的管道排水，不得浸流人行道上；禁止机动车辆在人行道上行驶或停放；经常保持块料铺装人行道块体的稳定，发现松动及时补充嵌缝材料，填充稳固；若垫层不平引起人行道砌块松动，应将砌块挖出，整修垫层重新铺筑；应保养好整体铺装人行道的伸缩缝和施工缝及人行道同检查井口的接缝，发现损坏应及时修补；侧石及平石的接缝要定期清缝及勾缝；对损坏及歪斜的侧石及平石，应及时调整或更换；因树根挤坏人行道及侧石而影响行人及排水时，应向有关部门联系解决。

2. 人行道修理

人行道的修理，应针对破损原因（如排水不良、路面树根部的发育、集中堆放重型物资或机动车辆驶入等）采取相应措施进行修补。修复时应符合下列规定：

处理部分要比损坏边缘扩大 10cm 以上，开挖前应清理尘土、杂物；要按照修理时画出的轮廓开挖，边缘应垂直整齐。如果修理砌块面层，则应按砌块接缝线前 10cm 进行画线开挖；人行道路面损坏需要修整并更换侧石和平石，必须在更换侧石和平石后再修整路面；结构组合应按原人行道结构恢复，回填土及基层压实度应符合规定；修理部分要将四周边缘结合至密实平整，检查井的周围要细致地修复，黑色混合料铺筑的人行道结构，槽壁要涂黏结剂浇沥青，水泥混凝土人行道按原规格、原花纹恢复；新开人行道根据道路口宽度、侧石设置、转弯半径等采用不同形式，并要考虑行人行走方便。

第三节　交通安全设施施工技术

交通安全设施工程是现代交通运输中不可缺少的安全保障措施，每个公民都必须遵守交通规则。交通工程主要包括护栏工程、标志工程、标线工程、中间带等。

一、护栏工程施工

（一）护栏的种类

1. 按护栏构造形式划分

根据造型不同，护栏可以分为半刚性护栏、刚性护栏和柔性护栏。

（1）半刚性护栏

半刚性护栏是一种连续的梁柱结构。它是通过车辆与护栏间的摩擦，车辆与地面间的摩擦及车辆、土基和护栏本身产生一定的弹、塑性变形（以护栏系统的变形为主）来吸收碰撞能量，延长碰撞过程的作用时间来降低车辆速度，并迫使失控车辆改变行驶方向，恢复到正常的行驶方向，从而确保乘员安全，减少车辆损坏。半刚性护栏主要设置在需要着重保护乘员安全的路段。

（2）刚性护栏

刚性护栏是一种基本不变形的护栏结构。对刚性护栏来说，是通过车轮转动角的改变，车体变位、变形和车辆与护栏、车辆与地面的摩擦来吸收碰撞能量。在碰撞过程中，车辆变形程度取决于自身的刚度、碰撞能量和碰撞作用时间。当车辆的碰撞角度较大时，往往造成比较严重的后果。刚性护栏主要设置在需严格阻止车辆越出路外，以免引起二次事故的路段。

（3）柔性护栏

柔性护栏是一种具有较大缓冲能力的韧性护栏结构。缆索护栏是柔性护栏的主要代表形式，它是一种以数根施加初张力的缆索固定于立柱上而组成的结构，完全依靠缆索的拉应力来抵抗车辆的碰撞，吸收能量。

2. 按护栏设置的位置划分

根据设置位置的不同，护栏可以分为路侧护栏、中央分隔带护栏、桥梁护栏、过渡段护栏、端部护栏以及防撞垫等。

（1）路侧护栏

主要用以防止失控车辆越出路外或碰撞路侧构造物和其他设施。是否设置路侧护栏的关键因素是路堤高度和边坡坡度。

路侧护栏防撞等级的选取则需综合考虑以下因素：车辆驶出路外可能造成的交通事故等级、路侧安全等级、路堤高度、公路线形、交通量以及车辆构成。

（2）中央分隔带护栏

中央分隔带护栏是指设置于道路中间带内的护栏，目的是防止失控车辆穿越分隔带闯入对向车道，并保护分隔带内的构造物和其他设施。

当整体式断面中间带宽度小于12m时，必须设置中央分隔带护栏；大于12m时，应分路段确定是否设置中央分隔带护栏。

作为干线公路的一级、二级公路桥梁必须设置路侧护栏，作为干线公路的公路桥梁必须设置中央分隔带护栏。作为集散公路的一级、二级公路桥梁应设置路侧护栏，作为集散公路的一级公路桥梁宜设置中央分隔带护栏。

（3）桥梁护栏

为了避免机动车辆碰撞行人和机动车辆的严重事故发生，对于高速公路、汽车专用一级公路上的特大桥、大桥、中桥梁，必须根据其防撞等级在人行道与行车道间设置桥梁护栏。

一般公路的特大桥、大桥、中桥梁在条件许可的情况下也应设置护栏。在有人行道的桥梁上，应按实际需要在人行道和行车道分界处设置汽车、行人分隔护栏。

桥梁护栏形式的选择，首先要根据防撞等级要求，避免在相应设计条件下失控车辆跃出。同时，还应综合考虑公路等级、桥梁护栏外侧危险物的特征、美观、经济以及养护维修等因素。例如，在有美观要求的情况下或积雪严重的地区，宜采用梁柱式护栏组合结构。钢桥为了减轻恒载，宜采用金属制成的护栏。组合式护栏兼有钢筋混凝土墙式护栏的坚固和金属制梁柱式护栏美观的优点，在我国高速公路的桥梁上普遍被采用。它的优点是：当汽车车轮与之相撞且碰撞角小于 10° 时，能校正汽车运行轨迹，且不会出现较大的损伤。

（4）其他护栏形式

除了以上三种护栏之外，还有过渡段护栏、端部护栏以及防撞垫。过渡段护栏是指在不同护栏断面结构形式之间平滑连接并进行刚度过渡的结构段；端部护栏是指在护栏开始端或结束端所设置的专门结构；防撞垫是通过吸能系统使正面、侧面碰撞的车辆平稳地停住或改变行驶方向，一般设置在互通立交出口三角区、未保护的桥墩、结构支撑柱和护栏端头。

（二）安全护栏的功能

公路上的安全护栏，需要进行正确的设计才有可能实现以下功能。

绊阻车辆，防止车辆越出路外，保护路外建筑物的安全，确保行人不受到重大伤害，确保与其相交道路、铁路的安全，阻止失控车辆穿越中央分隔带闯入对向车道。

能使车辆回复到正常行驶方向。车辆碰撞护栏的运动轨迹应能圆滑过渡，以较小的驶离角和较小的回弹量停留在不影响车辆正常行驶的地方，不致发生二次事故。

一旦失控车辆与护栏发生碰撞时，为了使驾驶人和乘客的损伤为最小，要求护栏具有良好的吸收碰撞能量的功能。

能引导驾驶人的视线，能清晰地看到道路的轮廓及前进方的线形，增加行车的安全性，使道路更加美观。

（三）护栏的施工工艺

1. 立柱位置放样

立柱放样应以道路固定设施，如桥梁、通道、涵洞、隧道、中央分隔带开口、紧急电话开门、路线交叉等为主要控制点（即控制立柱的位置）。应在两控制点之间量距，如出现零头数，可通过合适的调整段调整。立柱间距可能有不大于 25cm 的间距零头数，可通过分配法将其调整至多根立柱间距中。为准确放样和保证护栏的线形，在条件允许时可使用全站仪、经纬仪、水准仪等测量仪器。放样后，应确认立柱施工不会造成对地下设施的损坏，否则要调整立柱的位置。

2. 立柱安装

立柱安装应与设计文件相符，并与公路线形相协调。位于土基中的立柱，可采用打入法、挖埋法或钻孔法施工。立柱标高应符合设计要求，不得损坏立柱端部。采用打入法打入过深时，不能将立柱部分拔出加以矫正，必须将其全部拔出，将基础压实后再重新打入。

采用挖埋法施工时，回填土应采用良好的材料并分层夯实，回填土的压实度不能小于设计规定值。填石路基中的柱坑，应用粒料回填并夯实。采用钻孔施工时，立柱定位后应用与路基相同的材料回填，并分层夯填密实。

在铺有路面的路段设置立柱时，柱坑从路基至面层以下5cm处应采用与路基相同的材料回填并分层夯实，余下部分应采用与路面相同的材料回填并压实；位于石方区的立柱，应根据设计文件的要求设置混凝土基础；位于小桥、通道、明涵等混凝土基础中的立柱，可设置在预埋的套筒内，通过灌注砂浆或混凝土固定，或者通过地脚螺栓与桥梁护轮带基础相连。立柱安装就位后，其水平方向和竖直方向应形成平顺的线形。护栏渐变段和端部的立柱，应按设计规定的立柱进行安装。

3. 波形梁安装

波形梁通过拼接螺栓相互拼接，并由连接螺栓固定于立柱或横梁上。波形梁的搭接方向是安装的关键，搭接方向应与行车方向一致。如果搭接方向与行车方向相反，即使是轻微的擦碰，也会造成较大的损失。波形梁在安装过程中要不断进行调整，不能过早拧紧其连接螺栓和拼接螺栓，否则将无法发挥板上长圆孔的调节作用。

4. 防阻块及端头的安装

防阻块能防止立柱阻绊车轮，避免护栏局部受力、减小碰撞时车辆的冲击。托架适用于路肩较窄或护栏设置防阻块受限的情况。在安装时，应保证使其准确就位。在调整好立柱后，即可安装防阻块，最后安装波形梁板并进行统一调整。防撞等级为SA、SAm和SS的波形梁护栏在安装防阻块时，应根据设计文件要求，同时安装上层立柱。

设有横隔梁的护栏，把梁与横隔梁连为一体成为组合型护栏。横隔梁应平行于路面（即垂直于立柱）安装。在安装波形梁板之前不应拧紧横隔梁与立柱的连接螺栓，否则不宜进行总体调节。

中央分隔带护栏的端头梁与两侧梁相连，端头附近的立柱应按设计文件的要求进行加强处理。路侧护栏的端部结构由端柱、端头梁、混凝土基础等组成。在端部基础混凝土达到设计强度70%后，方可安装端部结构。如因土基压实度不足等原因需要对端部结构进一步加强时，经论证，可根据设计文件的要求在端头梁附近设置钢丝绳锚固件。

（四）施工质量要求

护栏立柱的埋深、基础规格、土基压实度、端部和过渡段处理要符合设计规范和设计文件的规定；立柱位置、立柱中距、垂直度、横梁中心高度应符合设计要求；所有构件不能因运输、施工造成防腐层的损伤；直线段护栏不得有明显的凹凸、起伏现象；曲线段护栏应圆滑顺畅，与线形协调一致；中央分隔带开口端头护栏的线形应与设计文件相符；波形梁板搭接应方向正确、搭接平顺、垫圈齐备、螺栓紧固；防阻块、托架、横隔梁、端头的安装应与设计文件相符，安装到位，不得有明显变形、扭转、倾斜；波形梁板和立柱不得现场焊割和钻孔；立柱及柱帽安装牢固，其顶部应无明显塌边、变形、开裂等缺陷。

（五）施工验收

护栏立柱的埋深、基础规格、土基压实度、端部和过渡段处理应符合设计规范和设计文件的规定；立柱的位置、中距、垂直度和横梁中心高度均应符合设计要求，这是护栏发挥功能的基本保证。横梁中心高度是指从路面到波形梁横梁中心点的垂直距离。

二、交通标志、标线的施工

（一）交通标志

道路交通标志是用图形符号、颜色和文字向交通参与者传递特定信息，用于交通运行管理的设施。一般设在路旁或悬挂在道路上方，使交通参与者获得确切的道路交通信息，从而达到保障运行安全和高效的目的。交通标志应使交通参与者在很短的时间内就能看到、认识并完全明白它的含义，从而采取正确的措施。因此，交通标志必须具有较高的显示性、良好的易读性和广泛的公认性。

1. 交通标志三要素

不同颜色具有不同光学特性，从心理学角度讲会产生不同的心理感受和联想形状。研究表明：交通标志的视认性、显示性与标志形状有重要关系，面积相同时不同形状标志的易识别程度大小的顺序为：三角形、棱形、正方形、正五边形、圆形等。符号表达标志具体含义，应简单明了，易为公众理解，力求易于直观。

2. 交通标志的分类

（1）按功能划分

根据 GB5768-2009《道路交通标志和标线》，交通标志按功能可分为主标志和辅助标志两大类。

①主标志

警告标志：警告车辆行人注意危险地点的标志。

禁令标志：禁止或限制车辆、行人交通行为的标志。

指示标志：指示车辆、行人行进的标志。

指路标志：传递道路方向、地点、距离信息的标志。

旅游区标志：提供旅游景点方向、距离的标志。

道路施工安全标志：通告道路施工区通行的标志。

②辅助标志

辅助标志指附设在主标志下，起辅助说明作用的标志。

（2）按支撑方式分

柱式标志：以立柱支持在路侧、交通岛或中央分隔带等处；单柱式：标志牌安装在一根立柱上；双柱式：标志牌安装在两根立柱上；悬臂式标志：标志牌安装在悬臂支架结构上方；门架式标志：标志牌安装在门式支架结构上；附着式标志：标志牌安装在上跨桥和附近构造物上。

（3）按反光方式分

不反光标志：无定向反射功能的一般油漆标志、搪瓷标志等；反光标志：标志表面采用反光材料制作的标志。

照明标志：利用照明设备使标志表面发亮的标志。

内部照明标志：标志板内装有照明装置，采用半透明材料制作标志面板，有单面显示和两面显示两种；外部照明标志：外部光源照明标志板面的方式；自发光标志：白天吸收太阳光，晚上发亮的标志。

（二）交通标线

路面标线是标画于路面上的各种线条、箭头、文字、立面标记、突起路标和路边轮廓标等所组成的交通安全设施。它的作用是确保车流分道行驶，分流交通行驶方向，加强车辆行驶纪律和秩序，增加公路通行能力，更好地组织交通，引导用路者视线，管制用路者驾驶行为的重要手段，可以有效地指引车辆在汇合或分流前进入合适的车道。

道路交通标线按设置方式可分为以下 3 类：纵向标线：沿道路行车方向设置的标线；横向标线：与道路行车方向成角度设置的标线；其他标线：字符标记或其他形式标线。

道路交通标线按功能可分为以下 3 类：指示标线：指示车行道、行车方向、路面边缘、人行道等设施的标线；禁止标线：告示道路交通的通行、禁止、限制等特殊规定，车辆驾驶人及行人需严格遵守的标线；警告标线：促使车辆驾驶员及行人了解道路上的特殊情况，提高警觉，准备防范应变措施的标线。

道路交通标线按功能可分为 4 类。线条：标画于路面、缘石或立面上的实线或虚线；

字符标记：标画于路面上的文字、数字及各种图形符号；突起路标：安装在路面上用于标示车道分界、边缘、分合流、弯道、危险路段、路宽变化、路面障碍物的反光或不反光体；路边线轮廓标：安装于道路两侧，用以指示道路的方向、车行道边界轮廓的反光柱（或片）。

（三）交通标志、标线的施工

1. 交通标志的施工

标志在厂家加工，现场安装。标志板材料采用挤压成型异型铝材制作，标志板与滑动槽钢采用铝合金铆钉连接，板面上的铆钉头要打磨平整。标志板边缘应做角钢加固处理。立柱、抱箍、底衬、柱帽等应进行热镀锌处理。所有金属构件除特殊说明外均采用Q235钢制作。为防止雨水渗入，立柱顶部应加柱帽。标志板与横梁采用抱箍连接。

标志板的反光膜均采用超强级反光膜标识，安装采用汽车吊配合人工进行，标志板施工需要注意：施工的全过程应顺序作业，标识外观顺直、流线、平滑、垂直；标识朝向、角度与设计一致；标识的防锈层不得破坏；电缆线接头牢固可靠，防水绝缘，不易暴露；标识平面位置准确；吊装时注意交通行人、行车的安全；标识在吊装时，一定要系溜绳，控制起重物的姿态稳定；吊装时要设置警示标志。

在施工过程中，所有标志基础应严格按照设计图纸位置施工，若遇树木、路灯等路上或地下构筑物与设计标志基础相矛盾的，经与现场监理协商可依据现场实际情况将标志基础沿道路中线纵向平移0m～2m；所有标志基础长边均应平行于相应道路中心线，标志板面长边垂直相应道路中心线；施工中需与使用方（交警设施处、科技处等）加强联系，紧密配合，必要时应通知使用方人员到场。

2. 交通标线的施工

（1）路面标线

路面应清洁干燥，不得存在松散颗粒、灰尘、沥青渣、油污或其他有害材料。车行道边缘线的宽度应为15cm～20cm，车行道分界线的宽度应为10cm～15cm，路面中心线的宽度应为10cm～15cm。位于中央分隔带或路侧安全区内未加护栏防护的桥墩、隧道洞口、交通标志立柱等构造物应设置立面标记，颜色为黄黑相间，线宽及间距均为15cm。立面标记应向车行道方向以45°角倾斜。立面标记宜设置为120cm高。二级及以下等级的公路上设置减速丘设施时，应在距其两侧各30m的范围内设置减速丘预告标线。正式施画前应进行试划，以检验画线车的行驶速度、线宽、标线厚度、玻璃珠撒布量等能否满足要求。调试合格后才能开始正式施工。施工时，应按设计文件要求留出排水孔，处于禁止超车线处的突起路标应空出其位置。新铺沥青混凝土路面的交通标线施工，可在路面施工完成一周后开始；新建水泥混凝土路面的交通标线施工，应在混凝土养护膜老化起皮并清除后开始。对施工中存在的缺陷，应及时修整。成型标线带和防滑彩色路面标线的施工应符合产品使用说明书的规定。

（2）突起路标

隧道的车行道分界线上应设置突起路标；突起路标可单独设置成车行道边缘线和车行道分界线；突起路标的壳体颜色、设置位置、间距应符合现行 GB5768-2009《道路交通标志和标线》的规定。根据设计文件的要求确定突起路标的设置位置，反射体应面向行车方向。路面和突起路标底部应清洁干燥并涂粘结剂。突起路标就位后，应在其顶部施加压力，排除空气，调整就位。

3.质量控制要点

（1）标志质量控制要点

标志板安装后应平整，夜间在车灯照射下，标志板底色和字符应清晰明亮，颜色均匀，不应出现明暗不均的现象，不能影响标志的认读。在粘贴底膜时，横向不宜有拼接。竖向拼接时，上膜须压下膜，压接宽度不应小于 5mm。

（2）标线质量控制要点

标线线形应流畅，与道路线形相协调，曲线圆滑，不允许出现折线。

三、中间带

（一）中间带概述

1.中间带的作用

公路中的高速公路、一级公路，城市道路中的双幅路和四幅路均应设置中间带。中间带由两条左侧路缘带和中央分隔带组成，其作用如下：

第一，将上、下行机动车流分开，既可防止因快车驶入对向行车道造成车祸，又能减少公路中心线附近的交通阻力，提高通行能力。

第二，作为设置交通标志牌及其他交通管理设施的场地。

第三，种植花草灌木绿化或设置防眩网，可防止对向车辆灯光炫目，还可起到美化环境的作用。

第四，设于分隔带两侧的路缘带，由于有一定宽度且颜色醒目，既引导驾驶员视线，又增加行车所必需的余宽，从而提高行车的安全性和舒适性。

2.中间段的组成

中间带由中央分隔带和路缘带组成。分隔带以路缘石线等设施分界，在构造上起到分隔往返交通的作用。在分隔带的两侧设置路缘带，既引导驾驶员的视线，促进行车安全，还能保证行车所必需的余宽，提高行车车道的使用效率。

3.中间带的宽度

中间带宽度规定有一般值和最小值。正常情况下采用一般值，当遇有特殊情况时可采用最小值。中间带的宽度一般情况下应保持等宽，并且不得频繁变更宽度。当中间带宽度因地形条件或其他特殊情况限制而减窄或增宽时，应设置过渡段。过渡段以设在回旋线范围内为宜，其长度与回旋线长度相等。宽度大于规定或大于4.5m的中间带的过渡段，以设置在半径较大的平曲线路段为宜。整体式断面分离是分离式断面后和分离式断面汇合为整体式断面前的一段距离内，当分离式断面两相邻路基边缘之间的中间距离小于中间带宽度时，应设置不同宽度的中间带。

4. 中间带开口

为了便于养护作业和某些车辆在必要时驶向对向车道，中间带应按一定距离设置开口。公路上开口一般情况下以每2km以上的间距设置为宜，太密将会造成交通的紊乱。城市道路开口（断口）最小间距大于300m～400m，通常要考虑横向交通（车辆和行人）的需要。中间带的开口应设置在通视条件良好的路段，若在曲线上开口，其曲线半径应大于700m。在互通式立体交叉、隧道、特大桥、服务区等设施的前后必须设置开口。

开口端部的形状，常用的有两种：半圆形和弹头形。对于窄的分隔带（M < 3.0m）可用半圆形，宽的（M≥3.0m）可用弹头形。

（二）中间带的施工

1. 埋设横向塑料排水管

路基施工完成后即可进行施工；沟槽开挖：开挖的位置、深度、宽度应符合设计要求沟槽应保持直线并与线路中线垂直，沟槽底部坡度与路面坡一致，可采用开沟机或人工开挖；铺设垫层：采用粒径小的石料铺设，厚度保持均匀，并具有与路面相同的横坡；埋设塑料排水管：一端插入中央分隔带纵向盲沟范围内，另一端伸出路基边坡外进出口用土工布包裹，防止被碎石堵塞；塑料排水管采用套接时，管口要对齐并靠紧，用短套管套紧两根管，并在套管两端用不透水材料扎紧。

2. 中央分隔带开挖

路面基层施工完成后即可施工；先挖集水槽，再挖纵向盲沟；一般采用人工开挖，挖开的土不得堆在施工完成的基层上，防止污染基层；沟槽的深度、宽度及沟底纵坡应符合设计要求；沟底必须平整密实，不得有杂物。

3. 防水层施工

喷涂双层防渗沥青时，要求喷涂厚度均匀，无漏喷，喷涂范围为中央分隔带范围内的路基和路面结构层；采用PVC防水板时，防水板的两端应拉紧、无褶皱，防水板纵横向搭接，并用铁钉固定。

4. 纵向碎石盲沟

碎石盲沟要填充密实、表面平整，并在顶面设置反滤层；反滤层可以采用砂石材料或土工合成材料，目前，高等级公路中多采用土工布；土工布的铺设应平整、无折皱、无重叠，并且要避免过量拉伸而发生破坏；施工现场若发现土工布破损，应进行修补，并且必须能够达到原性能时方可使用；土工布采用平行搭接，搭接长度不小于 30cm。

5. 缘石安装

缘石安装应在路面面层铺设前安装完成，可以现场浇筑或预制安装；采用预制安装时应铺设在不小于 2cm 厚的砂垫层上，砌筑砂浆的水泥与砂的体积比应为 1∶2；缘石的安装要稳固、线条直顺、曲线圆滑、顶面平整、缝宽均匀、勾缝密实；基底和后背填料必须夯打密实。

四、安全隔离设施施工

第一，材料表面处理检验。隔离设施的所有金属件原则上都应进行表面处理，一般应采用热浸镀锌处理。其他表面处理方法，如油漆、涂塑、紧固件的镀锌技术等，对其耐久性、经济性、美观及施工条件的全面分析并经过认可后，也可采用。

第二，检查其柱孔深度、基底清理，坑底混凝土质量。放入立柱后，检查其垂直度、立柱的埋设，应分段进行。先埋两端，然后拉线埋放中间立柱。注意立柱纵向线形，柱顶的平整。

第三，有框架的隔离网宜在工厂集中制作。检查其外框架焊接、钢板网的切割及放入，钢板网的拉紧，与外框的焊接及除锈、去油污等工序。

第四，立柱要保证安装牢固和垂直度的要求，基础不得有松动，立柱纵向应在一线以上，不得出现参差不齐的现象。柱顶应平顺，不得出现高低不平的情况。立柱基础强度达到设计强度的 70% 后方可安装隔离栅网片。

第五，编织网隔离栅最好纵向连续铺设，边铺边拉紧，并且尽可能在立柱挂钩上扣牢。编织网要求卷网自如，弯勾时保证不变形。隔离栅安装完毕后，纵向高程不应有很大的起伏变化，网面要平整，在任何方向均不得有明显的倾斜。各类隔离栅网片安装完毕后，立柱基础均应进行压实处理。

第六，刺钢丝安装时要求从端头立柱开始。刺钢丝之间要求平行、平直；绷紧后用 11 号钢丝与立柱上铁钩绑扎固定，横向与斜向刺钢丝相交处用 11 号钢丝绑扎。

第七，钢板网安装要求网面平整，无明显凹凸现象，框架与立柱应连接牢固，整体连接平顺。

第四节　其他附属工程施工技术

在公路附属工程之中，除了路缘石、人行道以及交通安全设施的施工之外，还有路肩、雨水口、检查井、雨水支管施工等。这些都是公路工程的重要组成部分，对公路的正常使用起着不可或缺的作用。

一、路肩施工

（一）路肩的作用及宽度

各级公路都要设置路肩。路肩的作用主要有以下几个方面：由于路肩紧靠在路面的两侧设置，具有保护及支撑路面结构的作用；供发生故障的车辆临时停放之用，有利于防止交通事故和避免交通紊乱；作为侧向余宽的一部分，能增进驾驶的安全和舒适感，对保证设计车速是必要的，尤其在挖方路段，还可以增加弯道视距，减少行车事故；提供道路养护作业、埋设地下管线的场地，对未设人行道的道路，可供行人及非机动车等使用；精心养护的路肩，能增加公路整体的美观。

根据上述路肩功能，从构造上又可分为硬路肩、土路肩。硬路肩是指进行了铺装的路肩，它可以承受汽车荷载的作用力，在混合交通的公路上便于非机动车、行人通行。在填方路段，为使路肩能汇集路面积水，在路肩边缘应设置缘石。土路肩是指不加铺装的土质路肩，它起保护硬路肩、路面和路基的作用，并提供侧向余宽。高速公路、一级公路应采用分离式断面。宽度大于4.5m的中间带，行车道左侧也应设硬路肩。高速公路、一级公路的平原微丘区，有条件时硬路宽度应大于2.50m。

城市道路采取边沟排水时，与公路一样，应在路面外侧设置路肩，同样分为硬路肩和保护性路肩。城市道路的设计速度大于或等于40km/h时，应设置硬路肩。保护性路肩一般为土质或简易铺装，其作用是为城市道路的某些交通设施，如护栏、杆栏、电线杆、交通标志牌等的设置提供场地，最小宽度为0.5m。双幅路或四幅路中间具有排水沟的断面，还应设置左侧路肩。各级公路和城市道路的路肩宽度根据条件可采用0.75m ~ 4.0m，最窄不得小于0.50m。

（二）路肩施工

路肩石可以在铺筑路面基层后，沿路面边线刨槽、打基础安装；也可以在修建路面基层时，在基础部位加宽路面基层作为基础；还可以利用路面基层施工中基层两侧宽处的多余部分作为基础，厚度及标高应符合设计要求。

路面中线校正后，在路面边缘与侧石交界处放出路肩石线，直线部位10米桩；曲线部位5 ~ 10米桩；路口及分隔带等圆弧1 ~ 5米桩。可以用皮尺画圆并在桩上标明路肩石顶面高程。

刨槽施工时，按要求宽度向外刨槽，一般为30cm，靠近路面一侧比线位宽出少许，一般不大于5cm，太宽容易造成回填夯实不好及路边塌陷。为保证基础厚度，刨槽深度可以比设计加深 1cm ~ 2cm，槽底应修理平整。若在路面基层加宽处安装路肩石，则将基层平整即可，免去刨槽工序。

二、雨水口施工

（一）雨水口施工工艺

雨水口施工步骤主要有以下几点：根据设计图样，放出雨水口井位，打定位桩，并标定高程；按照定位线开挖基槽，井周每侧留出 30cm 的余量，控制设计标高，清理槽底，进行夯实；浇筑底板，底板按设计图施工养护达到一定强度时再砌筑井体；砌筑井体前要按墙身位置挂线，先在底板上铺上一层砂浆后，再开始砌筑墙身，要保证墙身垂直，井底应采用水泥砂浆抹出雨水口泛水坡。

墙身砌筑到一定高度时，将内墙用砂浆抹面，随砌随抹，抹面要光滑平整、不起鼓不开裂；井外用水泥砂浆搓缝，使外墙严密；墙身每砌起 30cm 应及时回填外槽，一般采用碎砖灌水泥砂浆回填，也可用 C10 水泥混凝土回填，回填必须密实，防止井周路面产生局部沉陷。

砌至支管顶时，应将井内管头与井壁口相平，将管口与井壁用水泥砂浆勾抹严密，雨水管端面应露出井壁，其露出长度不应大于 2cm。雨水管穿井墙处，管顶应砌砖券；墙身砌至设计标高时，用水泥砂浆坐底安装井框、井箅，安装必须平稳、牢固；立式雨水口在墙身设计标高时，安装立式井箅，并将井身上口加盖盖板；雨水口井身砌筑完毕后，应及时将井内碎砖、砂浆等杂物清理干净，井口临时覆盖。

（二）施工注意事项

位置应符合设计要求，不得歪扭；井箅与井墙应吻合；井箅与道路边线相邻边的距离应相等；内壁抹面必须平整，不得起壳裂缝；井箅必须完整无损、安装平稳；井内严禁有垃圾等杂物，井周回填土必须密实；雨水口与检查井的连接应顺直、无错口；坡度应符合设计规定。

三、检查井施工

（一）检查井的构造

检查井主要有圆形、矩形和扇形三种类型，从构造上看三种类型检查井基本相似，主要由井基、井身、井盖、盖座、爬梯等几个部分组成。

1. 井基

井基包括基础和流槽。按照土壤及水文地质条件，采用灰土、碎砖、碎石或卵石作垫层。上铺混凝土或砌砖基础。基础上部按上下游管道管径大小砌成流槽。

2. 井身

检查井身的材料应采用砖、石、混凝土或钢筋混凝土。我国目前多采用砖砌，以水泥砂浆抹面。井身在构造上分为工作室、压缩部分和井筒三部分。工作室的平面形状有圆形、矩形和扇形。

3. 井盖、盖座

井盖盖在井筒上面，井盖座在盖座上，井盖和路面、人行道安装平整，防止行人车辆掉入井内或其他物品落入井内。一般用铸铁制作，也有用混凝土制作的。

4. 爬梯

爬梯供工作人员上下井用，用铸铁制作，也有用砖砌的脚窝，交错地安装在井壁上。

（二）检查井的施工要点

施工前先熟悉图样，确定检查井的尺寸、样式；砌筑检查井，应在管道安装后立即进行；砌井前检查基础尺寸和高程；基础清理干净后，先铺一层砂浆，再进行墙体砌筑，砌砖时每砌完一层，要灌一次砂浆，使缝隙内砂浆饱满，上下两层砖间竖向要错缝，所用砂浆与砖的强度要求由设计确定；井壁与混凝土管相接部分，必须用砂浆坐满，在混凝土管上砌砖，以防漏水，管外壁接头处要提前洗刷干净；井身上部收口按设计标准图集所要求坡度砌筑，砌井也应边砌边完成井内砂浆抹面。

支管或预埋管按设计要求标高、位置、坡度安装好，做法同主管；护底、流槽、爬梯应与井壁同时砌筑；一般污水检查井要求内外抹面，雨水检查井只要求内部抹面，外壁要用砂浆搓缝。应边砌边进行内部抹面。

检查井完成后要将井内杂物清理干净，如不能立即安装井座、井盖，应设防护或警示标志，防止发生杂物落入和安全事故。

四、雨水支管施工

（一）挖槽

测量人员按设计图上的雨水支管位置、管底高度定出中心线并标记高程。

根据开槽宽度，撒开槽灰线，槽底宽一般采用管径外皮之外每边各加宽 3.0cm；根据道路结构厚度和支管覆土要求，确定在路槽或一步灰土完成后方开槽，开槽原则是能在路槽开槽就不在一步灰土反开槽，以免影响结构层整体强度；挖至槽底基础表面设计高程后挂中心线，检查宽度和高程是否平顺，修理合格后再按基础宽度与深度要求，立槎挖土直到槽底做成基础土模，清底至合格高程即可打混凝土基础。

（二）四合一法施工

四合一法施工即基础、铺管、八字混凝土、抹箍同时施工。

1. 基础

浇筑强度为 C10 水泥混凝土基础，将混凝土表面做成弧形并进行捣固，混凝土表面要高出弧形槽 1cm ~ 2cm，靠管口部位应铺适量 1 ∶ 2（体积比）的水泥砂浆，以便稳管时挤浆，使管口与下一个管口黏结严密，防止接口漏水。

2. 铺管

在管子外皮一侧挂边线，以控制下管高程顺直度与坡度，要洗刷管子保持湿润。

将管子稳固在混凝土基础表面，轻轻揉动至设计高程，注意保持对口和中心位置的准确。雨水支管必须顺直，不得错口，管子间留缝最大不准超过 1cm。灰浆挤入管内用弧形刷刮除，如出现基础铺灰过低或揉管时下沉过多，应将管子撬起一头或起出管子，铺垫混凝土及砂浆，且重新揉至设计高程。

支管接入检查井一端，如果预埋支管位置不准，按正确位置高程在检查井上凿好孔洞拆除预埋管，堵密不合格的空洞，支管接入检查井后，支管口应与检查井内壁齐平，不得有探头和缩口现象，用砂浆堵严管周缝隙，并用砂浆将管口与检查井内壁抹严、抹平、压光，检查井外壁与管子周围的衔接处如果存在缝隙应用水泥砂浆抹严。

靠近收水井一端在尚未安收水井时，应用干砖暂时将管口塞堵，以免灌进泥土。

3. 八字混凝土

当管子稳定并完成捣固工作之后，按照要求角度抹出八字。

4. 抹箍

管座八字混凝土灌好后，立即用 1 ∶ 2 水泥砂浆抹箍。

抹箍的材料规格：水泥用强度等级 32.5 以上水泥，沙用中沙，含泥量不大于 5%；接口工序是保证质量的关键，不能有丝毫马虎。抹箍前先将管口洗刷干净，保持湿润，砂浆应随拌随用。

抹箍时先用砂浆填管缝压实略低于管外皮，如砂浆挤入管内用弧形刷随时刷净，然后刷水泥素浆一层宽 8cm ~ 10cm，再抹管箍压实，并用管箍弧形抹子赶光压实；为确保管箍和管基座八字连接一体，在接口管座八字顶部预留小坑.当抹完八字混凝土立即抹箍，管箍灰浆要挤入坑内，使砂浆与管壁黏结牢固；管箍抹完初凝后，要盖草袋洒水养护，注意勿损坏管箍。

（三）包管加固

凡支管上覆土不足 40cm，需上大碾碾压同时应作 360° 包管加固。在第一天浇筑基础下管，用砂浆填管缝压实略低于管外皮并做好平管箍后，于次日按设计要求打水泥混凝土包管，水泥混凝土必须插捣振实，注意养护期内的养护，完工后支管内要清理干净。

（四）支管沟槽回填

回填应在管座混凝土强度达到 50% 以上进行；应在管子两侧用 8% 灰土同时进行雨水支管预拌回填，管顶 40cm 范围内用人工夯实，夯实度要与道路结构层相同。

（五）升降检查井

城市道路在路内有雨污水等各种检查井，在道路施工中为了保护原有检查井井身的强度，一般不准采用砍掉井筒的施工方法。

开槽前用竹竿等物逐个在井位插上明显标记，堆土时要离开检查井 0.6m ~ 1.0m，不准推土机正对井筒直推，以免将井筒挤坏。井周土应采取人工挖除，井周填石灰土基层时，要采用火力夯分层夯实。

凡升降检查井取下井圈后，按要求高程升降井筒，如升降量较大，要考虑重新收口，使检查井结构符合设计要求。

井顶高程按测量高程在顺路方向井两侧各 2m，垂直路线方向井每侧各 1m，挂十字线稳好井圈、井盖。

检查井升降完毕后，立即将井子内里抹砂浆面，在井内与管头相接部位用 1 ： 2.5 沙浆抹平压光，最后把井内泥土杂物清除干净。

井周除按原路面设计分层夯实外，在基层部位距检查井外墙皮 30cm 中间，浇筑一圈厚 20cm ~ 22cm 的 C30 混凝土加固，顶面在路面之下以便铺筑沥青混凝土面层。在井圈外仍用基层材料回填，注意夯实。

第六章 交通要素特性

第一节 人的交通特性

一、驾驶员的交通特性

道路交通系统中的人包括（机动车和非机动车）驾驶员、乘客和行人，他们都是道路的使用者。其中，机动车驾驶员交通特性是研究的主要对象。道路交通系统中的各种要素都是围绕着这个"特殊的"要素进行设计和运作的。随着科学技术的发展学科的交叉渗透，以及对交通系统中这一最复杂因素的深入研究，其改变了交通工程纯技术学科的性质。

（一）驾驶员的任务

驾驶员是道路交通系统中"会思考"的部分，其主要任务：

1. 沿着选定的路线驾驶车辆，完成从起点到终点的运输过程，以实现人员和货物在空间上的转移。

2. 遵守交通法规，正确理解信号、标志、标线的含义，服从交通警察的指挥，自觉维护交通秩序以保证交通的安全和通畅。

3. 遇到不利情况及时调整车速或改变车辆的位置和方向，或及时停车，以避免交通事故的发生。

以上三项任务中，后两项任务决定着车辆运行的可靠性和安全程度。

（二）驾驶员的信息处理过程

人的感觉器官可以接收各种各样的刺激，如驾驶员的眼睛可以看见车内的仪表，车外的道路、车辆、行人、交通信号和标志，耳朵可以听见发动机和扬声器的声音，鼻子可以闻到异常气味，手脚可以感觉到振动等。所有这些可以被人直接或间接感知到的各种刺激就是这里所说的信息。

车辆在行驶过程中，驾驶员通过视、听、触觉器官从交通环境中获取信息，经过大脑进行处理，进而做出判断和反应，再支配手脚（运动器官）操纵汽车，使其按驾驶员的意志在道路上行进，这就是信息处理过程。在这一过程中，驾驶员要受到自身一系列生理、心理因素的制约和外部条件的影响，如果在信息的采集、判断和处理的任何一个环节上发生差错，都会影响交通的安全和通畅。

1. 信息感知阶段

信息感知阶段也就是收集并理解信息的阶段。所谓感知就是感觉器官获取的信息在头脑中的反应。其具体过程：信息先由感觉器官接收，再经传入神经传到大脑皮层，产生相应的映像。一般来说，这一过程的速度是极快的。如果因某种原因使这一过程变慢，就会造成感知迟缓；如果在大脑中产生的映像出现错误，就会造成感知错误。由于感知方面的原因造成的事故约占驾驶员责任事故的一半以上。所以在信息感知阶段，最重要的是要敏捷而准确。

发生感知迟缓或感知错误的原因除了刺激方面的原因（如有些信息过于突然、过于隐蔽、刺激强度过于微弱等）以外，主要是驾驶员心理和生理方面的原因。心理方面的原因主要是注意力不集中、注意的范围过小、注意力转移和分配能力差等。生理方面的原因主要是感觉器官和大脑机能不健全或不正常，如有视觉障碍（色盲、近视），酒精中毒，驾驶疲劳等。这两方面的原因都会造成感官和大脑迟钝，使感知缓慢甚至错误。尤其酒后感知能力比正常时明显降低，此时驾车极易造成重大事故，所以要绝对禁止酒后开车。

2. 分析判断阶段

信息被感知以后，驾驶员把感知到的情况与自己的知识经验进行对照、分析，判断出道路的宽窄、软硬，前后车的速度、意图，行人的年龄、动向等，并根据自驾车辆的技术情况、本人的健康状况及心理机能等，决定采取相应的措施。这些判断项目中任何一项判断不准，都容易导致行车事故。

在驾驶员的判断中，对距离的判断非常重要。在驾驶过程中，会经常进行超车、会车。会车时要判断两车侧向间隙的大小，超车时要判断前车的车速、本车与前车的距离。当对面有来车时，还要判断与对面来车的距离及来车的车速等。如果低估了车速和距离，就会给行车安全带来危险。

3. 操作反应阶段

驾驶员处理信息的最后阶段是肢体的操作反应阶段，即手脚按大脑决策后的指令进行具体操作，并产生效果。尽管由于操作错误造成的事故不多，但常常是一些比较严重的事故。因此，要求驾驶员的操作技能必须熟练，以保证在紧急情况下不致出现失误。

以上介绍了驾驶员信息处理过程的各个阶段。在实际驾驶过程中，感知、判断、操作是有机地结合在一起的。感知是判断的前提，为判断提供信息，是分析判断的源泉。

分析判断又为操作反应提供指令。操作是感知、判断的结果，同时操作的结果又反馈到感觉器官，对操作进行修正、调整。如果没有这一反馈就不知道操作的结果，就好像蒙上眼睛转动转向盘，不知道角度转了多少一样，难以保证动作的准确性。感知、判断、操作三位一体，构成了驾驶员的信息处理过程，其中任何一项错误，都将导致整个信息处理过程的失败。这一信息处理过程通过反馈进行循环往复。所以，整个驾驶过程实质上就是不断地进行信息处理的循环过程。

（三）视觉特性

在行车过程中，驾驶员需要及时感知各种交通信息。根据统计分析，各种感觉器官给驾驶员提供交通信息的比例如下：视觉80%、听觉10%、触觉4%、味觉4%、嗅觉2%。可见，视觉是驾驶员信息输入最重要的感觉器官。因此，对视觉机能的考核和研究是驾驶员特性研究的重要内容。

人的眼睛注视目标时，由目标反射来的信息经过眼中晶状体的屈光，投射到眼睛的黄斑中心凹，结成物像，再由视神经经过视路传至大脑的枕叶视中枢，激起心理反应，形成视觉。也就是说，所谓视觉就是外界光线经过刺激视觉器官在大脑中所引起的生理反应。视觉在辨别外界物体的明暗、颜色、形状等物理特性，以及区分物体的大小、远近等空间属性上都起着重要的作用。

1. 视力

视力就是眼睛分辨两物点之间最小距离的能力。根据眼睛所处的状态和时间不同，又有静视力、动视力和夜间视力之分。

（1）静视力

静视力是站在视力表前 5 m 处，依次辨认视标测定的视力，视力共分 12 级。我国驾驶员的体检视力标准如下：申请大型客车、牵引车、城市公交车、中型客车、大型货车、无轨电车或有轨电车准驾车型的，两眼裸视力或矫正视力达到对数视力表 5.0 以上；申请其他准驾车型的，两眼裸视力或矫正视力达到对数视力表 4.9 以上；同时要求无红绿色盲。

（2）动视力

动视力是处在运动中观察物体的视力。动视力与汽车行驶的速度有关，随着车速的提高，视力明显下降。此外，动视力还随着驾驶员年龄的不同而有所差异，年龄越大，动视力下降的幅度越大。

（3）夜间视力

夜间视力受光照度、背景亮度等诸多因素的影响。若光照度增加，则视力增加，光照度在 0.1 ～ 1 000 lx 范围内时，光照度与视力近乎呈直线关系。黄昏时间对驾驶员行车最为不利，原因是在黄昏时刻前灯的照度正与周围景物的光亮度相近，难以看清周围的车辆和行人，容易发生事故。

2. 视觉适应

视觉适应是视觉器官对于光亮程度突然变化而引起的感受性适应过程。由明亮处进入黑暗处，眼睛习惯后，视力恢复，称为暗适应；由黑暗处到明亮处，眼睛习惯后，视力恢复，称为明适应。暗适应时间较长，通常要 3 ~ 6 min 才能基本适应，30 ~ 40 min 才能完全适应，而明适应则可在 1 min 内达到完全适应。

一般由隧道外进入没有照明条件的隧道内，约发生 10 s 的视觉障碍；夜晚在城区和郊区交界处，由于照明条件的改变也会使驾驶员产生视觉障碍，从而影响行车安全。因此设置照明设施时应予考虑这些因素。

此外，黄昏时路面的明亮度急速降低（特别是秋天的黄昏），但天空还较明亮，视觉的暗适应较困难，而此时正值驾驶员和行人都感到疲劳的时候，事故发生率较高，应从多方面予以重视。对于不同年龄的驾驶员来说，暗适应能力也有明显不同，研究结果表明，20 ~ 30 岁暗适应能力是不断提高的，40 岁以后开始逐渐下降，60 岁时暗适应能力仅为 20 岁人的 1/8。了解驾驶员暗适应的变化特点，对预防交通事故的发生是十分必要的。

3. 炫目

视野内有强光照射，颜色不均匀，使人的眼睛产生不舒适感，形成视觉障碍，这就是炫目。夜间行车，来车的前灯强光照射最易使驾驶员产生炫目现象。这种现象有连续与间断之分，夜间行车多半是间断性的炫目。当受到对向车灯强烈照射时，驾驶员不禁闭目或移开视线，这种现象称为生理性炫目。若由于路灯照明反射所产生的眩光使驾驶员有不愉快的感觉，这种现象为心理性炫目。炫目是由眩光产生的，眩光会使人的视力下降，下降的程度取决于光源的强度、视线与影响光之间的夹角、光源周围的亮度、眼的适应性等多种因素。

强光照射中断以后，视力从眩光影响中恢复过来需要的时间，从亮处到暗处约需 6 s，从暗处到亮处约需 3 s，视力恢复时间的长短与刺激的亮度、持续时间、受刺激人的年龄有关。

为了避免眩光影响，可采取交通工程措施，如改善道路照明，设道路中央分隔带并种植树木遮蔽迎面来车的灯光，前灯用偏振玻璃做灯罩，使用双光束前照灯，戴防炫眼镜，驾驶员内服药物等。

与眩光有关的另一种现象是消失现象，即当某一物体（如行人）因同时受到对向车的车灯照射，而在某一相对距离内完全看不清该物，呈消失状态。一般对于站在路中心线的行人，当双向车距行人约 50 m 时，呈现消失现象，将辨认不出行人。因此在夜间横过马路时，站在中心处是很危险的。

4. 立体视觉

立体视觉是人对三维空间各种物体远近、前后、高低、深浅和凸凹的一种感知能力。现代视差信息理论认为，双眼注视景物时，会在视网膜上产生视差，这是深度知觉的基础。当深度信息传到大脑枕区再经加工处理后，便产生了深度立体感知。这种把两眼视差所产生的二维物像融合为一个单一完整的具有三维立体感的三维物像的能力称为双眼视觉。立体视觉的生理基础是双眼视觉功能必须正常，立体盲患者在视差的传递或中枢信息处理时会发生断路或紊乱，从而导致对深度距离的判断不准或反应迟钝。

立体视觉良好是安全行车的重要条件。美国等一些工业发达国家早已把立体视觉列入选择汽车驾驶员的必查项目。而我国选用汽车驾驶员时，不进行立体视觉的测试，以致存在一些不应有的交通事故隐患。

立体盲是一种比夜盲、色盲更为有害的眼疾。据统计，国外立体盲的发病率为2.6%，我国有1 000多万人是立体盲，立体视觉异常者高达30%。研究表明，患立体盲的驾驶员的肇事率明显高于正常驾驶员。

1985年2月，我国出版了《立体视觉检查图》。《立体视觉检查图》的出版为进行驾驶员立体视觉测定创造了条件。《立体视觉检查图》的调查项目包括立体视锐度、立体视范围、红绿互补等项。检查标准如下：

立体视锐度定量测定：正常立体视锐度阈值 ≤60"；若阈值 ≥100"，或识别时间超过 10 min，即为异常。

立体视范围：正常交叉视差阈值差 ≥100′，若阈值差 < 80′，则为异常；正常非交叉视差阈值差 ≥100′，若阈值差 < 80′ 则为异常。这两项检查要求在 5 min 内通过。

红绿互补：正常者能分辨检查图的立体层次顺序，异常者不能分辨。

在以上的检查中，如果立体视锐度、交叉视差和非交叉视差三项中有一项异常即为立体视觉异常，如果立体视锐度异常则为立体盲。

5. 视野

在静止状态下，头部不动两眼注视前方时，眼睛两侧可以看到的范围称为静视野。头部不动，但眼球可以转动时，所能看见的范围称为动视野。静视野和动视野可以用角度来衡量。通常，正常人双眼同时注视一个目标时，视野有 120° 左右是重叠的，双眼视野比单眼视野的范围大。正常人的视野每只眼睛上下（垂直视野）达135° ~ 140°，左右（水平视野）达 150° ~ 160°；两眼视野约为 180°。动视野比静视野大，左右约宽 15°，上方约宽 10°，下方无明显变化。人眼的视野可用视野计进行测定，如果驾驶员的双眼视野过小，则不利于行车安全。

驾驶员的视野与行车速度有密切的关系。当汽车行驶时视野的深度、宽度，视野内的画面都在不断变化，驾驶员就是根据视野的内容操作车辆的。随着汽车行驶速度的加快，会使注视点前移，视野变窄，周界感减少。

行车速度越高，驾驶员越注视远方，视野越窄，注意力越集中于景象的中心而置两侧于不顾，结果形成所谓的"山洞视"，容易引起驾驶员产生疲劳、瞌睡。因此，在设计道路时应在平面线形中限制道路直线段的长度，强制地促使驾驶员变换注视点的方向，避免因打盹肇事。

此外，汽车静止时有视野死角。汽车在行驶过程中，也会存在视野死角。当驾驶员驾驶汽车高速行驶时，会感到车外的树木、房屋及固定物不断向后移动。越近的物体移动的速度越快，近到一定限度时物体无法辨认。这是因为这些物体的映像在人眼视网膜上停留的时间太短，人眼来不及仔细分辨物体的细节。因此，路侧交通标志的设置应与驾驶员有一定的距离。根据实验，当车速为 64 km/h 时，能看清车辆两侧 24 m 以外的物体；当车速为 90 km/h 时，仅能看清 33 m 以外的物体，小于这个距离的物体无法辨认。

驾驶员随着年龄的增大，周边视力减退，识别能力下降，视野变窄。戴眼镜的驾驶员的视野也略窄些。与视野有关的特性是视野独立性和视野依赖性。视野独立性是指人们感知目标时，不受目标所处的环境影响；视觉依赖性是指人们感知目标时，受目标所处环境和位置的影响。有些驾驶员对物体的感知属视野独立型，有些则属视野依赖型。已有多项研究证明，视野依赖型驾驶员的肇事率明显高于视野独立型驾驶员。他们之所以发生较多的事故，是因为开车时易受无关信息的影响，而不能很快地发觉正在出现的危险情况，对隐现的交通标志（这些标志周围有许多其他信息）的辨认较慢。用眼动摄像仪测定表明越是视野依赖型的驾驶员，他们注视目标的时间越长，说明他们需要更多时间来提取有用信息。有人认为通过训练，视野依赖型的人可转变成为视野独立型的人，但尚无有力证据说明这一点是可行的。

6. 色视觉

色视觉在可见光波长范围内，不同波长的感觉阈值不同。可见光的波长为 400 ~ 760 nm，可见的颜色是从波长短的紫色到波长长的红色之间的颜色。

颜色有三个属性：色相、明度、彩度。

色相反应各种具体色彩面貌的属性。色相取决于物体反射光的波长，是物体颜色在质方面的特性。其中红、黄、蓝为彩色的基本色。

明度指彩色的明暗程度。就视觉反应而言，可将明度理解为反射光引起视觉刺激的程度，如浅红、深红、暗红、灰红等明度变化。

彩度指彩色的纯度。当一种颜色的色素含量达到极限时，正好发挥其色彩的固有特色，即该色相的标准色。

不同的颜色对驾驶员产生不同的心理作用，如红色显近，青色显远；明亮度高的物体视之似大，显轻；明亮度低者，视之似小，显重等。

我国交通标志使用六种颜色：红、黄、蓝、绿、黑、白。红色波长最长，传播最远，使人产生"火"和"血"的联想，对人的视觉和心理有一种危险警示和强烈刺激，多用于禁令标志。黄色给人以明亮和警戒的感觉，用于注意危险的警告类标志。蓝色和绿色使人产生宁静和平与舒适的感觉，多用于指示、指路标志。夜间人眼的识别能力降低，对白色的识别能力最好，对黑色的识别能力最差。

7. 视差

视差（错觉）是对外界事物的不正确的知觉。错觉可能是生理和心理原因引起的。当前的知觉与过去的经验相矛盾，或思维推理上的错误都是造成错觉的原因。

在改建道路时，往往将路幅宽度一分为二，一半进行改建，一半留着通车，可是坐在车上人们总觉得翻修的那半宽一些，维持行车的这半窄一些。驾驶员行经凹形路段时，位于下坡段看对面的上坡段容易产生错觉，把上坡段的坡度看得比实际坡度大。在下坡路段上行车，驾驶员觉察不出自己是在下坡。

有一些错觉会重复出现，不易克服；还有一些错觉经过实践活动，可以慢慢改正，不再形成错觉。无论能否克服，驾驶员都应知道有这种客观现象存在，观察中应注意避免，因为错觉的产生常常会造成交通事故。人们可以从错觉产生的机理出发，变不利为有利，利用错觉为提高道路交通安全服务。下面举例加以说明。

高速行车时，多数驾驶员除反应迟缓之外，对自己车辆速度的判断比实际车速要低，如从高等级公路驶入一般公路的环形交叉口前，往往减速不足，容易发生交通事故；若在进入环形交叉口前 400 m 内，在环形交叉口的路面涂上由疏到密间隔不等的黄色横线，距环形交叉口越近横线间隔越小，则当驾驶员看到这些黄线后，首先产生警觉刺激随后降低车速，并适应路面标线的视觉变化情况，把车速降到合理水平。

在弯道前 100 m 的路面上涂 V 形标线，在弯道上使 V 形标线的夹角逐渐加大，经直线后，再使 V 形标线的夹角逐渐减小，使驾驶员行车时有道路变窄的错觉，从而降低车速。

人行横道 15 m 范围内画上波形折线，可以提醒驾驶员减速，保证行人安全。

（四）反应特性

反应特性是驾驶员重要的特性之一。

从实验心理学的定义来分析，反应特性的含义是从表露于外的事物引起反应到开始动作所需的时间，它不是反应的延续时间，而是从刺激到反应动作之间的时距。反应时间又称反应潜伏期，包括感觉器官感知的时间、大脑加工的时间、神经传导的时间，以及肌肉反应的时间。

就驾驶车辆而言，对一个特定刺激产生感知并对它做出反应，应包括以下四个性质截然不同的心理活动：

1. 感知：对需要做出反应的刺激的再认识和了解。

2. 识别：对刺激的辨别和解释。

3. 判断：对刺激做出反应的决策。

4. 反应：由决策引起的肢体反应。

这一系列连续活动所用的总时间称为感知反应时间，它实际上是信息处理过程的灵敏程度。

在实验室里将反应时间分为简单反应时间与复杂反应时间。前者是以预先知道可能要出现的信号为条件（如红灯一亮就按电钮），视觉刺激为 0.25 ~ 0.3 s，听觉刺激为 0.2 s，触觉刺激为 0.2 s，这些时间都比较短。后者是从几种刺激中选择出一种刺激做出反应（如在红、黄、绿三色灯中，当红灯亮时按电钮，其他灯亮时不按），条件越复杂，反应时间越长，刺激的数目越多，反应时间也越长。

对于驾驶员来说，特别重要的是制动反应时间，现以紧急制动为例来说明。驾驶员从发现紧急情况到把右脚移到制动踏板上所需的时间称为制动反应时间；从开始踩制动踏板到出现最大制动力的时间（包括制动系统传递的延滞时间和制动力增长的时间）称为制动器作用时间；从出现最大制动力到使车辆完全停住的时间称为持续制动时间。这三个时间内汽车驶过的距离，称为汽车制动非安全区。

对于制动反应时间实验室里的假定是：确认危险（反射时间）约 0.4 s，将脚从加速踏板移到制动踏板约 0.2 s，脚接触到制动踏板和将踏板踩下约 0.1 s，共计 0.7 s。实际的情况是外界刺激进入眼中，眼睛转动需要时间，人的思维判断是否危险也需要时间。这些活动的必要时间，随着条件不同而有所不同。

（五）疲劳与饮酒

1. 疲劳的原因和种类

驾驶员在连续驾驶车辆后，产生生理、心理机能下降和驾驶员操作效能下降的现象称为驾驶疲劳。

驾驶员长时间坐在固定的座位上，要从复杂的环境中不断获取交通信息并迅速处理，这种紧张状况时刻都在增加驾驶员的心理负担。驾驶工作具有连续性，且在行车中常常因遇到交通阻塞或红灯信号而停车，以致驾驶员心情烦躁，加重其心理负担，因而容易疲劳。另外，在一些景物单调的道路上长距离行车，也易产生疲劳。

疲劳不是病态，而是一种正常的生理状态。多数专家认为：对于一般性疲劳，休息一天便可解除，驾驶员的体力和工作能力可以完全复原。过度疲劳则由多次疲劳的影响积聚而成，可能突然以某种病态表现出来。如果说疲劳是劳动过程中的产物，那么过度疲劳则是疲劳得不到休息补偿的结果。

疲劳一般可以分为身体疲劳和精神疲劳两种。前者由于体力劳动所致，表现在身体方面；后者由于脑力劳动所致，表现在精神方面。因为汽车驾驶作业是脑力劳动与体力劳动的结合，所以驾驶员的疲劳是这两种疲劳的综合体现。

从疲劳恢复的时间来看，可以把疲劳分为一次性疲劳、积蓄疲劳和慢性疲劳。一次性疲劳是经过短期的休息，如睡一觉就可以恢复的疲劳。这是一种日常劳动所引起的疲劳，正常驾驶疲劳就是属于这一种。积蓄疲劳不能用短时间的睡眠来恢复，其是长时间积累起来的疲劳。因此要恢复这种疲劳必须长时间修养和保持十分充足的睡眠。否则，这种积蓄疲劳会发展成为慢性疲劳。慢性疲劳是一种病态疲劳，一般来说是由于长时期处于疲劳状态而引起的，这种疲劳使劳动质量下降，影响人的身心健康。积蓄疲劳严重者和慢性疲劳者相似，都不宜驾驶车辆。

2. 疲劳对安全行车的影响

疲劳会使驾驶员的驾驶机能失调、下降，使车辆难以正常行驶从而造成隐患。

（1）反应时间显著增长。

据国外研究表明，工作一天以后，不同年龄的驾驶员，对红色信号的反应时间都增长了。另外，驾驶员疲劳后对复杂刺激（同时给红色和声音的刺激）的反应时间也增长了，有的甚至增长2倍以上。

（2）操作能力下降。

疲劳之后，动作准确性下降，甚至发生反常的反应（对于较强的刺激出现弱反应，对于较弱的刺激出现强反应）。另外，动作的协调性也受到破坏，以致反应不及时，如有的动作过分急促，有的动作过分迟缓。有时，驾驶员做出的动作并没有错误，但时机存在偏差。这种情况在制动、转向方面表现得最为明显。

（3）判断失误增多。

疲劳以后，判断错误和驾驶错误均比平时多。判断错误多为对道路的通畅情况、潜在事故的可能性及应对方法考虑不周到，降雨时速度控制不当等。驾驶错误多为掌握转向盘、制动、换挡不当。严重者可能发生手足发抖、脚步不稳、动作失调、肌肉痉挛，对驾驶产生严重影响。

3. 饮酒对行车安全的影响

饮酒后不宜驾驶车辆。酒的主要成分是酒精（化学名称为乙醇），酒的烈性程度是指所含酒精浓度的大小。人饮酒后，酒精被胃肠黏膜迅速吸收，溶解于血液中，通过血液循环流遍全身，渗透到各组织内部。由于酒精与水有融合性，因此体内含水量高的组织和器官，如大脑和肝脏等，酒精含量也高。

酒精具有麻醉作用。它作用于高级神经中枢，最初使人有些轻松，减弱了对运动神经的约束，四肢活动敏捷。随着脑与其他神经组织内酒精浓度的增高，中枢神经活动逐渐迟钝，先使人的判断力发生障碍，而后四肢活动也变得迟缓。

饮酒对精神和心理的影响比身体的影响更大，其表现：①情绪不稳定；②理性被麻痹，对各种事物的注意力下降；③意识面变窄；④信息处理能力下降，影响其选择面；⑤预测的正确度和自制能力下降；⑥危机感被麻痹，脾气变大，喜欢超速和超车等，安全程度显著变差；⑦记忆力下降等。

由于饮酒能对人的生理和心理产生上述影响，因此饮酒后驾驶员的驾驶机能会不同程度地下降。实验证明，体内酒精浓度为 8% 时，驾驶能力有所下降；浓度为 10%，下降 15%；浓度为 15% 时，下降 39%。

（六）注意

注意是心理活动对一定事物的指向和集中。由于这种指向和集中，人才能清晰地反映周围现实中的特定事物，而离开其他事物，如驾驶员在行车过程中只盯着与行车安全有关的车辆、行人、信号及路面状况等。这些集中注意的对象便是注意的中心。注意是心理活动的一种积极状态，使心理活动具有一定的方向。该心理过程是感觉、知觉、思维等心理过程的综合，是比较复杂的，人在注意的时候，也在感知、记忆、思考。例如，有的驾驶员对自己经常行驶的路线特别熟悉，对在不同路段采取驾驶操作已了然于心，保证了多年行车无事故，这就是长期注意的结果。

人的注意可分为无意注意和有意注意两种。一般情况下，人在注意某一事物的时候是随意的，既无自觉的注意也未加任何努力，这种注意是无意注意。例如，驾驶员在行车过程中，突然听到汽笛声所引起的注意，即属于此类。有意注意是自觉的，有预定目的的注意。例如，报考驾驶员的人，在考试前要注意阅读和记忆车辆结构及性能的有关知识。有意注意往往需要一定的努力，人要积极主动地去观察某种事物或完成某种任务。引起有意注意的事物并不一定是强烈而富有刺激性的。有意注意是人所特有的一种心理现象，是由于所承担的任务而确定的对某些事物的指向和集中。

注意的范围又称注意的广度，是指在同一时间内所能清楚掌握的对象的数量。驾驶员的注意范围是有限的，对于范围以外的事物会感到模糊。某些交通中的危险因素，往往处于注意范围之外，因此驾驶员应从如下方面提高注意的广度，以防事故的发生：

1. 不断学习驾驶知识，积累经验，扩大注意的广度。
2. 研究注意对象的特征，提高自己感知事物的能力。

注意的稳定性是指注意长时间地保持在感受某种事物或从事某种活动上。注意的集中是间歇地加强和减弱的，不能长时间保持固定状态，这种周期性的变化是注意的一种基本规律，称为注意的起伏现象。注意的稳定性的好坏与人的主体状态有关，当身体健康、精力充沛时，注意的稳定性好，反之注意的稳定性差。注意的分散与注意的稳定性相反，是由其他刺激物的干扰或由单调的刺激引起的。例如，长时间在高速公路上行车的驾驶员感到幻影，就是由于单调环境所引起的注意分散。

在同时进行两种或多种活动时，把注意指向不同的对象，称为注意的分配。例如，驾驶员在行车过程中既要注意前方路面的情况，又要转动转向盘等。注意转移是根据新的任务，主动地把注意从一个对象转移到另一个对象，每一次注意转移都必然带来注意的重新分配，使原来的注意中心及注意图景发生变化，呈现新的注意分配情况。例如，汽车驾驶员在行车中，注意前方的交通状况，当发现路侧有标志时，就会立刻把注意转移到交通标志上，辨认标志内容。若是限速标志，则立即把注意转移到调整车速的驾驶操作上。注意转移和分配能力，对于驾驶员行车是尤为重要的。

（七）动态判断

动态条件下对距离和速度的知觉，随经验增加而逐渐提高。正确估计超车的距离、被超车的速度和对面来车速度，可提高超车效率。时间和距离知觉对驾驶汽车很重要。为了防止撞到前导车上，尾随车的驾驶员应能正确估计两车之间的距离和前导车速度的变化。

判断距离的能力使驾驶员可以正确估计道路宽度、超车距离、选择可插间隙等。空间知觉在很大程度上取决于驾驶员的经验。新驾驶员通过狭窄的通道或门时，会估计自己的汽车不能通过。一些有经验的驾驶员，当由驾驶小汽车换为驾驶公共汽车或大型货车时，开始也会遇到同样情况。经过一段时间以后，他们才能获得判断距离的能力。

一般有经验的驾驶员不看速度表，就能相当准确地判断汽车的速度。但是，在持续高速度行车之后，驾驶员对速度的适时降低会估计不足。例如，在从城外干道驶入城市入口的道路上，很多驾驶员不能及时根据变化了解交通条件改变速度，从而造成交通事故。

此外，周围条件对判断速度也有影响。例如，有经验的驾驶员在四车道的道路上行车，车速为 100 ~ 110 km/h，其感受却与在路边有树的双车道道路上行车，车速为 60 ~ 70 km/h 时的感觉相同。

对运动速度和方向的知觉是动态目测的基本功。动态目测可以帮助驾驶员正确估计驶向交叉口的其他汽车的行进速度、距交叉口的距离。基于这种估计，驾驶员或让横向车通过，或为自己优先安全地通过交叉口选择正确速度。

（八）驾驶员的差异

在拟定道路设计标准、汽车结构尺寸时，以及在对事故进行分析并采取安全措施时，要考虑驾驶员的各种特点，如性别、年龄、气质、知识水平、驾驶技术熟练程度、精神状态等。设计取值一般以满足 85% 驾驶员的需要为度，并对其余 15% 驾驶员的变化予以适当考虑。

下面简单叙述驾驶员的几点差异：

1. 性别差异

一般而言，男性为外倾型（心理活动表现在外向、开朗、活跃、善交际、积极、富有正义感和意志决定能力），女性为内倾型（深沉、文静、反应迟缓、顺应困难、直观、情绪不定）。具体表现：

（1）开车时男驾驶员多带酒气，强行超车，东张西望，女驾驶员这种现象较少。

（2）男驾驶员对超速行车往往采取不在乎的态度，女驾驶员则很慎重。

（3）持续行车时间较短时女性的肇事率低，若时间较长则相反。

（4）遇到紧急情况时，差别更大。例如，在遇到正面冲撞之前的一刹那，多数男性想方设法摆脱，而女驾驶员则陷入恐慌，手脚失措。

（5）从驾驶形态看，女性在超速车道上用低速，充分表现出本位性，一旦发生事故，又以为对方可给予某种协助，表现为依赖型。

（6）男驾驶员反应时间短，女驾驶员反应时间长。

（7）达到领驾驶证标准的时间，女性驾驶员比男性长 26%。

（8）女驾驶员的身高、体重、坐高均不如男驾驶员。

由于驾驶员在性别上的差异，在管理中就应注意男、女驾驶员的心理、生理等方面的特点；培训驾驶员时，应适当延长女学员训练时间；在安排任务时，让女驾驶员操纵轻便车。这样，有利于交通运输，保证交通安全。

2. 年龄差异

科研人员曾对 326 名驾驶员进行一般情况和紧急情况下的驾驶考试。结果表明：一般情况下驾驶员随年龄增高（不超过 45 岁）得分多，事故少；在紧急情况下驾驶，年龄在 20 ~ 25 岁者得分高，事故少，年龄大者成绩差。22 ~ 25 岁的驾驶员，反应时间最短。对于夜间眩光后的恢复时间快，年龄越小，恢复时间越快。青年驾驶员视力恢复时间需 2 ~ 3 s，超过 55 岁，恢复时间大约为 10 s。

违章、超速、冒险行车者青年居多。老年人对交通标志、弯道、障碍判断不清，反应迟钝、易肇事。因此，对青年驾驶员应加强教育，对老年驾驶员不应安排夜间行车，中年驾驶员的驾驶效果比较好。

3. 气质差异

气质是人典型的稳定的心理特点，表现在各种各样活动中因人而异的心理活动的动力上，不以活动的内容、目的和动机为转移。

古希腊著名医生希波克拉底观察到不同人有不同的气质。他认为人体内有四种体液：血液、黏液、黄胆汁和黑胆汁，机体的状态决定于四种体液的混合比例，分别由某种体液占优势而产生四种气质。

多血质（血液占优势）：其特征是活泼、好动、敏感、反应迅速、喜欢与人交往、注意力容易转移、兴趣容易变换等。

胆汁质（黄胆汁占优势）：其特征是直率、热情、精力旺盛、情绪易于冲动、心境变换剧烈等。

黏液质（黏液质占优势）：其特征是安静、稳重、反应缓慢，沉默寡言、情绪不易外露、注意稳定且难以转移、善于忍耐等。

抑郁质（黑胆汁占优势）：其特征是孤僻、行动迟缓、体验深刻、善于察觉别人不易察觉到的细小事物等。

了解人的气质对于安全教育、驾驶员培训、组织交通运输业务都有重要意义。例如，针对多血质驾驶员的特点，着重进行踏实、专一、不开快车等方面的教育；针对胆汁质驾驶员，注意进行耐力、细心方面的教育，但对其缺点、错误不要当众批评，不要用"激将"法；针对黏液质驾驶员，多给予指导，注意培养机动灵活的思维方式；针对抑郁质驾驶员，要多鼓励，培养自信心。总之，只有针对不同的特点进行工作，才能收到良好的效果。

（九）外界因素对驾驶员的影响

驾驶员的上述有关交通特性除受自身生理 - 心理素质、婚姻状况、精神状态等条件的影响外，还受道路条件、车辆状况、交通环境等外界因素的影响。现简要叙述如下：

1. 道路线形设计欠妥，可能使视线失去诱导，使驾驶员产生错觉，增加驾驶员的心理紧张程度和驾驶疲劳。

2. 车辆的结构尺寸、仪表位置、操纵系统、安全设备等都对驾驶有影响。

3. 环境的影响：交通标志的布设会约束驾驶员的行为；道路周围若有吸引人注意的干扰点，驾驶员的注意会被分散；若沿途播放轻音乐，可加快车速；路上行人过多，会增加驾驶员的心理紧张程度等。

（十）驾驶员应具备的职业特点

综上所述，汽车驾驶员应具备下述职业特点：身体健康，能从危险之中选择最小危险的情况，正确、冷静、迅速而恒定地做出反应，在黄昏时有必要的视力，对眩光不敏感，有判断速度、距离的能力，对转向盘和踏板能施加不同力，能辨别不同颜色，准确行车，技术机敏，对工作有兴趣，对同志态度和蔼，遵守交通法规等。

二、行人的交通特性

行人的交通特性表现在行人的速度、对个人空间的要求、步行注意力等方面。其与行人的年龄、性别、出行目的、文化素养、心境、体制等因素有关，也与行人生活的区域、周围环境、街景、交通状况等有关。

三、乘客的交通特性

乘客交通特性（Passenger Characteristics）的共同要求是安全、迅速、舒适。因此，线形设计、交通工具配备、交通设施布设都应考虑这些要求。

当汽车在曲线上行驶，横向力系数大于 0.2 时，乘客有不稳定感；横向力系数大于 0.4 时，乘客站立不住，有倾倒的危险。所以，在线形设计标准中对平曲线的最小半径有相关规定。

汽车由直线经缓和曲线进入圆曲线时，其离心力逐渐增加，当离心力增加很快时，乘客感到不舒服，为了使乘客感觉不到转弯，所以要限制离心加速度 a。这样，便对缓和曲线的长度提出了要求。

在山区道路上或在陡边坡高的路上行车，乘客看不到坡脚，会产生害怕心理。如果在这种路段的路肩上设置护栏或放缓边坡，会消除乘客的不安心理。

道路美学与交通安全之间存在着微妙的关系。采用顺畅连续的线形、宽阔的带弧形的边沟、平缓的边坡等都有助于道路美化和增加交通安全。这样，道路本身比较安全，驾驶员和乘客看起来也比较安全。无论道路多么优美，如果没有安全感就不能认为在美学上是令人满意的。

乘客都希望缩短出行时间，尽快到达目的地。人们经常见到的堵车现象，就是这种心理状态的具体表现。对于已在车上的乘客，希望中途不停车，直达目的地。对于要乘车的旅客，希望出门就有车站，每辆车都停靠，来车即可上车。一般来说，乘车时间越长，越容易产生疲劳，从而使劳动效率降低。

乘客的舒适对减轻疲劳有重大作用。调查表明，工人乘坐电力列车到郊区上班时，坐着乘行 60 min 以上，与在市里上班，需要换乘，站着乘行小于 60 min 相比，前者生产指标好。为了减轻乘客疲劳可采取一些有效的措施，具体如下：

市内公共交通规划应明确规定职工上下班出行时间，配备适量的交通工具，规定车辆满员率。一般而言，市内工作出行时间不宜超过 45 min；郊区工作出行时间不宜大于 70 min。

乘客长时间保持一个坐姿容易疲劳，所以车辆的座位设计应考虑如何减轻疲劳，如用软垫，座位靠背可改变倾斜角度。同时，应注意调节车厢内的温度、湿度、空气并防尘。

坐车时间过长，容易产生烦躁情绪。为此，路线的布设应考虑美学要求，尽量利用名胜古迹、自然景物组成优美的道路交通环境，使乘客在旅途中能观赏风光，感到心旷神怡。同时，沿线布设一些休息场地，使需要停驻的车辆稍停片刻，以便乘客下车活动、伸展肌肉、减轻疲劳。

乘客在长途旅行中会产生了解沿途情况的心情。例如，沿途经过哪些地方，各有什么特点，前方到达哪个车站，已走了旅途的多少里程，距目的地还有多远等。因此，沿路应设一些指示标志和里程碑，以解乘客的疑惑。

第二节　车辆的交通特性

车辆是道路交通的基本要素之一。根据《中华人民共和国道路交通安全法》所述，车辆分为两种机动车和非机动车。

1.机动车是指以动力装置驱动或牵引，在道路上行驶的供人员乘用或用于运送物品，以及进行工程专项作业的轮式车辆。

2.非机动车是指人力或畜力驱动，在道路上行驶的交通工具，以及虽有动力装置驱动但设计最高时速、空车质量、外形尺寸符合有关国家标准的残疾人机动轮椅车、电动自行车等交通工具。

在机动车的管理中常按下述类型进行分类统计：

（1）座位数 ≤9 的载客汽车。

（2）其他总质量 ≤4.5 t 的汽车。

（3）其他汽车、汽车列车及无轨电车。

（4）四轮农用运输车。

（5）三轮农用运输车。

（6）两轮摩托车。

（7）边三轮摩托车。

（8）正三轮摩托车。

（9）轻便摩托车。

（10）轮式拖拉机车组。

（11）手扶变型运输机。

由于汽车在机动车中占有支配地位，下面将主要介绍它们的分类知识。

根据相关国家标准，可将汽车分为八类，即载货汽车、越野汽车、自卸汽车、牵引汽车、专用汽车、客车、轿车和半挂车及专用半挂车。通常按所担负的运输任务将汽车划分为三大类。

1.轿车

轿车乘坐 2 ~ 9 人（包括驾驶员），主要供个人使用。轿车按发动机排量分为以下几种：

（1）微型轿车：发动机排量在 1 L 以下。

（2）普通轿车：发动机排量为 1.0 ~ 1.6 L。

（3）中级轿车：发动机排量为 1.6 ~ 2.5 L。

（4）中高级轿车：发动机排量为 2.5 ～ 4.0 L。

（5）高级轿车：发动机排量在 4 L 以上。

2. 客车

客车乘坐 9 人以上，主要供公共服务用。按车身长度，客车分为以下几级：

（1）微型客车：车身长度在 3.5 m 以下。

（2）轻型客车：车身长度在 3.5 ～ 7.0 m。

（3）中型客车：车身长度在 7 ～ 10 m。

（4）大型客车：车身长度为 10 ～ 12 m。

（5）特大型客车：包括铰链式客车（车身长度大于 12 m）和双层客车（车身长 10 ～ 12 m）两种。

3. 载货汽车

载货汽车主要用于载运各种货物，其驾驶室内可容纳 2 ～ 6 名乘员。货车按其总质量分级：

（1）微型货车：总质量小于 1.8 t。

（2）轻型货车：总质量为 1.8 ～ 6 t。

（3）中型货车：总质量为 6 ～ 14 t。

（4）重型货车：总质量大于 14 t。

（5）汽车列车：由专门的牵引车牵引的为半挂列车，由普通货车牵引的为全挂列车。

此外，还有根据特殊的使用要求设计或改装的车辆，主要执行运输任务以外的特种作业，如公安消防车、市政工程作业车、环卫环保作业车、医疗救护车、商业售货车等。

第三节　道路的交通特性

道路是供行人步行和车辆行驶的设施的统称。道路按照其所处的地区不同可以分为公路、城市道路、厂矿道路、林区道路、乡村道路等。通常把位于城市及其郊区以外的道路称为公路；把位于城市范围以内的道路称为城市道路。

一、道路的类别与等级

（一）公路的类别与分级

在公路网中，由于每条道路在国民经济中的作用不同、自然条件的复杂程度不同、车辆种类和速度及运量不同，其技术完善程度和管理方法也就不同。从规划、设计和管理的要求出发，需要对公路网中的道路进行分类。

1. 公路的技术等级

在交通运输部《公路工程技术标准》（JTG B01—2014）（以下简称《标准》）中，把公路按其交通量、任务及性质分为高速公路、一级公路、二级公路、三级公路、四级公路五个技术等级。

高速公路为专供汽车分方向、分车道行驶，并全部控制出入的多车道公路。高速公路的年平均日设计交通量宜在 15 000 辆小客车以上。

一级公路为专供汽车分方向、分车道行驶，可根据需要控制出入的多车道公路。一级公路的年平均日设计交通量宜在 15 000 辆小客车以上。

二级公路为供汽车行驶的双车道公路。二级公路的年平均日设计交通量宜为 5 000 ～ 15 000 辆小客车。

三级公路为供汽车、非汽车交通混合行驶的双车道公路。三级公路的年平均日设计交通量宜为 2 000 ～ 6 000 辆小客车。

四级公路为供汽车、非汽车交通混合行驶的双车道或单车道公路。双车道四级公路年平均日设计交通量宜在 2 000 辆小客车以下，单车道四级公路年平均日设计交通量宜在 400 辆小客车以下。

2. 公路的行政等级

国家《公路管理条例实施细则》规定：公路分为国家干线公路（简称国道），省、自治区、直辖市干线道路（简称省道），县公路（简称县道），乡公路（简称乡道）和专用公路五个行政等级。

国道是指具有全国性政治、经济意义的主要干线公路，包括重要的国际公路、国防公路、连接首都与各省、自治区首府和直辖市的公路，连接各大经济中心、港站、枢纽、商品生产基地和战略要地的公路。

省道是指具有全省（自治区、直辖市）性政治、经济意义，连接省内中心城市和主要经济区的公路，以及不属于国道的省际的重要公路。

县道是指具有全县（旗、县级市）性政治、经济意义，连接县城和县内主要乡（镇）、主要商品生产和集散地的公路，以及不属于国道、省道的县际的公路。

乡道是指主要为乡（镇）内经济、文化、行政服务的公路，以及不属于县道的乡与乡之间及乡与外部联络的公路。

专用公路是指专供或主要供厂矿、林区、油田、农场、旅游区、军事要地等与外部联络的公路。

显然，公路的技术等级与行政等级之间，既有联系，也有区别。

（二）城市道路的类别与等级

1. 城市道路的类别

城市道路应按道路在道路网中的地位、交通功能及对沿线的服务功能等，分为快速路、主干路、次干路和支路四个等级，并应符合下列规定：

（1）快速路应中央分隔、全部控制出入、控制出入口间距及形式，应实现交通连续通行，单向设置应不少于两条车道，并应设有配套的交通安全与管理设施。快速路两侧不应设置吸引大量车流、人流的公共建筑物出入口。

（2）主干路应连接城市各主要分区，以交通功能为主。主干路两侧不宜设置吸引大量车流、人流的公共建筑物出入口。

（3）次干路应与主干路结合组成干路网，以集散交通的功能为主，兼有服务功能。

（4）支路宜与次干路和居住区、工业区、交通设施等内部道路相连接，解决局部地区交通，以服务功能为主。

2. 城市道路的等级

我国幅员辽阔，人口众多，城市星罗棋布。各个城市在人口数量、地理位置、政治经济发展、人口密度、土地开发利用、演变历史、交通状况等方面各具特点，对城市道路交通的要求也就有所不同。

城市规模的大小是按城市人口规模划分的。2014 年 11 月 21 日，国务院印发《关于调整城市规模划分标准的通知》（以下简称《通知》），对原有城市规模划分标准进行了调整，明确了新的城市规模划分标准。《通知》明确新的城市规模划分标准以城区常住人口为统计口径，将城市划分为五类七挡：①城区常住人口 50 万以下的城市为小城市，其中 20 万以上 50 万以下的城市为 I 型小城市，20 万以下的城市为 II 型小城市；②城区常住人口 50 万以上 100 万以下的城市为中等城市；③城区常住人口 100 万以上 500 万以下的城市为大城市，其中 300 万以上 500 万以下的城市为 I 型大城市，100 万以上 300 万以下的城市为 II 型大城市；④城区常住人口 500 万以上 1 000 万以下的城市为特大城市；⑤城区常住人口 1 000 万以上的城市为超大城市。

除快速路外，每类道路按照所在城市的规模、设计交通量、地形等分为 I、II、III 级。特大城市及大城市应采用各类道路中的 I 级标准，中等城市应采用 II 级标准，小城市应采用 III 级标准。有特殊情况需要更换级别时，应做技术经济论证规划经审批部门批准。

二、路网密度

要完成一定的客、货运输任务，必须有足够的道路设施。路网密度（Density of Road Networks）是衡量道路设施数量的一个基本指标。一个区域的路网密度等于该区域内道路总长与该区域的总面积之比。一般来讲，路网密度越高，路网总的容量、服务能力越大。但是，路网的密度也不是越大越好，道路网密度的大小应与经济发展水平相适应，与所在区域内的交通需求相适应，应使道路建设的经济性和服务水平及道路系统的社会效益、经济效益、环境效益得到兼顾和平衡，既要适当超前，也要节约投资。在我国《城市道路交通规划设计规范》中，给出了不同规模城市的道路网密度等规划指标，可供实际应用时参考。

三、路网布局

道路的规划、设计不能仅仅局限于一个点、一条线，而应着眼于整个路网系统。路网布局（Layout of Road Networks）的好坏对整个运输系统的效率有很大影响，良好的路网布局可以大大提高运输系统的效率，增加路网的可达性，节约大量的投资，节省运输时间和运输费用，取得良好的经济效益、社会效益与环境效益。

对于不同的区域、不同的城市，不存在统一的路网布局模式。路网布局必须根据所在区域的自然、社会、经济情况等来选择。

（一）公路网的布局模式

典型的公路网布局有三角形、并列形、放射形、树权形等。

我国公路网按行政体制由国道、省道、县道和乡道组成。其中，国道网方案于1964 年开始编制，1981 年由国家经济贸易委员会、国家计划委员会和交通部颁发试行。该方案共有国家干线公路 70 条，全长 109 200 km，布局分三类：

第一类由首都向四周各省放射，共 12 条，编号为 101，102，…，112。

第二类由南北走向的纵线组成，共 28 条，编号为 201，202，…，228。

第三类由东西走向的横线组成，共 30 条，编号为 301，302，…，330。

省道由各省（自治区）交通部门根据国道网进行规划、负责建设、养护和管理。县、乡道由各县规划建设、养护和管理。

（二）城市道路网的布局模式

典型的城市道路网布局有棋盘形（方格形）、带形、放射形、放射环形等。我国古代城市道路以方格形最为常见，近现代城市发展了许多其他形式的道路布局。

四、城市道路的特性

（一）城市道路的功能和特点

道路在城市生活中具有它独特的重要作用。城市中不同功能的组成部分，例如，市中心区、工业区、居住区、机场、港口、码头、车站、仓库、公园、体育场等，都必须通过道路来连接，城市的四大活动（工作、学习、生活、旅游）也都离不开道路交通运输。实践证明，没有良好的城市道路和完善的城市道路网，将在很大程度上影响城市的建设和发展。所以，在制定城市总体规划时，必须妥善考虑道路网的规划布局和建设问题。

城市用地紧凑、居民集中、建筑鳞次栉比，它要求既要有合理的空间结合，又要有一定的空间距离，以保证良好的城市环境、公共卫生（适当的日照、空气的流畅、气温和温度的调节等）和防火安全。城市道路应该广泛地与城市的绿化结合起来，成为城市各个分区的区界和卫生与防护空间，并利用这个空间作为城市排水和布置地上、地下管线的通道。

城市的各个功能组成部分，通过道路的连接构成统一的有机体，并配合道路表现城市建筑各个方位的面貌，以及建筑群体之间组合的艺术。因为人在道路上的视线是移动的，并随道路的转向而转移视线方位，由此可以使人获得丰富而生动的环境景象。因此，城市道路在承担最基本的交通运输任务的同时，还成为反映城市面貌与建筑风格的手段之一。

与公路相比较，城市道路具有如下特点：①功能多样性；②组成复杂；③行人交通量大；④车辆多、类型杂、车速差异大；⑤交叉口多；⑥沿路两侧建筑密集；⑦道路交通量分布不均衡；⑧政策性强。

（二）城市道路系统及其组成

道路系统是由城市辖区范围内各种不同功能的道路（包括附属设施）有机组成的道路体系。城市道路网通常是指城市中各种道路在城市的总平面图中的布局。城市道路系统的功能不仅是把城市中各个组成部分有机地连接起来，使城市各部分之间有便捷、安全、经济的交通联系，同时它也是城市总平面的框架，对城市建设发展是否经济合理起着重要作用。

城市道路系统一般包括城市各个组成部分之间相互联系、贯通的交通干道系统和各分区内部的生活服务性道路系统。城市道路系统还应包括道路网结构形式、组成及路幅宽度和停车场等。凡不属为过境交通服务的小区内部道路，如居住小区内的街坊连通道路，以及位于街坊内供居民出入的道路均不计入城市道路网。

城市道路系统，特别是干道网的规划合理与否，直接影响城市交通运输、生产与生活，同时也影响建筑布置和战备工作。由于城市干道走向一旦确定，路网一经形成，所有地上、地下管线都将沿着道路用地铺设，沿街建筑均将沿道路用地控制线两侧兴建，事后很难改变。因此，城市道路系统规划是城市建设的百年大计。规划中必须结合城市的性质与规模、用地功能的分区布置、交通运输、自然地形、城市现状，以及工程地质、水文条件、城市环境保护和建筑布局要求等进行综合分析，反复比较来确定，使不同功能的干道、支路组成一个系统完整、功能明确、线形平顺、交通便捷通畅、布局经济合理的城市道路网。

在城市中，沿街两侧建筑红线之间的空间范围为城市道路用地，该用地由以下各个不同功能部分组成：

1. 供各种车辆行驶的车行道。

2. 专供行人步行用的人行道。

3. 起卫生、防护与美化作用的绿带。

4. 用于排除地面水的排水系统，如街沟或边沟、雨水口、窨井、雨水管等。

5. 为组织交通、保证交通安全的辅助性交通设备，如交通信号灯、交通标志、交通岛、防护栏等。

6. 交叉口和交通广场。

7. 停车场和公共汽车停靠站台。

8. 沿街的地上设备，如照明灯柱、架空电线杆、给水栓、邮筒、清洁箱、接线柜等。

9. 地下的各种管线，如电缆、煤气管、给水管、污水管等。

10. 在交通高度发达的现代城市，还建有高架高速路、人行过街天桥、地下通道、地下人行道、轻轨交通和地下铁道等。

五、道路交叉

道路与道路相交的部位称为道路交叉口（Crossway）。根据相交道路的主线标高是否相等，首先可以把交叉口分为平面交叉和立体交叉两大类：

（一）平面交叉

1. 平面交叉的形式

当相交道路的主线标高相等时，称为平面交叉。平面交叉的形式有三路交叉的 T 字形和 Y 字形、四路交叉的十字形和 X 字形、错位交叉、多路交叉。

2. 平面交叉的交错点及减少冲突点的措施

进入交叉口的车辆，由于行驶的方向不同，交错点有以下三种：

（1）分流点——来自同一方向的车辆向不同方向行驶时的分叉点。

（2）交汇点——来自不同方向的车辆向同一方向行驶时的汇合点。

（3）冲突点——来自不同方向的车辆向不同方向行驶时的交叉点。

这三种交错点中，以冲突点最危险，汇合的交汇点其次。冲突点包括直行与直行的冲突点、直行与左转的冲突点、左转与左转的冲突点。冲突点的数目随着交叉口道路条数的增加而迅速增加。

为了减少甚至消除冲突点，可采用以下三种途径：

（1）在交叉口实行交通管制，也就是用交通信号灯或由交警手势指挥，控制来自不同方向的左转车和直行车，使它们在时间上错开通行，这样就能大大减少冲突点的个数。

（2）对交叉口实行渠化交通，即在交叉口布设交通岛、分隔带或划上分道线，使车辆按规定的车道行驶，尽可能地将冲突点转变为交汇点。

（3）改用立体交叉，即将不同方向道路的主线标高错开，一上一下，各行其道，互不干扰，这就从根本上消除了冲突点。

3. 交叉口的交通组织方式及调整

（1）左转车辆的交通组织

交叉口左转车辆是产生冲突点及影响直行车通行能力的主要因素，因此合理地组织左转车辆的行驶路线是提高交叉口通行能力，保证交通安全的关键所在。交叉口左转车辆的交通组织有以下几种途径：

① 信号灯（色灯）管制。在设置定周期自动信号灯的路口，实行绿灯信号车辆左转，在有条件的地方，应把左转信号灯与直行信号灯分开，以便完全消除冲突点。

② 环形交通。在四路以上的交叉口中央设置交通岛，使进入交叉口的车辆不受色灯控制而一律绕中心岛单向行驶，它把所有的冲突点转变为交织的交汇点。

③ 变左转为右转。这里又可分两种情况：街坊绕行和远引式交叉。

（2）渠化交通

在道路上划分道线或用分隔带、交通岛来分隔车道，使不同方向的车辆顺着规定的车道行驶，称为渠化交通。这样做可以达到以下目的：

① 使行人和驾驶员都容易辨明相互行驶的方向，以便于有秩序地通过。

② 控制车辆的行驶方向，使斜交对冲的车流变为直角或同方向的锐角交织，变冲突点为交汇点。

③ 利用交通岛限制车道宽度，控制车速，防止超车，并在其上设置交通标志。同时，交通岛还可用于行人过街时避车用的安全岛。

（3）拓宽交叉口

为了提高通行能力，划分左转、直行及右转车道，往往需要增加交叉口附近的车道数，为此应在交叉口的一定范围内拓宽道路，使每个方向增加 1 ~ 2 个车道。

（4）调整交通组织

当交通量过大，道路系统改建很困难时，可以采取调整交通线路、控制车辆行驶、组织单向交通等措施。例如，在混合交通量很大的路段，白天禁止兽力车、载货车行驶，甚至把局部繁华地段改成步行街。又如，封闭某些小的支路，以减少交叉口的数目，保证干路畅通。

（二）立体交叉

当相交道路的主线标高不相同时，称为立体交叉。立体交叉在空间上下错开，交叉口没有冲突点，行车畅通无阻，大大提高了交叉口的通行能力，这就是高速公路沿线全部采用立体交叉的主要原因。但是，立体交叉与平面交叉相比，占地面积大，建筑成本高。

1.立体交叉的分类

立体交叉根据有无匝道连接上下道路，可分为分离式立体交叉与互通式立体交叉两种。

（1）分离式立体交叉

分离式立体交叉只能供车辆直行，不能在交叉口转弯到另一条道路上去。它既可以用于道路间交叉，又可广泛用于道路与铁路、渠道、管线等的交叉。

（2）互通式立体交叉

互通式立体交叉除跨线桥外，还用匝道将上下道路连通，能使车辆从一条道路转弯行驶到另一条道路上去。

互通式立体交叉包括跨线桥（上跨或下穿）、右转外侧匝道、左转环形匝道、定向式穿线匝道、出口减速车道、入口加速车道等。

2.互通式立体交叉的基本形式

互通式立体交叉有三种基本形式：三路连接的喇叭形、三路连接的半定向形、三路连接的全定向形。

四路连接有六种基本形式：菱形、苜蓿叶形、半苜蓿叶形、环形、涡轮定向形、半定向形。

3.互通式立体交叉之间及其他设施之间的距离

互通式立体交叉之间的距离，在大城市周围一般为 5～10 km；在平原地区的小城市一般为 5～25 km；为了便于公路维修、救援等执行任务，即使在人口稀少的山区，最大间距一般也不大于 30 km。

由于互通式立体交叉连接的为高速公路或城市的快速路、主干路行车速度高，因此互通式立体交叉之间的距离不能太小。互通式立体交叉之间的最小间距应能保证前一立体交叉从匝道驶入的交汇点到下一立体交叉驶向匝道的分流点之间交织行驶的需要，以及为驾驶员及时提供情报而需在到达互通式立体交叉（或其他设施）之前设置一系列前置标志所需的距离。

第七章　道路通行能力

第一节　概述

一、道路通行能力概述

道路通行能力也称道路容量，是指道路的某一断面在单位时间内所能通过的最高车辆数。道路通行能力是道路的一种性能，是度量道路疏导车辆能力的指标。当道路上的交通量接近道路的通行能力时，就会出现交通拥挤现象。这时所有车辆按同一车速列队行进，一旦发生干扰，很容易造成交通堵塞；当道路上的交通量小于道路的通行能力时，驾驶员驱车前进就有一定的自由度，有变换车速和超车的机会。进行通行能力分析的主要目的是估算在规定的运行条件下设施的交通负荷能力，求得在不同运行质量下单位时间所能通行的最大交通量，为分析和改进现有设施并为规划和设计待建设施项目提供了依据。

（一）基本概念

通行能力是假定具有良好的气候条件和路面条件下的最大通过能力。交通设施的通行能力是指在一定的时段和通常的道路、交通、管制条件下，人和车辆通过车道或道路上的一点或均匀断面的小时最大交通量。通行能力一般以 veh/h（辆/小时）、pcu/h（当量标准小客车/小时）表示，基本单位是 pcu/（h·ln）（当量标准小客车/小时/车道）。

1. 通行能力与交通量。通行能力与交通量存在相同之处，它们都是指单位时间内通过道路某断面的交通实体数量，表示的单位和方法相同，但是二者之间有着本质的区别。

交通量是指单位时间内，道路上实际通过的交通实体的观测值，其数值具有动态性与随机性；通行能力是在已知的道路设施和规定的运行质量条件下，单位时间内所能适应的最大交通量，其数值具有相对的稳定性。在正常运行状况下，道路的交通量均小于通行能力。当交通量远远小于通行能力时，车流为自由流状态，车速高，驾驶自由度大，驾驶员可以随意变更车速，实现超车；随着交通量的增加，车流的运行状态逐渐恶化，当交通量接近或等于通行能力时，车流为强制流状态，车辆行驶自由度降低，将会出现交通拥挤、阻塞等现象。由此可见，在交通流状态分析中，交通量和通行能力二者缺一不可，通行能力反映了道路的容量（服务能力），交通量反映了道路的负荷量（交通需求）。因此，常用交通量与通行能力的比值来表示道路的负荷程度（或利用率、饱和度）。

2. 交通量和交通流率。对交通量而言，时间计算单位越大，交通量不均匀性越不明显，越不能很好地反映交通量与运行质量之间的关系。例如，以 1 h 为单位统计的交通量变化，就不能反映 15 min 的交通量变化情况。通常，以"小时"为单位来计算通行能力和设计交通量。对通行能力的研究，通常采用"15 min"的分析时段，这样能更清楚地表达交通高峰对道路运行状况的影响。

（二）通行能力的影响因素

道路通行能力的影响因素主要有道路条件、交通条件、管制条件、环境和气候条件及规定的运行条件等。运行条件不同，要求通行质量不同，其通行能力自然不同。因此，通行能力不是一个固定的数值，而是在一定客观条件和主观要求下的一个相应范围。

1. 道路条件是指交通设施类型、车道宽度、车道数、侧向净空、附加车道、几何线形、视距、坡度和设计车速等因素。

2. 交通条件是指车流中的车辆组成、车道分布、方向分布等因素。

3. 管制条件是指交通法规、控制方式、管理措施等。对于信号控制交叉口，信号相位、绿信比、周期长短、进口车道数及车道划分等都是影响通行能力的主要因素。

4. 环境条件是指街道化程度、商业化程度、横向干扰、非交通占道、公交车站和停车位置等因素。

5. 气候条件是指风、雨、雪、雾、沙尘暴等对通行能力产生影响的天气因素。

规定的运行条件主要是指计算通行能力的限制条件，这些限制条件通常根据速度和行程时间、驾驶自由度、舒适和方便性及安全性等因素来设定。其运行标准是针对不同的交通设施用服务水平来定义的。

另外，道路周围的地形、地物、景观、驾驶员技术等对道路通行能力也有一定的影响。

（三）通行能力的分类

根据道路设施和交通实体的不同，通行能力可分为机动车道路通行能力、非机动车道通行能力和人行道通行能力；按其研究对象不同，通行能力可划分为城市干道通行能力、高速公路通行能力、双车道和多车道公路干道通行能力、信号交叉口通行能力等。

根据通行能力的作用性质和使用要求的不同，通行能力可分为基本通行能力、可能通行能力和设计通行能力三种。

基本通行能力是指在一定的时段，理想的道路、交通、控制及环境条件下，道路的一条车道或一均匀段上或某一交叉点能通过人或车辆的最大小时流率。这是一种理想状态下的通行能力，实际上很难实现或不可能达到。

可能通行能力是指在一定的时段，在具体的道路、交通、控制及环境条件下，道路的一条车道或一均匀段上或某一交叉点能通过人或车辆的最大小时流率。可能通行能力根据道路和交通实际情况，对理想条件进行修正，根据这些修正系数乘以基本通行能力数值得出，是指道路所能承担的实际最大交通量。这些修正系数包括车道宽度修正系数、侧向净宽修正系数、纵坡修正系数、视距修正系数、沿途条件修正系数等。

设计通行能力是指在一定的时段，在具体的道路、交通、控制及环境条件下，一条车道或一均匀段上或某一交叉点对应服务水平的通行能力。其主要用作道路交通规划和设计的依据。

需要进行通行能力和服务水平分析的道路及其组成部分包括：

1. 高速公路的基本路段。

2. 多车道公路路段。

3. 双车道公路路段。

4. 匝道，包括匝道 - 主线连接部分。

5. 交织区。

6. 信号控制的平面交叉口。

7. 无信号控制的平面交叉口。

8. 城市干道及近郊干线道路。

二、服务水平

道路通行能力的计算离不开交通运行质量的分析，因此，通行能力的分析计算必须与服务水平的分析计算一并进行。通行能力和服务水平是一个事物的两个方面，它们同时反映道路所提供的服务。其中，通行能力反映的是道路服务的数量或服务的能力，是道路所能提供的疏导交通能力的极限；而服务水平反映的是道路服务的质量或服务的满意程度，是在满足特定交通运行条件下的极限能力。

（一）服务水平的概念

服务水平是指道路使用者从道路状况、交通与管制条件、道路环境等方面可能得到的服务程度或服务质量，是衡量交通流运行条件及驾驶员和乘客所感受的服务质量的一项指标，反映了道路在某种交通条件下所提供运行服务的质量水平，通常根据交通量、速度、行驶时间、驾驶自由度、行车的舒适性和经济性等指标确定服务水平。在实际确定服务水平等级时，难以全面考虑和综合上述各个因素，往往仅以其中的某几项指标作为代表，常取行车速度及服务交通量与通行能力之比，作为评定路段服务等级的主要影响因素。

（二）服务水平的分级

交通量在达到基本通行能力（或可能通行能力）之前，交通量越大，交通密度越大，车速越低，运行质量也越低，即服务水平越低；当交通量达到基本通行能力（或可能通行能力）之后，交通量在减少，交通密度在增大，运行质量在降低，直至车速及交通量均下降至零为止。

为了衡量道路为驾驶员、乘客所提供的服务质量，需要对服务水平进行分级。各国服务水平等级划分不一，一般根据本国的道路交通具体条件划分为 3～6 个等级。例如，日本分为 3 个等级，美国定为 6 个等级，我国划分为 4 个等级。

美国对于连续流的道路设施，各级服务水平的交通流状况描述如下：

服务水平 A：交通量很小，交通为自由流，使用者不受或基本不受交通流中其他车辆的影响，有非常高的自由度来选择所期望的速度，为驾驶员和乘客提供的舒适和便利程度极高。

服务水平 B：交通量较前增加，交通处在稳定流范围内的较好部分。在交通流中，开始易受其他车辆的干扰，但选择速度的自由度相对来说还未受到影响，只是驾驶自由度比服务水平 A 稍有下降。由于其他车辆开始对少数驾驶员的驾驶行为产生影响，因此所提供的舒适和便利程度较服务水平 A 低一些。

服务水平 C：交通量大于服务水平 B，交通处在稳定流范围的中间部分，车辆间的相互作用变得大起来，选择速度受到其他车辆的制约，驾驶时需特别注意其他车辆的动态，舒适和便利程度有明显下降。

服务水平 D：交通量再次增大，交通处在稳定交通流范围的较差部分。速度和驾驶自由度均受到严格约束，舒适和便利程度低下。当接近这一服务水平的下限时，交通量有少量增加，就会在运行方面出现问题。

服务水平 E：此服务水平下的交通常处于不稳定流范围，接近或达到该水平最大交通量时，交通量稍有增加，或交通流内部有较小的扰动就将产生较大的运行障碍，甚至发生交通中断。在此服务水平下，所有车速均降到一个较低的但相对均匀的值，驾驶自由度极低，舒适和便利程度也非常低，驾驶员受到的限制通常是很大的。此服务水平下限制的最大交通量即为基本通行能力（理想条件下）或可能通行能力（具体公路）。

服务水平 F：交通处于强制流状态，车辆经常排成队，跟着前面的车辆走走停停，极不稳定。在此服务水平下，交通量与速度同时由大变小，直到零为止，而交通密度则随交通量的减少而增大。

我国由于对通行能力的研究起步较晚，对交通流变化规律的把握不够细致，因此，高速公路服务水平现分为四级：一级相当于美国的 A、B 两级，二、三级分别相当于美国的 C 级及 D 级，四级相当于美国的 E、F 两级。

在选用服务水平时，原则上高速公路、一级公路采用二级服务水平，二级公路、三级公路采用三级服务水平。一级公路作为集散公路时，可采用三级服务水平设计。互通式立体交叉的分、合流区段，匝道及交织区段，可采用三级服务水平设计。

（三）服务交通量

服务交通量是指在通常的道路条件、交通条件和管制条件及规定的服务水平下，道路的某一断面或均匀路段在单位时间内所能通过的最大小时交通量。

在不同的服务水平下，服务交通量是不同的，服务水平高的道路行车速度快，驾驶自由度大，舒适与安全性好，但是其对应的服务交通量小；反之，允许的服务交通量大，则服务水平低。服务交通量不是一系列连续值，而是不同的服务水平条件允许通过的最大值，反映的是在某一特定服务水平下道路所能提供的疏导交通的能力极限，是不同服务水平之间的流量界限。

第二节　高速公路通行能力分析

高速公路通行能力是公路网规划、公路设计、交通运行和管理、公路工程项目可行性研究及公路建设项目后评估的基本参数。高速公路的通行能力和服务水平分析在实际的交通工程工作中作用重大，如新建或改建交通设施需要确定车道宽度和车道数，评价改建后的运行特性和服务水平，进而确定道路使用者的油耗，以及受空气、噪声污染等因素影响程度的基本参数值。

通过高速公路道路通行能力的研究，可以：

1. 为高速公路规划和设计时，确定车道数和行车道宽度等公路几何要素提供依据；

2. 估算交通流的运行参数和服务水平指标，评价运行特性和服务水平分析，针对高速公路存在的问题提出改进方案；

3. 为确定高速公路使用者的费用、废气、噪声污染及对环境的影响程度提供了基本参数值。

一、高速公路的定义及其组成

高速公路是有中央分隔带、上下行每个方向至少有两车道，所有交叉口都是立体交叉、完全控制车辆出入、专供汽车行驶的公路。高速公路是彻底的连续交通流设施，在正常情况下，高速公路上的车辆可以不停顿地连续行驶。

不同于其他等级的公路，高速公路是自成系统的一种公路形式。按照交通流运行特性的差异，高速公路一般由以下三部分组成：

1. 高速公路基本路段。

2. 交织区。

3. 匝道，其中包括匝道 - 主线连接处和匝道 - 横交公路连接处。

二、高速公路基本路段的通行能力

（一）高速公路基本路段概述

1. 高速公路基本路段的定义

高速公路基本路段是指主线上不受匝道附近车辆汇合、分离及交织运行影响的路段。高速公路是多车道公路，和其他多车道公路一样，由于两个方向的交通运行互不干扰，且两个方向在其前进方向上的线形（主要是纵断面线形）不同。因此，两个方向车行道的通行能力和服务水平的分析计算是分别进行的。高速公路基本路段通行能力是针对单向车流单车道而言的。

2. 高速公路基本路段的理想条件

高速公路通行能力分析的基本思路是先确定理想条件下的通行能力，再按照实际道路、交通条件对理想通行能力进行适当折减，对可能通行能力进行计算。高速公路基本路段的理想条件包括：

（1）3.75 m≤ 车道宽度 ≤4.50 m。

（2）侧向净宽 ≥1.75 m。

（3）车流中全部为小客车。

（4）驾驶员均为熟悉高速公路路线，且技术熟练、遵守交通法规者。

（二）高速公路基本路段服务水平

目前，高速公路基本路段的服务水平是根据交通流密度（pcu/km/ln）来划分的，该指标也就是高速公路基本路段的效率指标。早期，美国《道路通行能力手册》（Highway Capacity Manual，HCM）是按照速度的大小来划分服务水平，后来发现交通流在相当大的范围内，速度保持不变，也就是说，速度对交通量的变化不敏感，因此，又选择交通流密度作为高速公路基本路段服务水平的效率指标。我国根据交通密度将服务水平分成四级。各种设计速度的基本路段在理想条件下各级服务水平的平均行程速度、V/C 及最大服务交通量。

（三）高速公路基本路段通行能力分析

就一条具体道路而言，其道路与交通条件如果不能完全处于理想状态，则道路实际所能处理的交通量将少于基本通行能力。以基本通行能力为基础，对理想道路、交通条件不相符的实际道路和交通条件进行修正，从而确定道路达到某种服务水平时的通行能力，即为设计通行能力。

三、高速公路交织区的通行能力

（一）高速公路交织区概述

1. 交织的定义

两股或多股交通流在没有交通控制设施的情况下，沿相同的方向在相当长的公路路段中运行，其中相交而过的交通流称为交织。

2. 交织区的分类

交织区分为简单交织区和多重交织区两类：

简单交织区由一个独立的汇合点接着一个独立的分离点形成，而多重交织区则由一个汇合点接着两个分离点，或由两个汇合点接着一个分离点形成。在多重交织区通行能力和服务水平分析过程中，通常将多重交织区合理地拆分为合流区、分流区和简单交织区来分别进行分析。

3. 交织区长度

交织区长度是交织区的重要几何参数，它决定了驾驶员完成所需要的全部车道变换可利用的时间和空间。若交织区长度变短，则用于车道变换可利用的空间会减小，交通流的混乱程度增加。

4. 交织运行状态

交织运行分非约束交织运行及约束交织运行两种状态。在交织区中，交织车辆和非交织车辆总是希望能以各自期望的平均行驶速度来使用车道。如果车辆能按照期望的平均速度运行，则该运行状态称为非约束交织运行；如果不能按照期望的平均速度运行，则称为约束交织运行。

（二）通行能力分析方法

影响交织区通行能力的因素很多，包括交织区构造形式、车道数、高速公路或多车道公路的自由流速度、交织段长度及流量比等。HCM2000 根据影响因素的不同，分别给出了各种典型条件下的交织区理想的通行能力值，如表 7-1 所示。

表 7-1　交织区的理想通行能力值（示例）

流量比 VR	A 型交织区的理想通行能力值 120km/h				
	交织段长度				
	150	300	450	600	750
三车道交织区					
0.10	6050	6820	7200	7200	7200
0.20	5490	6260	6720	7050	7200
0.30	5040	5780	6240	6570	6830
0.40	4660	5380	5530	5800	6050
0.45	4430	5000	5270	5550	5800
四车道交织区					
0.10	8060	9010	9600	9600	9600
0.20	7320	8340	8960	9400	9600
0.30	6710	7520	8090	8510	8840
0.35	6370	7160	7700	8000	8000
五车道交织区					
0.10	10080	11380	12000	12000	12000
0.20	9150	10540	11270	11790	12000

①长度超过 750 m 的交织段看作分离的合流区和分流区，使用高速公路匝道的分析方法进行计算。②交织区通行能力不可能超过高速公路基本路段的通行能力。③约束运行状态下出现的通行能力。④在大于 0.45 的流量比条件下，三车道 A 型交织区不能很好运行，此时运行效率可能很低，甚至局部出现排队车辆。⑤在大于 0.35 的流量比条件下，四车道 A 型交织区不能很好运行，此时运行效率可能很低，甚至局部出现排队车辆。⑥通行能力受最大允许的交织流率限制：A 型为 2 800 pcu/h，B 型为 4 000 pcu/h，C 型为 3 500 pcu/h。⑦在大于 0.20 的流量比条件下，五车道 A 型交织段不能很好运行，此时运行效率可能很低，甚至出现局部排队车辆。

表 7-1 给出了不同条件下交织区通行能力的取值。对于中间点，可以粗略使用线性内插的方法求得。对于通常条件下的通行能力，可按照下式进行计算。

$$C_P = C \cdot f_{HV} \cdot f_P$$

式中：C_P——可能通行能力值（pcu/h）；

C——理想条件下的通行能力值（pcu/h）。

第三节　双车道公路路段通行能力分析

一、双车道公路路段车流运行特性

双车道公路是有两条车行道的道路，每条车道用于一个方向的交通。车辆在双车道公路上行驶，最大的特点在于其超车过程：车辆只能在对向车道有足够的超车视距时才能有超车的可能，超车车辆在超车过程中，必须占用对向车道。因此，双车道公路中任一方向的车辆在行驶过程中，不仅受到同向车辆的制约，还受到反向车流的影响。这就是双车道公路通行能力和服务水平分析都采用双向同时分析的原因。

双车道公路是我国一般公路网中最长、最普通的一种形式，我国大多数干线及非干线公路均为双车道公路。

二、双车道公路服务水平

（一）双车道公路的理想条件

双车道公路的通行能力和服务水平分析以理想条件的双车道公路特性为基础，根据我国具体的道路、交通条件，双车道公路的理想条件如下：

1. 设计速度大于或等于 80 km/h。

2. 车道宽度大于或等于 4.00 m，但不大于 4.50 m。

3. 侧向净宽大于或等于 1.75 m。

4. 公路上无"不准超车区"。

5. 交通流中车辆全部为小客车。

6. 两个方向交通量之比为 50/50。

7. 没有过境交通横向干扰且交通秩序良好。

8. 处于平原微丘地形。

三、双车道公路路段通行能力

（一）车行道的最大服务交通量

$$MSV_i = C_B \cdot (V/C)_i$$

式中：MSVi——在理想条件下，第 i 级服务水平的车行道双向最大服务交通量（pcu/

h）；

　　C_B——基本通行能力，理想条件下车行道双向最大交通量，$C_B=2\,500\text{pcu/h}$；

　　$(V/C)_i$——第 i 级服务交通量与基本通行能力之比。

（二）车行道的设计通行能力

$$C_D = MSV_i \cdot f_S \cdot f_d \cdot f_W \cdot f_{HV} \cdot f_L$$

式中：CD——车行道设计通行能力，是实际或预测的交通和道路等条件下，采用 i 级服务水平的车行道双向最大服务交通量（辆/h）；

　　f_s——设计速度小于 80 km/h 时对通行能力的修正系数；

　　f_d——交通量方向分布对通行能力的修正系数；

　　f_w——车道宽度及（或）侧向净宽小于理想条件时对通行能力的修正系数；

　　f_{HV}——交通流中有非小客车时，交通组成对通行能力的修正系数；

　　f_L——横向干扰及交通秩序处于非理想条件时对通行能力的修正系数。

代入得

$$C_D = C_B(V/C) \cdot f_S \cdot f_d \cdot f_W \cdot f_{HV} \cdot f_L$$

第四节　平面交叉口通行能力分析

一、平面交叉口通行能力概述

　　平面交叉即两条或两条以上的道路在同一平面交叉。平面交叉口的通行能力不仅与交叉口面积、形状、入口引道车道数、宽度、几何形状及物理条件有关，而且受相交车流通过交叉口的运行方式、交通管理措施等方面的影响。目前，我国城市道路系统中有90%以上的路口仍是平面交叉口，直接影响道路的通行能力，因此对交叉口进行研究是道路通行能力分析的重点。

　　交叉口一般可分为三大类，一类为不设任何交通管制的无信号交叉口，一类为设置色灯的信号交叉口，一类为设中心岛的环形交叉口。目前，交叉口通行能力计算方法在国际上并未完全统一，即使是同一类型的交叉口，其通行能力计算方法也不一样，其中以美国的计算方法应用最为广泛。我国在引进发达国家计算方法的同时，也在尝试发展符合我国国情和道路交通状况、车辆状况，具有我国特色的通行能力计算方法，使通行能力的计算更加符合实际情况。

　　由于道路交通组成复杂，各种车型不仅所占道路空间不同，而且其行驶性能也相差很大，相互间的干扰严重。在进行交叉口通行能力分析计算时，应进行车种换算，把车流中各种车型换算成标准车型或某一车型的当量交通量，其当量的比值称为车辆换算系数。

交叉口的车辆换算不同于路段。路段可用连续运行中车辆的临界车头时距之比进行换算，而交叉口则不同。信号交叉口往往要停车之后再次起动，所以信号交叉口的车辆换算系数通常采用停车起动时，连续车流中各类车辆通过停车断面的时间间隔之比作为换算依据；环形交叉口采用各类车辆交织或穿插所需的临界间隔时间之比作为换算依据。因此，不同类型交叉口应采用不同的换算系数。

二、无信号交叉口通行能力分析

不设信号机控制的交叉口一般可分为两大类：一是暂时停车方式；二是环形方式。本节主要讨论暂时停车方式的无信号交叉口。

暂时停车方式的交叉口又可分为两路停车和四路停车两种。两路停车通常用于主干道与次干道相交，主要道路上的车辆优先通行，通过路口不用停车；次要道路上行驶的车辆一律停车等待，让主要道路上的车辆先行，利用优先通行方向交通流的间隙通过交叉口或合流。四路停车用于同等重要的道路相交的路口，不分优先与非优先，所有车辆到达交叉口均需停车，确认安全后方可通过。

现以十字交叉口为例，根据可插间隙理论，计算非优先方向车辆可以横穿或插入的间隙数，作为非优先方向可以通过的最大交通量。而交叉口的通行能力，等于主要道路上的交通量加上次要道路上的车辆穿越空档所能通过的车辆数。若主要道路上的车流已经饱和，则次要道路上的车辆一辆也通不过。由此可见，无信号交叉口的通行能力最大等于主要道路路段的通行能力。事实上，在无信号交叉口，主要道路上的交通量并不大，车辆呈随机到达状态，有一定空档供次要道路的车辆穿越，相交车流无过大阻滞，否则，需设置信号灯，在时间上合理分配行驶权。

（一）交通流向分析

在无信号交叉口，道路上车流的每一流向都面临与之发生冲突的交通流，主要道路上车流存在的可穿越间隙，有多股车流争相利用。

（二）通行能力计算方法

主要道路上能够通过的车辆数，按路段进行计算。次要道路上能够通过的车辆数，受下列因素影响：主要道路上车流的车头间隔分布、次要道路上车辆穿越主要道路车流所需时间、次要道路上车辆跟车行驶车头时距的大小、主要道路上车流的流向分布。穿越间隙的大小与次要道路上的车流通过交叉口的状态有关。若在进口处停车等待，则所需间隙时间为 7 ~ 9 s；若驶近路口减速待机，则所需间隙时间为 6 ~ 8 s。此外，穿越间隙还与穿越车流的流向有关。

间隙分析法的计算原理是将主要道路（优先方向）上的车辆视为连续行驶的交通流，假定车辆到达的概率分布符合泊松分布，则车辆之间的间隙分布符合负指数分布。但不是所有间隔都可以供次要道路车辆通过或插入，只有当间隙大于临界间隙 t0 时，次要道路上的车辆方可穿越。当出现可插间隙时，次要道路上的车辆可以相继通过的跟车行驶的车头时距为 t，按可插车间隙理论，推算次要道路上的车辆每小时能穿越主要道路车流的车辆数为

$$Q_{次} = \frac{Q_{主} e^{-qtn}}{1 - e^{-qt}}$$

式中：$Q_{主}$——主要道路上的双向交通量（pcu/h）；

$Q_{次}$——次要道路可通过的车辆数（pcu/h）；

q——$Q_{主}$/3 600（pcu/s）；

t_0——临界间隙时间，与次要道路的交通管理方式有关。若采用停车标志，t_0=6 ~ 8 s；若采用让路标志，t_0=5 ~ 7 s；

t——次要道路上车辆连续穿越主要道路的跟驰车头时距，t=3 ~ 5s。

三、环形交叉口通行能力分析

环形交叉口是自行调节的交叉口。这种交叉口是在中央设置中心岛，使进入交叉口的所有车辆都沿同一方向绕岛单向行驶，一直到所要去的路口离岛驶出。车辆行驶过程一般为合流、交织、分流，避免了车辆交叉行驶形成冲突。这种交叉口的功能介于平面交叉口和立体交叉口之间，其优点是车辆连续行驶、安全，交通组织简捷，不需要设置管理设施。车辆在交叉口不必停车、起动，延误小，节省燃料，减少了对环境的污染。同时，通过环岛中心的绿化可起到美化城市的作用。其缺点是占地大，绕行距离长。机动车交通量较大、非机动车和行人较多及有轨道交通线路时，均不宜采用这种形式。

（一）环形交叉口类型

环形交叉口按中心岛直径大小分为以下三类：

1. 常规环形交叉口

常规环形交叉口的中心岛直径大于 25 m，交织段比较长。进口道不拓宽成喇叭形，我国现有的环形交叉口大都属于此类。

2. 小型环形交叉口

小型环形交叉口的中心岛直径小于 25 m，进口道的进口加宽，做成喇叭形，便于

车辆进入交叉口。

3. 微型环形交叉口

微型环形交叉口的中心岛直径一般小于 4 m，中心岛不一定做成圆形，也不一定只做一个，可用白漆画成圆圈或做成不同颜色，主要起引导和分隔作用。这种环形交叉口实际上已经变成渠化交叉口。

（二）常规环形交叉口的通行能力

对常规环形交叉口通行能力的计算，各国有不同的计算公式，这里只介绍使用较广泛的英国环境部的计算公式。1966 年，英国对环形交叉口实行"左侧优先"法规，即行驶在环道上的车辆可以优先通行，进入环道的车辆让路给环道上的车辆，等候间隙驶进环道。交织段的设计通行能力计算为：

$$C_D = \frac{160w\left(1+\dfrac{e}{w}\right)}{1+\dfrac{w}{l}}$$

式中：l——交织段长度（m）；

w——交织段宽度（m）；

e——环交入口引道平均宽度（m），

$$e = \frac{1}{2}\left(e_1+e_2\right);$$

e1——入口引道宽度（m）；

e2——环道突出部分的宽度（m）。

该式适用条件如下：

（1）进口引道上没有因故暂停的车辆。

（2）环交位于平坦地区，纵坡不大于 4%。

（3）其他参数范围：w=6.1 ～ 18.0m，

$\dfrac{e}{w} = 0.4 \sim 1.0, \dfrac{w}{l} = 0.12 \sim 0.4, \dfrac{e_1}{e_2} = 0.34 \sim 1.41$。

（4）驶入角 α 宜大于 30°。

（5）驶出角 δ 应小于 60°。

（6）交织段内角 β 应不大于 95°。

四、信号交叉口通行能力分析

当进入交叉口的车辆达到一定数量时，穿插通行有困难，需要在交叉口设置信号灯，从时间上将相交车流分开，保证交通安全。由于交叉口是控制路网通行能力的关键节点，而信号交叉口是交通系统中最为复杂的环节，对其分析要考虑诸多因素，因此，许多国家都对此进行了深入研究，形成了多种计算方法，如美国 HCM 中的方法、英国运输和道路研究实验室法等，我国也有多种计算方法，如停车线法和冲突点法等。

第五节　城市干道通行能力分析

依据道路在城市道路网中的地位和交通功能，以及道路对沿线建筑的服务功能，现行《城市道路工程设计规范》将城市道路分为快速路、主干路、次干路和支路四类。快速路完全为机动车辆交通服务，是解决城市长距离快速交通的汽车专用道路；主干路以交通功能为主，连接城市各主要分区，如工业区、住宅区、商业区等干线道路，是城市内部交通的大动脉；次干路是城市内区域性的交通干道，与城市主干道结合组成城市干道网络，起到连接城市各部分和集散交通的作用，兼有服务功能，是城市中数量较多的一般性交通道路；支路是次干路与街坊内道路的连接线，一般为生活性道路，用来解决局部地区交通，以服务功能为主，在居住区、商业区、工业区内起着广泛联系的作用。快速路、主干路和次干路称为城市干道。

在城市干道上运行的车辆主要受以下三个因素的影响：

1. 干道环境：包括道路的线性特征，沿线土地的使用性质、车道数、车道宽度、中间分隔带的类型、交叉口的间距，以及停车有无、行人影响、速度限制等环境因素。干道环境会影响驾驶员的安全行车速度。

2. 车辆之间的相互作用：由交通密度、车种组成和转弯车辆所占的比例决定，车辆之间的相互作用对交叉口上车辆的运行影响极大。

3. 交通信号：交通信号迫使车辆停车，并且等待一定时间后以车队形式放行。由交通信号引起的车辆延误和车速的改变，大大降低了城市干道的通行能力和交通流的运行质量。

以上因素决定了干道的通行能力和服务水平。

第八章　道路交通安全

第一节　概述

一、交通事故的定义、构成要素与现象

（一）定义

由于国情不同，世界各国的交通规则和交通管理规定也不同，对交通事故的定义也不尽相同。

中国对道路交通事故的定义是根据国情、民情和道路交通状况提出的，即《道路交通安全法》给出的定义：车辆在道路上因过错或意外造成的人身伤亡或财产损失的事件。它基本上适合中国道路、车辆和人员参与交通行为的状况，得到了国家和社会各方面的肯定。

美国国家安全委员会对交通事故的定义：在道路上所发生的意料不到的、有害的或危险的事件。这些有害的或危险的事件妨碍交通行为的完成，常是不安全的行为、不安全的因素或二者的结合造成的。

日本对道路交通事故的定义：车辆在交通中所引起的人的死伤或物的损坏，在道路交通安全中称为交通事故。

（二）构成因素

从对交通事故的定义中可以看出，构成道路交通事故应具备以下七个因素，并且缺一不可。

1. 车辆

交通事故各方当事人中，必须至少有一方使用车辆，包括机动车和非机动车。车辆是构成交通事故的前提条件，无该条件参与则不认为是交通事故。

2. 在道路上

这里的道路是指公用道路，即《道路交通安全法》规定的"公路、城市道路和所在单位管辖范围但允许社会机动车通行的地方，包括广场、公共停车场等用于公共通行的场所"。只供本单位车辆和行人通行的，交通管理部门没有义务对其进行管理的，不能属于道路。此外，还应以事故发生时车辆所在的位置，而不是事故发生后车辆所在的位置来判断其是否在道路上。

3. 在运动中

在运动中是指在行驶或停放过程中。停放过程应理解为交通单位的停车过程，而交通单位处于静止状态停放时所发生的事故（如停放后装卸货物时发生的伤亡事故）不属于交通事故。停车后溜车所发生的事故，在道路上属于交通事故，在货场中则不属于交通事故。所以，关键在交通事故各当事方中，是否至少有一方车辆处于运动状态。例如，乘车人在车辆行驶时，由车上跳下造成的事故属于交通事故；停在路边的车辆，被过往车辆碰撞发生的事故，由于对方车辆处于运动中，因此也是交通事故。

4. 发生事态

发生事态是指发生碰撞、碾压、刮擦、翻车、坠车、爆炸、失火等其中的一种或几种现象。若没有发生上述事态，而是行人或旅客因其他原因（如疾病）造成死亡的不属于交通事故。

5. 违章

违章是当事人有违反《道路交通安全法》和其他道路交通管理法规、规章制度的行为。这是依法追究肇事责任，以责论处，予以处罚的必要条件。没有违章行为而出现损害后果的事故不属于交通事故；有违章行为，但违章与损害后果无因果关系的也不属于交通事故。

6. 过失

过失是当事人因疏忽大意没有预见到应该预见的后果或已经预见而轻率地认为可以避免，以致发生的损害后果，即造成事态的原因是人为的，而不是因为人力无法抗拒的自然原因，如地震、台风、山崩、泥石流、雪崩等造成的事故。行人自杀或利用交通工具进行其他犯罪，以及精神病患者在发作期间行为不能自控而发生的事故，均不属于交通事故。

7. 有后果

交通事故必定有损害后果，即人、畜伤亡或车、物损坏，这是构成交通事故的本质特征。因当事人违章行为造成了损害后果，才属于交通事故；如果只有违章而没有损害后果则不属于交通事故。

以上七个因素可以作为鉴定道路交通事故的依据和必要条件，在实际工作中加以运用。

（三）现象

交通事故现象又称交通事故的形式，即交通参与者之间发生冲突或自身失控造成肇事所表现出来的具体形态，基本上可以分为碰撞、碾压、刮擦、翻车、坠车、爆炸和失火七种。

二、交通事故的分类

1. 按事故责任分类

根据交通事故的主要责任方所涉及的车种和人员，在统计工作中可以将交通事故分为机动车事故、非机动车事故和行人事故三种。

2. 按事故后果分类

根据人身伤亡或财产损失的程度或数额，交通事故可以分为轻微事故、一般事故、重大事故和特大事故。

3. 按事故原因分类

从原因上可以把交通事故分为主观原因造成的事故和客观原因造成的事故两类。

4. 按事故的对象分类

按事故的对象可将交通事故分为车辆间的交通事故、车辆与行人的交通事故、机动车对非机动车的交通事故、车辆自身事故、车辆对固定物的事故五种类型。

5. 按交通事故发生地点分类

交通事故发生地点一般是指哪一级道路，在我国，公路可分为高速公路，一、二、三、四级公路五个等级；城市道路可分为快速路、主干路、次干路、支路四个等级。

另外，还可按在道路交叉口和路段发生的交通事故来分类。

三、交通事故的特点

交通事故具有如下特点：随机性、突发性、频发性、社会性及不可逆性。

（一）随机性

交通工具本身是一个系统。但当它在交通系统中运行时，就牵涉到一个更大的系统。在交通系统这样的动态大系统中，某一个因素就可以引起一系列其它失误，从而引发危及整个系统的大事故，而这些失误绝大多数是随机的，即是纯粹的随机事件。

道路交通事故往往是多种因素共同作用或互相引发的结果，其中许多因素本身就是随机的（如气候因素），而多种因素互相引发具有更大的随机性，因此道路交通事故的发生必定带有极大随机性。

（二）突发性

道路交通事故的发生通常并没有任何先兆，即具有突发性。驾驶员从感知到危险到交通事故发生这段时间极为短暂，往往短于驾驶员的反应时间与采取相应措施所需的时间之和。即使事故发生前驾驶员有足够的反应时间，但驾驶员反应不正确、不准确，操作失误或不适宜，都可能导致交通事故。

（三）频发性

汽车工业的高速发展，车辆急剧增加，交通量增大，使车辆与道路比例的严重失调，加之交通管理不善等原因，造成道路交通事故频繁发生，伤亡人数增多，道路交通事故已成为世界性的一大公害。因此，人们称道路交通事故是"不休止的交通战争"。

（四）社会性

道路交通是随着社会和经济的发展而发展的一种客观的现象，是人们客观需要的一种社会活动，这种活动是人们日常生活和工作必不可少的。在目前现代化的城市中，大生产带来的社会分工越来越细，人际间的协调和交往也越来越密切，使人们在道路上的活动日趋频繁，成为一种社会的客观要求。

道路交通事故是伴随着道路交通的发展产生的一种现象，无论何时，只要人参与交通，就存在涉及交通事故的危险性。道路交通随社会的发展不断地进行演变，从步行到马车再到今天的汽车，这个过程不仅表明了人们对道路交通的追求意识和发展意识，也证明了道路交通事故是随着社会发展和经济发展而发展的客观存在的社会现象，即道路交通事故具有社会性。

（五）不可逆性

道路交通事故的不可逆性是指其不可重现性。事故是人、车、路组成的系统发展的产物，与该系统的变量有关，并受一些外部因素的影响。尽管事故是人类行为的结果，但不是人类行为的期望结果。

从行为科学的观点看，社会上没有哪种行为与事故发生时的行为相类似，无论如何研究事故发生的机理和防止措施，也不能预测何时何地何人发生何种事故。因此，道路交通事故是不可重现的，其过程是不可逆的。

第二节 交通事故分析

一、交通事故统计分析

（一）交通事故统计调查

交通事故统计调查是收集事故及其相关资料的过程，对整个统计分析具有重要意义，如果调查获得的资料不准确、不全面，即使后面的工作做得再好，也不能得出正确结论。因此，在进行交通事故统计调查时，一定要确保资料的准确、全面和及时。

交通事故统计资料的汇总，广泛应用的是分类统计方法，其有四种常见的分类形式：

1. 按地区分类

按地区分类即按交通事故的发生地区进行分组统计和汇总，全国性的统计资料多按省、市分组；省一级按市（地）、县分组；国际性统计资料按国别分组。

2. 按时间分类

按时间分类即按交通事故的发生时间进行分组统计和汇总，从按时间分类的统计结果中可明显看到交通事故随时间而变化的情况，所以统计结果具有动态性质。

3. 按质别分类

按质别分类即按交通事故统计对象的属性不同进行统计和汇总，如按车辆类型、事故原因、伤亡人员类型、道路状况、天气条件、事故形态等分组统计和汇总。

4. 按量别分类

按量别分类即按统计对象的数值大小进行分组统计和汇总，如按事故直接经济损失的数额、肇事驾驶员的年龄、车速、道路坡度等分组。

（二）交通事故统计分析指标

1. 绝对指标

绝对指标是用来反映事故总体规模和水平的绝对数量。我国目前在交通管理上常采用的绝对指标有交通事故次数、受伤人数、死亡人数和直接经济损失四项指标，即交通安全四项指标。

2. 相对指标

相对指标是通过事故总体的有关指标进行对比而得到的。相对指标可分为结构相对数、比较相对数和强度相对数。

3. 平均指标

平均指标即平均数，是说明事故总体一般水平的统计指标，通常用以表明某地或某一时间段内的平均事故状况。

4. 动态分析指标

为进一步认识事故现象在时间上的发展变化规律，需要一些动态分析指标。在交通事故统计分析中，常采用的动态分析指标有动态绝对数、动态相对数和动态平均数。

（三）统计分析方法

交通事故统计的方法主要有统计表法和统计图法。

1. 统计表法

根据不同的分析目的，将统计分析的结果编成各种表格，即为统计表。其内容包括各种必要的绝对指标和相对指标，是交通事故统计中常用的一种方式。按照统计数字或统计指标的不同特点，统计表可分为静态统计表和动态统计表。

仅列出同一时期事故统计数的表格称为静态统计表。从时间状态上看，静态统计表中的统计数是静止的，从而便于对于不同地区或不同性质条件的事故现象进行相互对比。静态统计表中可同时列出相对数和绝对数。

将不同时间事故统计数字列成表格，称为动态统计表，可用于反映交通事故随时间变化或分布的情况。

2. 统计图法

统计图法是利用一些几何图形或象形图形等，将统计数字或计算出的统计指标形象化，从而反映事故现象的数量关系和发展变化趋势。统计图法的主要作用：表明现象之间的对比关系，反映事故现象的发展变化趋势，表明事故总体的内部结构，表明事故的分布情况，揭示事故现象之间的相互依存关系等。作为数字的语言，统计图比统计表更鲜明、直观、生动有力。但图形只能起到示意作用，数量之间的差距，往往被抽象化。因此，在实际工作中，统计图常与统计表、文字分析综合使用。

常用的统计图有条形图（直方图）、圆形图（扇形图）、散布图、排列图和统计地图等。

二、交通事故成因分析

交通事故是在特定的交通环境下，由于人、车、路、环境诸多要素配合失调而发生的。因此，分析交通事故的成因、分布特点最主要的就是分析人、车、路、环境等因素对交通事故形成的影响程度。

国外大量的事故统计分析结果表明，在所有的道路交通事故中，直接因人的原因引发的交通事故约占总数的 90%，因道路和车辆原因引发的交通事故约占 10%，我国各地的交通事故统计结果也表明了这一点。

（一）人的原因

交通活动中的行为人主要有机动车驾驶员、骑车人、行人和车上乘员。据全国交通死亡事故情况分析显示，因行人过失造成的死亡人数约占全部死亡人数的 12%，行人违章发生交通事故主要表现在不走人行道、无视交通信号和交警指挥而横穿道路等几方面。乘车人违章导致交通事故主要表现：将身体伸到车外及在车辆还没有停稳就上、下车。此外，还可对事故责任人的年龄、驾龄、职业分布及事故受害者的年龄、职业等进行更详细的统计研究。

（二）车辆的原因

车辆作为现代道路交通的主要运载工具，其性能的好坏，是影响道路交通安全的重要因素。虽然因车辆技术性能不良引起的交通事故所占比例并不大，但这类事故一旦发生，其后果一般是比较严重的。

车辆原因造成的交通事故通常是制动失灵，灯光失效，零件损坏，车辆装载超高、超宽、超载及货物绑扎不牢等原因所致。另外，由于车辆在行驶过程中，各种零件承受着反复交变荷载，当超过一定数量后也会突然发生疲劳而酿成交通事故。除此之外，一些单位维修制度不完善、不落实，车辆检验方法落后，致使一些车辆常因"带病"行驶而肇事，这也是车辆本身造成事故的原因之一。据典型调查统计显示，现有运行车辆中，有 50% 左右的车辆属于机构失调、"带病"运行，特别是个体车辆更为严重。

随着汽车技术的不断发展，因车辆机械故障导致的事故比例越来越小。据近年来统计，发达国家这类事故占事故总数的比例在 0.5% 以下。我国目前这类事故还比较多，占事故总数的 5% 左右。

（三）道路的原因

我国每年因道路原因造成的交通事故占交通事故总数的 3% ~ 5%，从道路线形上看，死亡事故多发生在平直道路上，这与道路里程中平直路段所占比例有关。另外，平直路上车速快，也是事故多发的重要原因。急弯陡坡路段事故虽然不多，但是损失严重的群死群伤事故多发生在急弯陡坡路段。

（四）环境因素

道路周围的环境对交通事故有较大影响。一般来说，城市交通干道两侧商业化程度高的路段和公路通过村镇、街道化程度高路段的事故发生率高于其他路段。据美国加利福尼亚州交通事故死亡率调查发现，不同地区道路交通事故率分布有较大差别，市区和野外的高速公路亿辆公里事故率分别为 2.34 人 / 亿辆公里和 1.35 人 / 亿辆公里，后者仅为前者的 50%。城市不同区域内道路上的事故率也有较大差异，一般市区商业中心道路上的事故率最高，因此应加强交通复杂地区的交通管理和事故预防工作。

风、雨、雾和冰雪等恶劣天气，严重影响驾驶员的正常驾驶，导致事故频发。尽管不良天气在一年中所占比例不大，但在此期间的事故率却明显高于正常天气。

第三节　交通事故预测与交通安全评价

一、交通事故预测概述

（一）预测的含义

交通事故预测是对未来有可能发生的事故做出估计和推测，它是通过对交通事故的过去和现在状态地系统探讨，并考虑其相关因素的变化，分析未来事故的危险程度和发展趋势，做出对交通事故未来状态描述的过程，以便能及早采取措施进行防治。

（二）预测的特点

交通事故预测的特点主要有以下几点：

1. 预测的自负效应

交通事故预测属于警告性预测，它会引起社会、团体及某些人的自适应响应，及时采取相应对策，从而对预测结果施加影响。根据这种自负效应的特点，可用交通事故预测来唤醒人们的交通安全意识，获得预防事故的效果。

2. 预测的反复性

交通事故的初次预测有"起点"，但没有"终点"。初次预测模型需要随时间的推移，根据最新的信息不断地修改，特别是交通事故正处在不稳定的时期，更需要反复推测。初次预测应按全部预测程序进行，以后的各次预测，则只是对初次预测的修改或扩充。

3. 预测的组合性

交通事故预测的组合性特点是指建立多个模型进行预测，或使用多种预测技术组合，建立一个组合模型进行预测。例如，时间序列 - 回归组合模型、加法型组合模型等。使用组合预测技术的目的是保证预测方法尽可能灵活，避免片面性，使预测模型能适应时间序列变化。

（三）交通事故预测的分类

交通事故预测按预测范围可分为宏观预测和微观预测，按预测的结果可分为定性预测和定量预测。

宏观预测是指对时间较长或区域较大的总体性能和趋势性的交通事故进行预测。微观预测是对时间较短或某一地点、路段交通事故变化情况的进行预测。

定性预测是运用定性预测技术，对交通事故未来情况的性质进行预测。定量预测是运用定量分析技术，对交通事故未来状态做出数量的估计。定性预测除单独使用外，还常与定量预测结合使用，用作定量预测的早期分析和后期判断，这样有助于提高预测精度。

（四）预测的目的

交通事故预测的目的是掌握交通事故的未来状况，以便及时采取相应的对策，避免工作中的盲目性和被动性，有效地控制各影响因素，以减少交通事故。

（五）预测的作用

交通事故预测的作用主要有以下几点：

1. 预测交通事故的发展趋势，为制定预防交通事故对策和交通安全宣传教育提供依据。

2. 预测交通事故的变化特点，为制定针对性防范措施和交通法规提供依据。

3. 预测交通事故的近期状态特征，为制定合理的交通安全管理目标提供依据。

4. 预测控制条件下的交通事故状态，对交通安全措施的可行性和实施效果进行合理评价。

（六）预测的意义

预测是科学决策的重要前提，交通安全决策也不例外。我国的交通事故目前正处在多发的关键时期，交通事故在一段时间内，还将随着车辆拥有量增加，呈增长的趋势。在道路交通规划、设计、管理、法规和教育等方面，交通安全的科学决策显得越来越重要。交通安全的科学决策不仅在数量上越来越多，而且在时间和质量上要求也越来越高。因此，做好交通事故预测工作，对提高交通安全管理工作水平，具有十分重要的意义。

二、事故预测程序

交通事故预测一般分为三个阶段：

第一个阶段是设计过程，从确定预计目标开始，经过采集、分析有关信息，到初步选定预测技术。

第二阶段是建模过程，建立预测模型并验证模型的合理性。

第三阶段是评价过程，进行预测并对预测值进行检验、评价。在此过程中，要综合分析各种因素的影响，采用多种方法研究和修正，通过科学的判断后，得到最后的预测结果。此后，要对预测结果继续跟踪检测，以判断是否适用，并在必要时建议修正预测值。

1. 确定预测目标。交通事故预测目标是指预测的项目、类型、范围，以及预测精度要求等。预测目标应根据决策的要求确定。预测目标直接影响预测过程的具体要求和做法。

2. 收集并分析相关信息。相关信息是指与交通事故预测相关的各种数据和资料，是进行预测的基础。因此，应根据预测目标的具体要求，收集预测所需的各种数据和资料，同时对收集的各种信息进行分析、整理，整理出真实可用的信息。交通事故的内在变量资料主要通过具体事故档案和统计报表获得，其外在影响因素资料主要从国家及有关管理部门统计资料或信息中心数据库获得。

3. 选择预测技术。每项预测虽然可以使用多种预测技术，但是，由于预测目标的要求，以及预测技术和环境的限制，实际预测中，只能选择一种或几种预测技术。选择预测技术的过程包括选择的原则和比较分析。

4. 建立预测模型。选定了预测技术后，就要估计预测模型的参数，建立预测模型。通过检查和评价，确定预测模型能否反映交通事故未来的发展规律。如果能，则说明该模型可用；如果不能或相差较大，则应舍去该模型，重新建立模型。

5. 进行预测。根据收集并分析、处理的与预测相关的数据和资料，利用预测模型，进行预测计算或推测预测结果。

6. 分析与评价预测结果。未来绝不会与过去完全一样，利用预测模型预测的结果，不一定与实际完全相符。因此，有必要对预测结果加以分析和改正，通常的做法如下：

（1）根据经验检查、判断预测结果的合理性和真实性，并对预测结果加以改正。

（2）可以采用多种方法进行预测，再经过比较或综合，确定最佳的预测结果。

（3）通过对政策、重大事件及突发因素对交通事故产生影响的分析，对预测结果进行合理修正。

7. 预测结果跟踪。输出预测结果后，还需要对得到的实际数据进行跟踪，以便解释预测结果或必要时及时修正，并在预测过程中不断地修改完善预测模型，使之继续适用。预测跟踪的另一个作用是可以分析预测误差的主要原因。

三、交通事故预测技术

道路交通事故预测技术可分为定性预测和定量预测两大类。

1.定性预测是在数据资料掌握不多，或需要短时间内做出预测的情况下，运用专家的经验和判断力，用逻辑思维方法，把有关资料予以加工，对交通事故的发展趋势和特点做出定性描述。常用的定性预测技术有专家会议法、德尔菲法（专家调查法）、主观概率法、趋势判断法、类推法和相互影响分析法等。

2.定量预测是在历史数据和统计资料的基础上，运用数学或其他分析技术，建立可以表现数量关系的模型，并利用它来预测交通事故在未来可能出现的数量。常用的定量预测技术有时间序列趋势外推法、回归分析法、灰色预测法和组合预测法等。

预测技术的选择和预测的目的、精度要求、预测的时间和费用有关，也与预测建模所需的信息资料有密切的关系。在具体选择预测技术时应综合考虑以上各方面的内容。

四、交通安全评价

交通安全评价是对某一地区、路线、路段或地点（断面）的交通安全程度的评估，是对交通事故发生情况的客观描述，同时也为客观分析道路条件提供非常重要的依据。交通安全评价可用交通安全度来表示，交通安全度又称交通安全的程度，是指用各种统计指标，通过一定的运算方式来评价客观交通安全状况。

（一）宏观评价

用事故次数、死亡人数、受伤人数及直接经济损失四项绝对指标评价安全，是目前我国使用的最普遍方法。它比较简单直观，但由于不涉及影响交通事故发生的主要因素的差异，因此不能揭示交通安全的实质。

（二）微观评价

1.路段评论

绝对数－事故率法。绝对数－事故率是将绝对数法和事故率法结合起来评价交通安全度的方法。以事故绝对数为横坐标，以每公里事故率为纵坐标，按事故绝对数和事故率的一定值，将绝对数－事故率分析图划分不同的危险级别，Ⅰ区、Ⅱ区、Ⅲ区分别代表不同的危险级别，Ⅰ区为最危险区，即道路交通事故数和事故率均为最高的事故多发道路类型，据此，可以直接判断不同路段的安全度。

2.交通冲突法。

（1）交通冲突技术基本概念。交通冲突技术 20 世纪 60 年代在美国开始应用，它的最初目的是调查通用汽车公司的车辆在驾驶时是否与其他车辆一样，该法很快被一些交通安全组织应用于预测评价交叉口潜在事故数和鉴别系统缺陷。1970年以后，该法被加拿大和一些欧洲国家使用。1979年以后，陆续在法国、瑞典、比利时等国家举办了国际冲突技术会议，并出版了国际交通冲突会议论文集。目前，交通冲突技术在世界许多国家得到广泛应用，成为国际上用于定量研究多种交通安全（特别是地点安全）问题及其对策的重要方法。

交通冲突是在可观测条件下，两个或两个以上道路使用者在同一时间、空间上相互接近，如果其中一方采取非正常交通行为，如转换方向、改变车速、突然停车等，除非另一方也相应采取避险行为，否则，会处于碰撞的境地，这一现象就是交叉口的交通冲突。

（2）交通冲突与交通事故的关系。交通冲突的实质是交通行为不安全因素的表现形式，其发展既可能导致事故发生，也可能因采取的避险行为得当而避免事故发生，因而事故与冲突存在着极为相似的形式，两者的唯一差别在于是否发生了直接的损害性后果。事故与冲突的关系可用冲突的严重性程度进行描述，交通冲突研究的关键在于判定是否为严重冲突，以及确定严重冲突与事故的定量关系。

（3）交通冲突的测定。事故分析方法的研究表明，事故勘察测量主要根据 $T=S/V$（时间 T、距离 S、速度 V）的基本关系式，即可用 V-S、T-V 或 T-S 三类测量参数来研究肇事责任者与事故接触点的关系。交通冲突作为未产生损害后果的"准事故"，测量参数可以做如下选择：

① 冲突距离（TS）：指冲突当事者避险行为生效的瞬间位置距事故接触点的距离（m）。

由经过专门训练的冲突观测员根据定义进行现场测量。

由定点摄像-屏幕监控系统进行遥测记录。

② 冲突速度（CS）：指冲突当事者避险行为生效时的瞬间速度（m/s）。

由经训练的冲突观测员用雷达测速仪进行现场测量。

由雷达测速仪-自动摄像-计算机接口监控系统进行测量记录。

由车载记录仪-计算机接口监控系统跟踪测量记录。

③冲突时间（TA）指冲突当事者避险行为生效的瞬间至事故接触点的时间过程（m）。

由冲突观测员根据目测的（T）值和（C）值，查标准表得到。

由中心监控室计算机编程输入处理。

根据对部分国家的交通冲突技术研究表明，如果选用现场人工观测，则应选择 TS、CS 作为测量参数，并以 TS、CS 观测值导出 TA 值作为冲突严重性判别参数较为合理。对冲突严重性的分类方法主要有以下两种：

方法一，选择距离作为度量参数，即空间距离法。该方法在实际应用中十分直观且合乎逻辑，冲突双方之间的距离越小，则相撞的可能性越大，当趋于无穷小时，就会发生事故。

方法二，选择时间作为度量参数，即时间距离法，它在一定程度上反映了道路使用者避让事故所需要的空间距离、速度、加速度及转向能力。时间距离小可以反映出距相撞点距离很短或速度很高，或两者都有。这也正是部分国家建议采用时间距离作为严重冲突度量参数的原因。

以上两种方法在安全评价中各有优缺点，针对具体情况，可选择不同的度量参数。无论采取何种参数，其目的都只有一个，即迅速准确地判定严重冲突。

第四节　交通事故的预防

交通事故预防是交通安全的主要任务之一，也是交通工程学研究的重要内容。从交通工程学的角度，认定预防交通事故应从法规、教育和工程三方面着手；从构成道路交通四要素人、车、路、环境的角度，认定预防交通事故也应从这四要素着手。

一、健全交通法制

加强道路交通安全法规体系建设是改善道路交通安全整体水平最直接、有效的措施。我国目前道路交通安全法规体系的内容也涵盖在若干不同的法律、法规及其他交通管理的规范性文件之中，并且在我国道路交通运行实践中发挥着积极和重要的作用。随着时代的发展，法律体系也要相应地加以修改和调整。

二、加强交通安全宣传与教育

（一）开展交通安全宣传

交通安全宣传活动是宣传群众、教育群众的重要方法。进行宣传活动应重视取得实际的效果，要把交通安全和每个人的切身利益联系起来，引起人们对交通安全的关注，要采用群众喜闻乐见的宣传形式，寓教于人们日常工作生活之中，于文化娱乐之中。同时，宣传活动必须尽最大可能调动社会的力量，力求宣传的深度和广度，保证宣传质量。

（二）加强交通安全教育

交通安全教育应像其他文化知识一样，从幼儿开始就进行系统的教育，在高中以前的各个教育阶段都列为必修课，使学生从接受教育开始就不断地树立交通法制的观念、交通道德的观念和安全通行的观念。对社会面上的教育，要针对不同的对象，采取不同的方式、方法，有的放矢地进行。

三、提高车辆安全性能，保持良好车况

（一）主动安全措施

1. 改善侧面和前部的视野，安装倒车灯和倒车警报器，以预防因盲区而引起的交通事故。

2. 提高风窗玻璃的透视性能，以预防因雨雪和结霜而引起的交通事故。

3. 采取防炫目的措施，提高前照灯的照度，以预防因炫目和前照灯照度不足而引起的交通事故。

4. 在动力性方面，提高超车加速能力，安装驱动防滑系统。

5. 在操稳性方面，提高操作稳定性和轻便性。

6. 在制动性方面，安装辅助制动系统。例如，防抱死系统和缓速器、制动系统故障的报警系统，提高轮胎的防滑性能等措施，以保障安全。

7. 在车辆本身预防事故措施方面，还要提高车辆的被视认性能，包括后部、标志、行驶方向的被视认性，以预防事故的发生。

（二）被动安全措施

1. 车内措施

车内措施主要包括尽可能提高乘员所占空间，即车身的强度，以减小碰撞时的变形，采用钢化玻璃或隔层玻璃，以减轻发生事故时玻璃对乘员的伤害；加大转向盘的面积，使之具有一定的弹性；车内的开关、旋钮、把手等要尽量圆滑并柔软；车门和棚顶具有足够的强度，以保护乘员的安全和便于抢救。此外，预防火灾的性能和安全带、安全气囊对乘员安全的防护，均有重要的作用。

2. 车外措施

车外措施主要是指碰撞自行车和行人时尽可能地减轻伤害，如保险杠尽可能地圆滑并有弹性，活动式的后视镜和挡泥板，与挂车连接部分的防护网等，对保护交通弱者都会起到一定的作用。

四、加强道路及其交通安全设施建设

（一）改善道路条件

从道路线形设计方面考虑，应严格按照设计道路的平曲线和竖曲线，使弯道、坡道符合公路工程设计标准。各种线形组合要充分考虑安全性。

（二）完善道路安全措施

道路安全设施主要包括分隔带、安全护栏、交通标志、标线、视线诱导设施和防炫设施等，对于城市交通还包括行人天桥、地下通道、交通安全岛等。

（三）实施交通控制

交通控制可分为交通信号控制和交通法规控制，交通信号控制是指在道路入口和交叉口处设立交通信号灯，合理控制车辆的行驶。交通法规控制包括设立单向交通路段、变向车道、公交车专用道等。

（四）建立交通信息系统

交通信息又称交通情报，公安与管理部门为保证行驶于汽车专用道或城市主干道的车辆安全、迅速，应及时向驾驶员通报交通堵塞情况、天气情况、前方道路或临时交通管制的情况，以便驾驶员及时改变行驶策略。

（五）建立事故紧急救援系统

监视预报体系，根据异常气象等条件估计可能出现事故的区域，采取信息收集和联络体制，同时派人专门负责监视与做好各项准备工作，事故发生时，应用先进的通信设备与手段，快速、可靠地联系有关部门，及时有效地处理事故，确保道路安全畅通。

（六）改善道路交通环境

道路交通环境的改善主要从两个方面入手：一方面改善道路环境，使驾驶员具有良好的行车视距和不断变化的视觉效果，改善使驾驶员产生疲劳、烦躁的单调环境；另一方面改善交通流环境，尽量保持良好的疏密程度，且尽量避免混合型交通流。

参考文献

[1] 赵懿.公路路基路面的结构设计要点与施工技术分析[J].大科技,2023,(第13期).

[2] 关英红.公路路基路面设计中的软基处理[J].商品与质量,2023,(第13期):121-124.

[3] 李伟宏.探讨公路工程施工质量控制与项目管理措施[J].大科技,2023,(第12期).

[4] 陈祥.探究公路工程施工中填石路基施工技术的应用[J].商品与质量,2023,(第11期):121-124.

[5] 陈建.公路施工监理中的全面质量控制方式及相关问题分析[J].大科技,2023,(第16期).

[6] 唐培亮,秦达超.公路改建工程的施工技术管理及常见问题解决对策[J].大科技,2023,(第13期).

[7] 高峰.公路施工组织实务[M].北京：北京理工大学出版社,2018.01.

[8] 李学谦.公路大中修工程施工控制要点[J].交通世界,2023,(第C2期):149-151,161.

[9] 张阳.公路工程水泥混凝土路面施工技术[J].交通世界,2023,(第C2期):56-58.

[10] 郑安琪.公路工程中的同步碎石封层施工技术[J].交通世界,2023,(第C2期):62-64.

[11] 曹银涛.公路路基加宽施工关键技术[J].交通世界,2023,(第C2期):119-121.

[12] 刘伽慧.公路路面施工中电石渣的应用[J].交通世界,2023,(第C2期):131-133.

[13] 刘鸿.土石混填道路路基压实度检测方法研究[J].交通世界,2023,(第C2期):134-136.

[14] 王博.钻孔灌注桩施工技术在高速公路工程中的应用[J].交通世界,2023,(第C1期):247-249.

[15] 李俊龙.公路沥青路面结构层施工工艺分析[J].交通世界,2023,(第C1期):125-127.

[16] 徐静涛主编.公路工程施工监理 第2版[M].北京：北京理工大学出版社,

2020.07.

[17] 上海市路政局，上海市公路学会主编.公路工程施工质量验收标准 [M].上海：同济大学出版社 , 2019.02.

[18] 汪双杰，刘戈，纳启财编著.多年冻土区公路工程施工关键技术 [M].上海：上海科学技术出版社 , 2019.03.

[19] 王珂.公路高边坡加固养护工程中压力分散型锚索的应用 [J].交通世界 ,2023,(第 C1 期)：131-133.

[20] 高国栋.基于防护装置的高速公路现浇梁跨越施工技术 [J].交通世界 ,2023,(第 C1 期)：262-265.

[21] 郝向东.公路 SMA 路面施工技术要点研究 [J].交通世界 ,2023,(第 C1 期)：122-124.

[22] 谢凤娇.公路沥青路面表层修复中精表处的应用 [J].交通世界 ,2023,(第 C1 期)：134-136.

[23] 袁长清.路床水泥土施工技术要点分析 [J].交通世界 ,2023,(第 C1 期)：137-139.

[24] 孔繁超.路基加宽施工技术要点研究 [J].交通世界 ,2023,(第 C1 期)：86-88.

[25] 高温硕.公路路线纵断面设计方法研究 [J].交通世界 ,2023,(第 C1 期)：74-76.

[26] 严战友，崔冬艳，夏勇编.山区高速公路施工安全与管理 [M].成都：西南交通大学出版社 , 2018.08.

[27] 张洋主编.高速公路施工标准化技术指南 [M].郑州：河南人民出版社 , 2016.06.